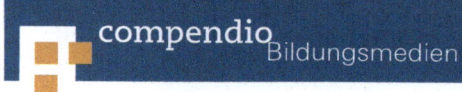

Bevölkerung und Raum
Lerntext, Aufgaben mit Lösungen,
Glossar und Zusammenfassungen

Patrick Laube, Francis Rossé und Andrea Grigoleit

2., überarbeitete Auflage 2014

Bevölkerung und Raum
Lerntext, Aufgaben mit Lösungen, Glossar und Zusammenfassungen
Patrick Laube, Francis Rossé und Andrea Grigoleit

Grafisches Konzept und Realisation: Mediengestaltung, Compendio Bildungsmedien AG, Zürich
Druck: Edubook AG, Merenschwand
Coverbild: © 2014 Thinkstock

Redaktion und didaktische Bearbeitung: Andrea Grigoleit

Artikelnummer: 11924
ISBN: 978-3-7155-9939-7
Auflage: 2., überarbeitete Auflage 2014
Ausgabe: K1065
Sprache: DE
Code: XGG 019

Alle Rechte, insbesondere die Übersetzung in fremde Sprachen, vorbehalten. Der Inhalt des vorliegenden Buchs ist nach dem Urheberrechtsgesetz eine geistige Schöpfung und damit geschützt.

Die Nutzung des Inhalts für den Unterricht ist nach Gesetz an strenge Regeln gebunden. Aus veröffentlichten Lehrmitteln dürfen bloss Ausschnitte, nicht aber ganze Kapitel oder gar das ganze Buch fotokopiert, digital gespeichert in internen Netzwerken der Schule für den Unterricht in der Klasse als Information und Dokumentation verwendet werden. Die Weitergabe von Ausschnitten an Dritte ausserhalb dieses Kreises ist untersagt, verletzt Rechte der Urheber und Urheberinnen sowie des Verlags und wird geahndet.

Die ganze oder teilweise Weitergabe des Werks ausserhalb des Unterrichts in fotokopierter, digital gespeicherter oder anderer Form ohne schriftliche Einwilligung von Compendio Bildungsmedien AG ist untersagt.

Copyright © 2009, Compendio Bildungsmedien AG, Zürich

Dieses Buch ist klimaneutral in der Schweiz gedruckt worden. Die Druckerei Edubook AG hat sich einer Klimaprüfung unterzogen, die primär die Vermeidung und Reduzierung des CO_2-Ausstosses verfolgt. Verbleibende Emissionen kompensiert das Unternehmen durch den Erwerb von CO_2-Zertifikaten eines Schweizer Klimaschutzprojekts.

Mehr zum Umweltbekenntnis von Compendio Bildungsmedien finden Sie unter: www.compendio.ch/Umwelt

Inhaltsverzeichnis

	Vorwort zur zweiten Auflage	5
1	**Berechnungen zur Bevölkerungsentwicklung**	**7**
1.1	Messung der Bevölkerungsentwicklung	8
1.2	Gesetzmässigkeiten des Bevölkerungswachstums	11
1.3	Prognosen zur Welternährung	15
2	**Bevölkerungsstruktur**	**19**
2.1	Altersstruktur	19
2.2	Geschlechtergliederung	20
2.3	Darstellung der Altersstruktur der Bevölkerung	20
3	**Weltbevölkerung gestern, heute und morgen**	**25**
3.1	Bevölkerungsverteilung	25
3.2	Bevölkerungsexplosion	29
3.2.1	Bevölkerungsentwicklung in den Industriestaaten	29
3.2.2	Bevölkerungsentwicklung in den Entwicklungsländern	33
3.2.3	Trends und Prognosen	34
3.3	Bewältigung der Bevölkerungskrise	38
3.3.1	Stärkung der Frauen	38
3.3.2	Familienplanung	40
4	**Disparitäten und Migration**	**43**
4.1	Disparitäten	43
4.1.1	Regionale Disparitäten in der Schweiz	44
4.1.2	Ausgleich sozialer und räumlicher Disparitäten	44
4.1.3	Regionalpolitik in der Schweiz	44
4.2	Migration – ein Phänomen mit vielen Gesichtern	45
4.3	Gründe der Migration	47
4.3.1	Wanderungsauslösende Faktoren	47
4.3.2	Entscheid zur Migration	48
4.4	Geografische Bedeutung der europäischen Ausbreitung nach Übersee	50
4.5	Nomaden	51
4.6	Landflucht und Verstädterung	52
4.6.1	Weltweite Verstädterung	52
4.6.2	Push-/Pull-Modell	53
4.6.3	Folgen der Landflucht	54
4.7	Flüchtlinge	55
4.8	Trends und Prognosen	57
4.9	Mali – traditionelle Landwirtschaft versus Marktfruchtanbau	58
4.9.1	Bevölkerungsentwicklung	58
4.9.2	Familienplanung	59
4.9.3	Landwirtschaft	60
4.9.4	Desertifikation	63
4.9.5	Migrationsproblematik	65
5	**Merkmale der Stadt**	**68**
5.1	Form, Funktion und Ökologie städtischer Räume	69
5.2	Von der Urbanisierung zur Bildung von Agglomerationen	71
5.3	Megastädte und urbane Korridore	74
6	**Stadtstrukturen: Modelle und Theorien**	**76**
6.1	Kreise, Sektoren und Kerne	76
6.1.1	Kreis-Modell	77
6.1.2	Sektoren-Modell	78
6.1.3	Durch Überlagerung zum Mehr-Kerne-Modell	79
6.2	Daseinsgrundfunktionen	81
6.3	Vom Funktionenmix zur regionalen Ordnung	82

7	**Prozesse der Stadtentwicklung**	**85**
7.1	Zusammenrücken gleicher Funktionen	85
7.1.1	Büros und Wohnungen	86
7.1.2	Bürostadt La Défense in Paris	86
7.1.3	Funktionale Entmischung in der Zürcher City	87
7.2	Stadtbevölkerung	88
7.2.1	Familien	88
7.2.2	Einpersonenhaushalte	89
7.2.3	«Working Poor»	90
7.2.4	Fabriken und Lagerhäuser in neuer Funktion	90
7.2.5	Wohnen im Hochhaus	91
7.3	Von der Ökologie zur Nachhaltigkeit	94
8	**Entwicklungsländer und Entwicklungszusammenarbeit**	**97**
8.1	Strukturmerkmale von Industrie- und Entwicklungsländern	97
8.1.1	Wirtschaftliche Einteilungen	97
8.1.2	Sozialökonomische Einteilung	98
8.1.3	Index des menschlichen Entwicklungsstands	98
8.1.4	Vergleich von Industrie- und Entwicklungsländern	99
8.2	Entwicklungstheorien und -strategien	100
8.2.1	Endogene oder exogene Ursachen	100
8.2.2	Integration oder Abkopplung	101
8.3	Entwicklungszusammenarbeit	103
8.3.1	Formen und Arten der Entwicklungszusammenarbeit	104
8.3.2	Bilaterale Entwicklungszusammenarbeit am Beispiel der Schweiz	104
8.3.3	Kritik an der Entwicklungszusammenarbeit	106
9	**Das Leben in Megastädten**	**107**
9.1	Wachstum der Städte	107
9.2	Mexico City	109
9.3	Lagos	112
9.4	Funktionieren im Alltag	114
9.4.1	Verkehr	115
9.4.2	Wasser	115
9.4.3	Abfallbewirtschaftung	116
	Gesamtzusammenfassung	**119**
	Lösungen zu den Aufgaben	**126**
	Glossar	**135**
	Stichwortverzeichnis	**140**

Vorwort zur zweiten Auflage

Dieses Lehrmittel richtet sich an Lernende, die sich auf die Passerellen-Prüfung in Geografie vorbereiten. Unsere Lehrmittelreihe für die Passerelle besteht aus folgenden Werken:

- Naturgeografische Bausteine A und B
- Wirtschaft, Umwelt und Raum
- Bevölkerung und Raum
- Regionalgeografie

Inhaltliche Gliederung

Das Lehrmittel «Bevölkerung und Raum» setzt folgende Schwerpunkte:

- Im Kapitel 1 befassen Sie sich mit den Begriffen und Messgrössen der Bevölkerungsentwicklung, den Gesetzmässigkeiten des Reproduktionsverhaltens der Menschen und den Beziehungen zwischen Bevölkerungswachstum und Welternährung.
- Im Kapitel 2 erkennen Sie, wie Bevölkerungen aufgebaut sind, d. h., wie sich die zahlenmässigen Verhältnisse von jung zu alt bzw. von männlich zu weiblich verhalten.
- Im Kapitel 3 geht es um die Bevölkerungsverteilung auf der Welt, um regionale Unterschiede der Bevölkerungsentwicklung und deren Prognosen und wie lenkend in die Bevölkerungsentwicklung eingegriffen werden kann.
- Im Kapitel 4 werden Sie erfahren, warum Menschen wandern und welche Arten von Migration es gibt.
- Im Kapitel 5 lernen Sie Städte mit ihrer Entstehungsgeschichte, Form, Funktion und Ökologie kennen.
- Im Kapitel 6 werden Sie lernen, wie Stadtmodelle und -theorien helfen, die Strukturen einer Stadt zu verstehen, und wie bestimmte Teilräume einer Stadt ganz unterschiedliche Funktionen erfüllen.
- Im Kapitel 7 wenden Sie sich den Prozessen zu, die zur Ausbildung der Muster einer Stadt und zu deren Veränderung führen.
- Im Kapitel 8 lernen Sie die Methoden der Messung von Entwicklung kennen und erhalten Einblick in Entwicklungstheorien, -strategien und die Entwicklungszusammenarbeit.
- Im Kapitel 9 gehen wir der Frage nach, wie die Lebensumstände der Menschen durch die räumliche Konzentration vieler Menschen in Städten, v. a. in Megastädten der Entwicklungsländer, verändert werden.

Dieses Lehrmittel enthält Verweise auf Karten aus Atlanten. Sie erkennen diese Hinweise an den Abkürzungen SWA (Schweizer Weltatlas; Lehrmittelverlag Zürich; Ausgaben ab 2008, beachten Sie hierzu auch die interaktive Version http://schweizerweltatlas.ch/) und DWA (Diercke Weltatlas Schweiz; Verlag Westermann; 2008).

Auf der Internetseite http://www.compendio.ch/geografie werden Korrekturen und Aktualisierungen zum Buch veröffentlicht.

Zur aktuellen Auflage

Das Lehrmittel erscheint in einem neuen, zeitgemässen und leserfreundlichen Layout. Die Grafiken und Fotos unterstützen nun in Farbe den bewährten Inhalt, der, wo nötig, aktualisiert wurde.

Dem Kapitel Migration wurde Mali als ein Fallbeispiel hinzugefügt. Die Kapitel zu den Themen Stadtgeografie und Raumplanung wurden aufgrund neuer Aktualitäten stark überarbeitet. Im ganzen Buch wurden die Kapitelstrukturen vereinfacht.

In eigener Sache

Dieses Lehrmittel eignet sich auch für das Selbststudium. Nützliche Tipps dazu erhalten Sie auf www.compendio.ch.

Haben Sie Fragen oder Anregungen zu diesem Lehrmittel? Über unsere E-Mail-Adresse postfach@compendio.ch können Sie uns diese gerne mitteilen. Sind Ihnen Tipp- oder Druckfehler aufgefallen, danken wir Ihnen für einen entsprechenden Hinweis über die E-Mail-Adresse korrekturen@compendio.ch.

Zusammensetzung des Autorenteams

Dieses Lehrmittel wurde von Patrick Laube und Francis Rossé verfasst und von Helena Egli-Broz bearbeitet. Für die vorliegende zweite Auflage wurde es von Francis Rossé und der Redaktorin Andrea Grigoleit weiterentwickelt.

Zürich, im Februar 2014

Patrick Laube und Francis Rossé, Autoren
Andrea Grigoleit, Redaktorin

1 Berechnungen zur Bevölkerungsentwicklung

Lernziele

Nach der Bearbeitung dieses Kapitels können Sie ...

- mit Bevölkerungszahlen rechnerisch umgehen.
- einfache Berechnungen über die zukünftige Entwicklung von Bevölkerungen anstellen.
- die Gesetze des Wachstums und deren Bedeutung für die Bevölkerungsentwicklung erklären.
- Bedingungen nennen, damit eine Bevölkerung langfristig stabil bleibt.
- die Bedeutung von Thomas Malthus als einem der Begründer der Bevölkerungslehre darlegen.

Schlüsselbegriffe

Bevölkerung, Demografie, Ersatzniveau, exponentielles Wachstum, Fertilitätsrate, Geburten- und Sterbeziffer, lineares Wachstum, Migration, natürliche Bevölkerungsentwicklung, Nullwachstum, s-förmiges Wachstum, Tragfähigkeit, Überbevölkerung, Verdopplungszeit, Wachstumsrate

Viele Eigenschaften und Veränderungen der Bevölkerungszahl lassen sich statistisch und mathematisch beschreiben. So gelingt es, die Eigenheiten der Bevölkerungsentwicklung in Zahlen auszudrücken und zu vergleichen. Vereinfacht ausgedrückt, wächst eine Bevölkerung nach der gleichen mathematischen Vorschrift wie das Geld auf einem Bankkonto. Deshalb lassen sich mit Merksätzen aus der Zins- und Zinseszinsrechnung einfache Voraussagen über die Bevölkerungsentwicklung machen.

Der erste Abschnitt befasst sich mit den Begriffen und den Messgrössen der Bevölkerungsentwicklung. Wofür stehen die Geburtenziffer und die Wachstumsrate, was versteht man unter der Fertilitätsrate? Die Gesetzmässigkeiten des Reproduktionsverhaltens der Menschen sind die Regeln der Bevölkerungsentwicklung. Der zweite Abschnitt sucht diese Regeln und macht dabei Anleihen bei der Zinseszinsrechnung.

Die Beziehung zwischen Bevölkerungswachstum und Welternährung wird oft bildlich umschrieben als Wettlauf zwischen Storch und Pflug. Der letzte Abschnitt des Kapitels behandelt die Frage, ob es auch beim Bevölkerungswachstum Grenzen gibt. Doch zunächst einige wichtige Begriffserklärungen:

Definitionen

Bevölkerung

Die Bevölkerung bildet die Gesamtheit aller in einem fest umgrenzten Gebiet lebenden Menschen.

Demografie

Die Demografie[1] (Bevölkerungslehre) versucht den Ursachen und Wirkungen von Bevölkerungsveränderungen auf den Grund zu gehen. Sie bietet Messgrössen und Verfahren an zur Ermittlung des Aufbaus, der Verteilung und des Wachstums der Bevölkerung.

Bevölkerungsgeografie

Als Teilgebiet der Demografie beschreibt und erklärt die Bevölkerungsgeografie räumliche Bevölkerungsverteilungen und -strukturen.

---

[1] Griech. *demos* «Volk» und griech. *graphein* «schreiben», «zeichnen».

1.1 Messung der Bevölkerungsentwicklung

Gesamtbevölkerung

Die Gesamtbevölkerung (Bg) eines Gebiets ist abhängig von zwei Grössen, von der natürlichen Bevölkerungsentwicklung und der Migration. In der Sprache der Mathematik sagt man, die Gesamtbevölkerung ist eine Funktion von zwei Grössen:

$$Bg = F \text{ (natürliche Bevölkerungsentwicklung, Migration)}$$

Die natürliche Bevölkerungsentwicklung ergibt sich durch die Differenz von Geburten (G) und Sterbefällen (S). Überwiegen die Geburten, so wächst die Bevölkerung, im umgekehrten Fall schrumpft sie. Diese einfache Beziehung wird durch die Migration überlagert. Der Fachausdruck Migration[1] heisst Wanderung. Einwanderer (E) erhöhen die Gesamtbevölkerung, Auswanderer (A) senken sie. Die Gesamtbevölkerung zu einem bestimmten Zeitpunkt erhält man, indem zu einer Anfangsbevölkerung (Ba) die Differenz aus Geburten und Sterbefällen sowie die Differenz aus der Ein- und Auswanderung addiert wird. Als Formel ergibt sich:

$$Bg = Ba + (G - S) + (E - A)$$

Das Gewicht der beiden Differenzen innerhalb der Beziehung hängt ab vom betrachteten Massstab. Während in einer kleinen Raumeinheit wie etwa einem Land die Ein- bzw. Auswanderer einen grossen Einfluss auf die Bevölkerungsentwicklung haben können, sind sie in einer sehr grossen Raumeinheit wie etwa einem Kontinent weniger wichtig. Das liegt daran, dass die Migration, von einem grossräumigen Blickwinkel aus betrachtet, meist innerhalb der Raumeinheit erfolgt. Untersucht man die ganze Erde, so ist die Wanderungsbilanz gleich null, solange Kolonien auf dem Mond Science-Fiction bleiben. Die Abbildung 1-1 zeigt Ihnen den Zusammenhang zwischen der natürlichen Bevölkerungsentwicklung und der Migration bildlich.

[Abb. 1-1]   Bevölkerungsentwicklung

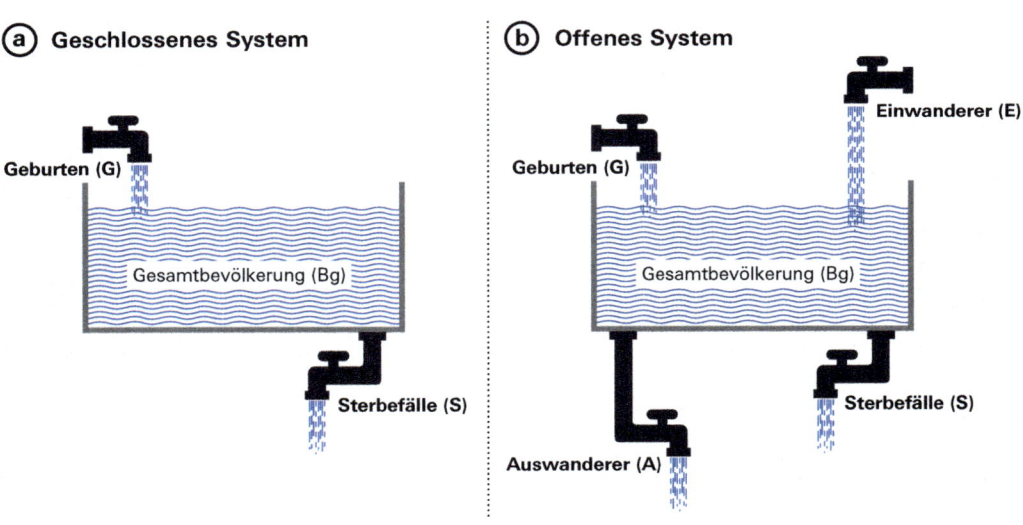

Wie der Wasserspiegel in einem Regenfass ist die Bevölkerungszahl einer Region bestimmt durch Zu- bzw. Abflüsse – Wasser im einen, Menschen im andern Fall. (a) In einem geschlossenen System, wie der Erde als Ganzem, spielt nur die natürliche Bevölkerungsentwicklung eine Rolle. (b) In einem offenen System ist auch die Migration zu berücksichtigen.

Natürliche Bevölkerungsentwicklung

Die einfachste Art, die natürliche Bevölkerungsentwicklung zu beschreiben, geschieht über Ziffern. Dabei wird die Anzahl der jährlichen Lebendgeburten und Sterbefälle auf je 1 000 Einwohner erfasst. Im ersten Fall spricht man von der Geburtenziffer (auch Geburtenrate), im zweiten von der Sterbeziffer (auch Sterberate). Betrachten Sie folgendes Beispiel:

---

[1] Lat. *migrare* «wandern».

Beispiel — **Geburtenziffer und Sterbeziffer**

In einem Land mit 100 000 Einwohnerinnen und Einwohnern ereignen sich im Laufe eines Jahrs 4 000 Geburten und 2 000 Todesfälle. Die Geburtenziffer berechnen Sie mit einem einfachen Dreisatz. Auf 100 Einwohner erhalten Sie 4 Geburten, auf 1 000 Einwohner zehnmal mehr, also 40. In Promille ausgedrückt ergibt sich eine Geburtenziffer von 40‰. Genau gleich verfahren Sie mit den Todesfällen – Sie erhalten eine Sterbeziffer von 20‰.

Die Geburten- bzw. Sterbeziffer finden Sie in den meisten amtlichen Statistiken. Sie ermöglichen den Vergleich der natürlichen Bevölkerungsentwicklung zwischen verschiedenen Ländern.

Migration

In einer kleinräumigen Betrachtungsweise wirken sich Bevölkerungsumverteilungen durch die Migration stark auf die Veränderung der Gesamtbevölkerung aus. Insbesondere die Abwanderung der ländlichen Bevölkerung in die Grossstädte führt in vielen Entwicklungsländern zu grossen Problemen. Während sich der ländliche Raum entleert, sammeln sich in der Stadt zu viele Leute auf zu engem Raum (vgl. Kap. 4, S. 43).

Fertilitätsrate, Kinderzahl pro Frau

Die demografischen Kennziffern der Geburten- bzw. Sterbeziffer beziehen sich auf Gesamtbevölkerungen, sie erscheinen oft wenig anschaulich und immer unpersönlich. Betrachten wir deshalb auch die Bevölkerungsentwicklung aus dem Blickwinkel der Individuen. Ob eine Bevölkerung wächst oder schrumpft, hängt letztlich immer davon ab, wie viele Nachkommen die Individuen haben. Diese Frage behandelt der anschauliche demografische Messwert Kinderzahl pro Frau. Er wird auch Fertilitätsrate oder kurz Fertilität[1] genannt. Dieser Wert gibt für eine Bevölkerung an, wie viele lebend geborenen Kinder eine Frau im gebärfähigen Alter von 15 bis 49 Jahren durchschnittlich zur Welt bringt. Die Abbildung 1-2, zeigt Ihnen, wie stark die Werte weltweit auseinanderklaffen.

[Abb. 1-2] Weltkarte der Fertilität (2005–2010)

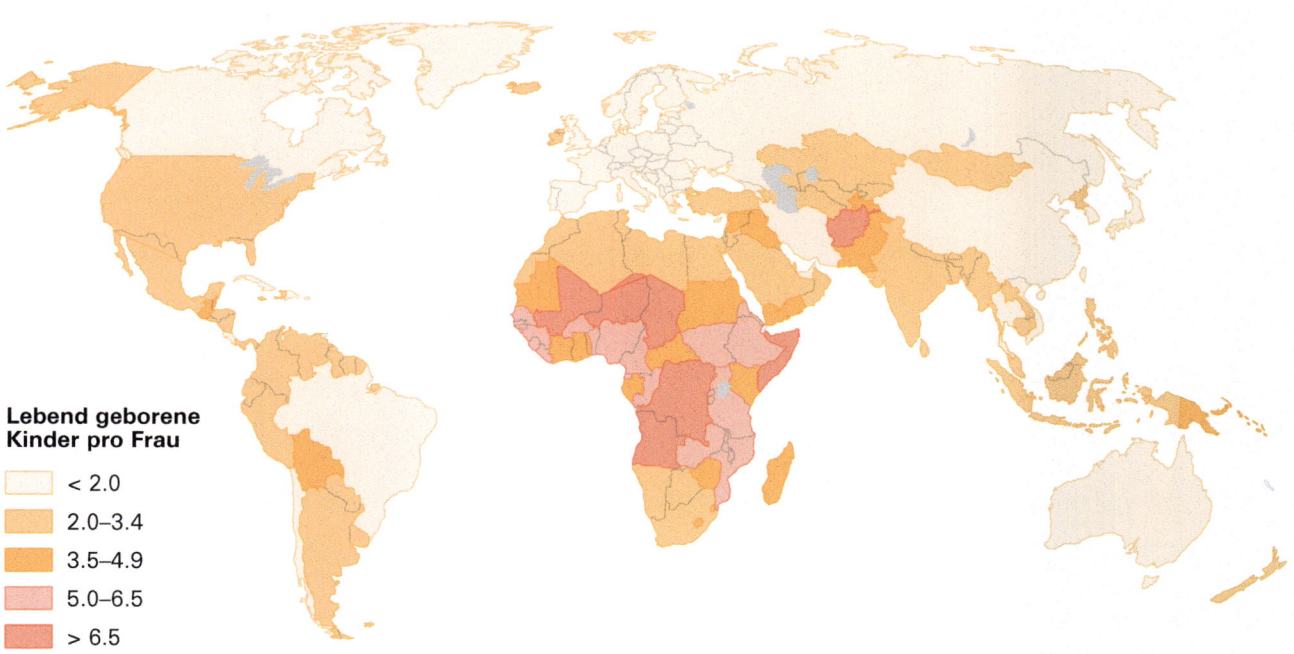

Auf den ersten Blick stechen die hohen Kinderzahlen im tropischen Afrika ins Auge. Während die Fertilität dort bis auf 7 steigen kann, liegt sie in den meisten Industrienationen zwischen 1.4 und 2.
Quelle: United Nations Population Division, World Population Prospects: The 2012 Revision.

---

[1] Lat. *fertilis* «fruchtbar».

Besonders interessant ist nun die Frage, wie viele Kinder eine Frau haben dürfte, damit die Bevölkerung längerfristig nicht weiterwächst. Ohne viel zu überlegen, könnte man sagen: Wird jedes Paar durch ein neues ersetzt, bleibt die Bevölkerung langfristig stabil. Da rund die Hälfte der Kinder Mädchen sind, darf jedes dieser Mädchen genau zwei Kinder haben. Die Kinderzahl pro Frau für eine stabile Bevölkerung wäre somit 2.0.

2.13 Kinder pro Frau

Untersuchen wir diesen Zusammenhang etwas genauer: Zunächst gilt es zu beachten, dass nicht jedes der geborenen Mädchen selbst auch Kinder haben wird. Infolge der hohen Kindersterblichkeit in armen Ländern erreichen viele Mädchen gar nie ein fortpflanzungsfähiges Alter. Ausserdem gibt es auch Frauen, die sich gar keine Kinder wünschen oder keine Kinder empfangen können. Deshalb liegt der gesuchte Wert nicht bei zwei, sondern etwas höher.

Nullwachstum auf dem Ersatzniveau der Fertilität

Ausgeklügelte demografische Berechnungen ergeben einen Wert von durchschnittlich *2.13 Kindern pro Frau.* Auf 100 Frauen müssen also im Verlauf ihres Lebens 213 Kinder (davon rund die Hälfte Mädchen) entfallen, damit jedes Individuum einer Bevölkerung genau ersetzt wird. Diesen wichtigen Wert nennt man *Ersatzniveau der Fertilität.* Hat ein Land eine Kinderzahl pro Frau von 2.13, so wird seine Bevölkerung nach längerer Zeit ein gleich gross bleibendes Niveau erreichen. Man spricht dann vom *Nullwachstum* der Bevölkerung.

Betrachten Sie die Abbildung 1-2. Sie sehen, dass in vielen ärmeren Ländern das Ersatzniveau der Fertilität deutlich übertroffen wird. Der *weltweite Durchschnittswert liegt bei 2.53*[1]. Es werden demnach Jahr für Jahr wesentlich mehr Menschen geboren, als durch die natürliche Sterblichkeit Platz für sie geschaffen wird. Mit dieser Einsicht sind Sie beim Bevölkerungswachstum angelangt.

Zusammenfassung

Als Teilgebiet der Demografie untersucht die Bevölkerungsgeografie die räumlichen Unterschiede in Dichte und Aufbau der Bevölkerung. Die Gesamtbevölkerung eines Gebiets ist abhängig von der natürlichen Bevölkerungsentwicklung und der Migration. Geburten und Sterbefälle bestimmen die natürliche Bevölkerungsentwicklung, Ein- und Auswanderer die Migration. Die Kinderzahl pro Frau (Fertilitätsrate) einer Bevölkerung gibt an, wie viele Kinder pro Frau geboren werden. Liegt die Kinderzahl pro Frau bei 2.13, so wird langfristig jedes Paar durch eine neues ersetzt, die Bevölkerung pflanzt sich auf dem Ersatzniveau der Fertilität fort.

Aufgabe 1 — Im Jahr 2011 betrug die Geburtenziffer in der Schweiz 10.2‰ bei einer Gesamtbevölkerung von 7.95 Mio. Einwohnerinnen und Einwohnern. Wie vielen Geburten entsprach dies?

Aufgabe 2 — In der Schweiz beträgt die Kinderzahl pro Frau ca. 1.5 und liegt somit deutlich unter dem Ersatzniveau der Fertilität. Gleichwohl ist die Gesamtbevölkerung in der Schweiz in den letzten Jahren langsam, aber stetig gestiegen. Erklären Sie diesen Umstand.

Aufgabe 3 — 2010 betrug die Kinderzahl pro Frau in Italien ca. 1.4, in Burkina Faso hingegen 6.8. Wie werden sich die Gesamtbevölkerungen dieser beiden Länder in Zukunft entwickeln?

---

[1] Quelle: UNdata, http://data.un.org/Data.aspx?d=PopDiv&f=variableID:54 (8.10.2013).

1.2 Gesetzmässigkeiten des Bevölkerungswachstums

Beachten Sie zu Beginn den wichtigen Unterschied zwischen den Begriffen Wachstum und Wachstumsrate:

Wachstum
- Wachstum bezeichnet eine absolute Zunahme, d. h. den Anstieg der Bevölkerung um einen bestimmten Betrag. So wuchs die Weltbevölkerung von der Jahrtausendwende 2000–2010 um 800 Mio. Menschen.[1]

Wachstumsrate
- Die Wachstumsrate (r) hingegen steht für eine relative Zunahme. Sie meint die durchschnittliche, jährliche Zunahme in Prozenten ausgedrückt. Die Wachstumsrate ergibt sich als Differenz aus der Geburten- und Sterbeziffer. Liegen negative Werte vor, sinkt die Bevölkerungszahl. Beachten Sie die Verhältnisse: Geburten- und Sterbeziffern werden in Promille (‰) angegeben, die Wachstumsrate hingegen in Prozenten (%).

Beispiel

Betrachten wir nochmals unser Beispiel: In diesem Land ereignen sich auf 100 000 Einwohner und Einwohnerinnen jährlich 4 000 Geburten und 2 000 Todesfälle. Am Jahresende leben somit auf je 1 000 Einwohner 20 Menschen mehr als zu Jahresbeginn. Die Wachstumsrate beträgt somit 2%.

Regel: Wachstumsrate (r) = Geburtenziffer − Sterbeziffer
Beispiel: r = 40‰ − 20‰ = 20‰ = 2%

Hätte dieses Land 100 Mio. Einwohner, so lebten dort nach einem Jahr 2 Mio. Menschen mehr.

Die Weltbevölkerung wächst jährlich um 1.2%, also um ca. 85 Mio. Menschen jedes Jahr.[2] Sie wächst allerdings keinesfalls gleichmässig im Raum, sondern mit grossen regionalen Unterschieden:

- In den Industrieländern findet nur ein geringes oder gar ein negatives Bevölkerungswachstum statt.
- Für die meisten Entwicklungsländer jedoch ist ein hohes Bevölkerungswachstum kennzeichnend.

[Tab. 1-1]   Durchschnittliche Wachstumsrate nach Kontinenten in Prozent (2012)

Afrika	2.6
Lateinamerika	1.3
Asien	1.1
Ozeanien	1.1
Nordamerika	0.4
Europa	0.0
Welt	1.2

Quelle: Stiftung Weltbevölkerung, 2013.

---

[1] Quelle: United Nations, 2010.
[2] Quelle: Stiftung Weltbevölkerung, 2013.

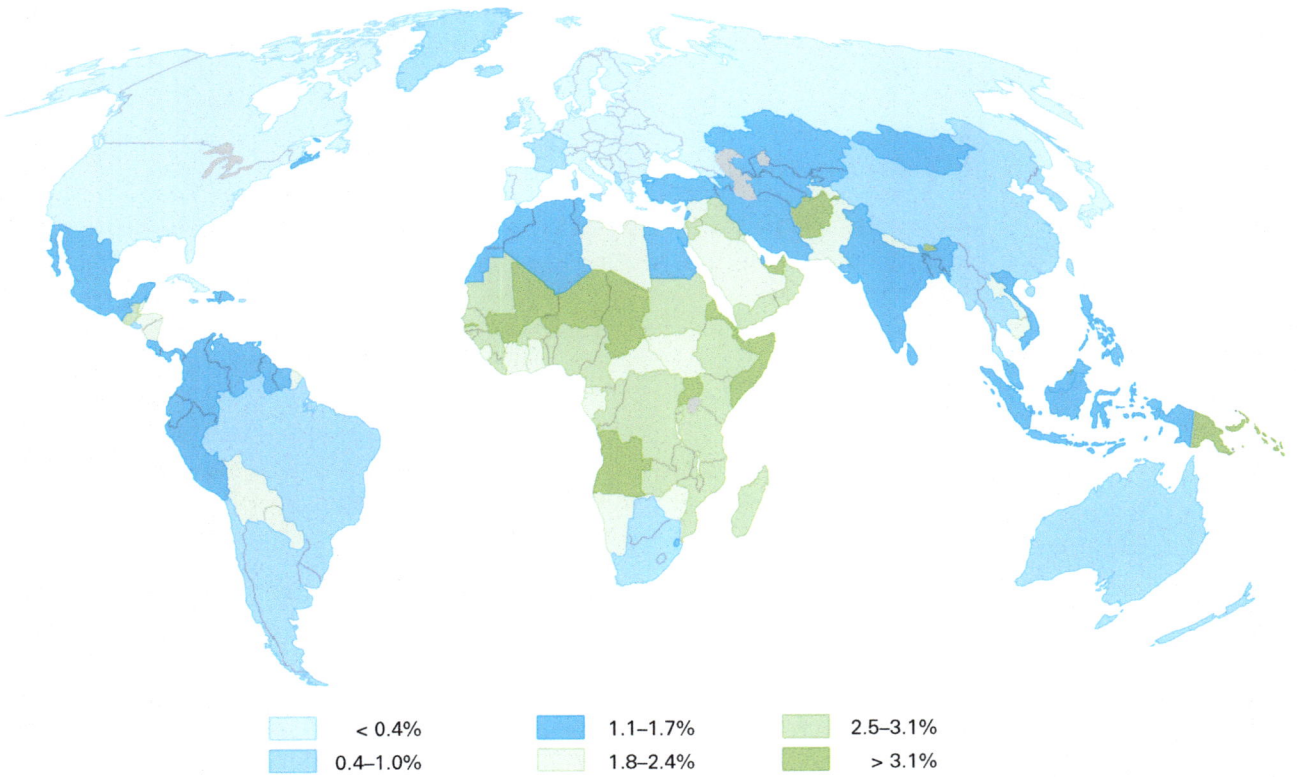

[Abb. 1-3] Jährliche Wachstumsrate der Bevölkerung in den Staaten der Erde (2005–2010)

< 0.4% 1.1–1.7% 2.5–3.1%
0.4–1.0% 1.8–2.4% > 3.1%

Auffallend sind vorab die sehr hohen Werte in Afrika und Südasien. Die kleinsten Wachstumsraten finden sich in Europa, Nordamerika und Russland.
Quelle: United Nations Population Division, World Population Prospects. The 2012 Revision.

Phänomen Wachstum hat Regeln

Das Phänomen Wachstum treffen Sie nicht nur in der Bevölkerungslehre an. Sie begegnen ihm auch in vielen anderen Bereichen Ihres täglichen Lebens, vom sich ausbreitenden Schimmelpilz auf der Konfitüre bis zum Geld auf Ihrem Bankkonto. Schimmelpilz, Geld und Bevölkerungen wachsen alle nach den gleichen Gesetzmässigkeiten. Nach der Art ihrer Zunahme unterscheidet man folgende Wachstumsarten:

- **Lineares Wachstum:** Wenn Sie zu 100 Franken in einem Sparstrumpf jedes Jahr weitere 10 Franken legen, so haben Sie nach 10 Jahren 200, nach 20 Jahren 300 Franken etc. In einem Diagramm aus Sparbetrag und Zeit ergibt sich daraus eine ansteigende gerade Linie. Der Zuwachs ist über die Zeit konstant, im Beispiel stets 10 Franken pro Jahr. Man spricht von linearem Wachstum.
- **Exponentielles Wachstum:** Wenn Sie Ihre 100 Franken nicht in den Sparstrumpf stecken, sondern zur Bank bringen, werden Sie einen jährlichen Zins von vielleicht 10%[1] erhalten. Im zweiten Jahr berechnen Sie den Zins nicht auf der Basis von 100 Franken, sondern von 110 Franken. Ihr Vermögen nach 10 Jahren berechnen Sie mit der Formel für Zinseszins:

$$N_t = N_0 \cdot (1 + r)^t$$

N_t: Vermögen nach der Zeit t
N_0: Vermögen zu Beginn, t = 0, im Beispiel 100 Franken
r: Wachstumsrate r [als Dezimalbruch*]
t: Zeit in Anzahl Jahren

* Beachten Sie: Für Berechnungen verwenden wir die Wachstumsrate als Dezimalbruch und nicht in Prozent; also 10% = 10 : 100 = 0.1 und entsprechend 5% = 0.05 und 1% = 0.01.

[1] Dies ist kein realistischer Zinssatz für ein Bankkonto, sondern nur ein gerundeter Beispielbetrag.

Nach 10 Jahren haben Sie $100 \cdot 1.1^{10} = 259$. Nach 20 Jahren ist Ihr Vermögen bereits auf 673 Franken gewachsen. Im Gegensatz zum linearen Wachstum ist beim exponentiellen Wachstum nicht der absolute Zuwachs, sondern die Zuwachsrate (r) konstant. Die Anzahl Jahre (t = 10) steht in der Hochzahl, dem Exponenten. Deshalb nennt man diese Art des Wachstums exponentielles Wachstum.

[Abb. 1-4]   Lineares a) und exponentielles b) Wachstum

Die vergangenen Jahrhunderte der Menschheitsgeschichte haben gezeigt: Die Weltbevölkerung wächst exponentiell, nicht linear. Vergleichen Sie dazu die Abbildung b) mit der Abbildung in der Einleitung zu diesem Kapitel.

Verdopplungszeit

Ein sehr anschauliches Mass zur Beschreibung des exponentiellen Wachstums bietet die Verdopplungszeit. Sie beschreibt, wie lange es dauert, bis sich eine Bevölkerung bei konstanter Zuwachsrate verdoppelt hat. In obiger Formel wird $N_t = 2 N_0$ ersetzt:

$$2N_0 = N_0 \cdot (1 + r)^t$$

Da wir nach der Zeit fragen, interessiert uns das t dieser Gleichung. Zunächst dividieren wir die Gleichung durch N_0. Sie sehen, die Verdopplungszeit ist unabhängig von der Grösse der Anfangsbevölkerung. Danach müssen wir t aus dem Exponenten isolieren. Dies erreichen wir, indem wir die Gleichung logarithmieren:

$$2 = (1 + r)^t$$
$$\log 2 = \log(1 + r)^t$$
$$\log 2 = t \cdot \log(1 + r)$$
$$\frac{\log 2}{\log(1 + r)} = t$$

Die Verdopplungszeit zeigt eindrücklich die Bedeutung selbst kleinster Änderungen der Zuwachsrate. Merken Sie sich die einfache Faustformel:

Verdopplungszeit t = 0.7/Wachstumsrate r

Bei 1% Zuwachsrate ergibt sich eine Verdopplungszeit von rund 70 Jahren. Setzt man mit 1.2% die Wachstumsrate der Weltbevölkerung ein (Stand 2012), so ergibt sich eine Zeitspanne von nur noch ungefähr 58 Jahren.

$$\frac{\log 2}{\log 1 + 0.012} = 58.3$$

In einigen Staaten im tropischen Afrika herrschen (trotz der Ausbreitung von HIV) Wachstumsraten von gegen 4%, die Verdopplungszeiten liegen somit bei ca. 18 Jahren. Mit anderen Worten, die Verdoppelung erfolgt ungefähr jede Generation. Daraus ergeben sich für eine Gesellschaft gewaltige Probleme (vgl. Kap. 3.2, S. 29).

Entscheidende Ausgangslage

Beachten Sie auch die Grundlage, von der eine Verdopplung ausgeht: Wohl hatte Niger 2012[1] mit ca. 10 Jahren weltweit die kürzeste Verdopplungszeit, aber bei einer Einwohnerzahl von 16.3 Mio. wären die Folgen (global gesehen) viel kleiner im Vergleich zu denjenigen eines Lands wie Indien (1.258 Mia. Einwohner) mit einer Verdopplungszeit von ca. 47 Jahren.

Nutzen Sie die Abbildung 1-5 und die Tabelle 1-2, um die Beziehung zwischen dem exponentiellen Wachstum und der Verdopplungszeit zu verinnerlichen!

[Abb. 1-5]   Zuwachsrate und Verdopplungszeit

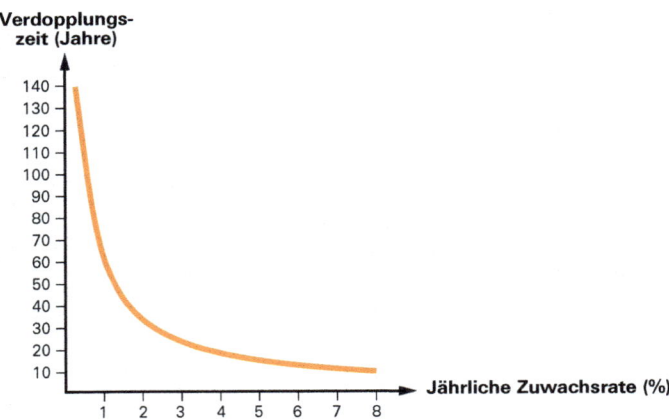

[Tab. 1-2]   Zuwachsrate und Verdopplungszeit mit Beispielen ausgewählter Länder

Zuwachs-rate in % 2012	Verdopplungs-zeit in Jahren	Beispiel eines Lands
0.4	175	Frankreich
0.5	140	USA
0.8	88	Jamaika
1.7	42	Venezuela
2.8	25	Afghanistan
3.1	23	Mali

Quelle: Stiftung Weltbevölkerung, 2013.

Zusammenfassung

Die Differenz aus Geburtenziffer und Sterbeziffer heisst Wachstumsrate. Sie bezeichnet den prozentualen jährlichen Anstieg der Bevölkerung. Industrieländer haben tiefe oder gar negative Wachstumsraten, in Entwicklungsländern sind die Werte hoch.

Lineares Wachstum zeichnet sich aus durch eine stetige lineare Zunahme. Beim exponentiellen Wachstum hingegen ist die Wachstumskurve anfänglich flach und steigt erst mit der Zeit, dann aber immer stärker an.

Die Wachstumsrate einer Bevölkerung wirkt sich direkt auf deren Verdopplungszeit aus: je höher die Wachstumsrate, desto kürzer die Verdopplungszeit.

[1]   Alle Zahlen dieses Beispiels beziehen sich auf das Jahr 2012. Quelle: Stiftung Weltbevölkerung, 2013.

Aufgabe 4	Suchen Sie je zwei weitere Beispiele für lineares und exponentielles Wachstum.
Aufgabe 5	Machen Sie als Übungsaufgabe ein realistisches Rechenbeispiel mit Ihrem Sparkonto. Nehmen Sie den aktuellen Zinssatz Ihrer Bank und berechnen Sie die Verdopplungszeit für Ihr Vermögen.
Aufgabe 6	Vergleichen Sie die Karten Kinderzahl pro Frau (Abb. 1-2, S. 9), mit der Karte Wachstumsrate (Abb. 1-3, S. 12). Gibt es Gemeinsamkeiten und / oder Unterschiede? Wie erklären Sie sich das gefundene Muster?

1.3 Prognosen zur Welternährung

Gemäss Welternährungsorganisation FAO galten 2010–2012 weltweit an die 870 Mio. Menschen als unterernährt; 850 Mio. davon lebten in Entwicklungsländern.[1] Wohl gelten Hunger und Unterernährung heute nicht als Folge einer grundsätzlich zu kleinen weltweiten Nahrungsmittelproduktion. Gleichwohl sinkt die landwirtschaftliche Nutzfläche pro Kopf, während die Weltbevölkerung weiter ansteigt. Wird es einmal so weit kommen, dass die Erde ihre Bewohnerinnen und Bewohner nicht mehr ernähren kann? Das folgende Kapitel untersucht diesen Wettlauf zwischen Storch und Pflug.

Thomas Malthus (1766–1834)

Schon früh wurde vermutet, dass die Weltbevölkerung exponentiell wächst. Bereits um 1800 erahnte der englische Demograf Thomas Malthus eine nahende Überbevölkerung. Er argumentierte, dass die Bevölkerung exponentiell, die Nahrungsmittelversorgung aber nur linear anwachsen würde:

Fokus

Thomas Malthus – Essen und Leidenschaft

«Ich denke, ich kann gerechterweise zwei Thesen aufstellen:

Erstens, Essen ist unbedingt nötig für die Existenz des Menschen. Zweitens, die Leidenschaft zwischen den Geschlechtern ist nötig und wird in ihrer heutigen Form überdauern ... Angenommen, meine Thesen sind richtig, ergibt sich daraus, dass die Kraft der Bevölkerung grösser ist, als die Macht des Menschen, seine Nahrungsmittelversorgung sicherzustellen.

Die Bevölkerung wächst, wenn sie nicht behindert wird, in einem exponentiellen Verhältnis, die Nahrungsmittelversorgung wächst aber nur in einem linearen Verhältnis.

Daraus ergibt sich, das ist meine wesentliche Schlussfolgerung, dass die Bevölkerung bald grösser sein wird, als es die Nahrungsmittelversorgung erlauben würde. Wenn das Wachstum diesen Punkt erreicht hat, kann es nur durch Krieg, Laster und Elend unter Kontrolle gehalten werden ...»

[1] Quelle: FAO, The State of Food Insecurity in the World 2012, http://www.fao.org/docrep/016/i3027e/i3027e00.htm (19.8.2013).

[Abb. 1-6] Bevölkerung und Nahrungsmittelversorgung

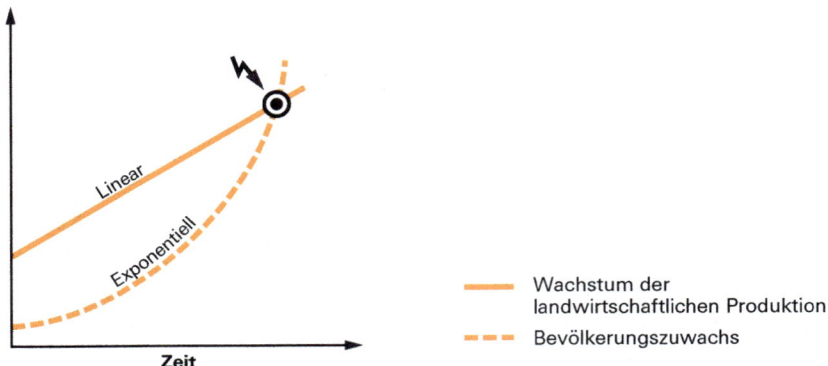

Nach Malthus wächst die Bevölkerung exponentiell, die Nahrungsmittelversorgung aber nur linear. Ab dem Schnittpunkt würde das Bevölkerungswachstum durch Hungersnöte und Kriege gewaltsam gestoppt.

Gemäss Malthus gehorcht das Wachstum der Bevölkerung weder einem linearen noch einem exponentiellen Muster. Wohl könnte die Bevölkerung exponentiell zu wachsen beginnen, würde aber an bestimmten Punkten immer wieder gestoppt und könnte somit keine reine exponentielle Wachstumskurve beschreiben. Auch ein solches Wachstum kennt man ausserhalb der Bevölkerungslehre, man spricht vom s-förmigen Wachstum.

S-förmiges Wachstum

S-förmiges Wachstum ist nach oben durch ein Sättigungsniveau der Bevölkerungszahl begrenzt. Das Sättigungsniveau wird gebildet durch die sog. Tragfähigkeit der Region. Gemeint ist damit die Fähigkeit einer Region, eine bestimmte Anzahl Menschen zu ernähren. Geschieht die Annäherung ans Sättigungsniveau vorsichtig von unten, ohne dieses zu überschreiten, spricht man von Vernunftsverhalten. Ein s-förmiges Wachstum liegt aber auch dann vor, wenn die Bevölkerung zunächst über das Sättigungsniveau steigt und sich erst mit der Zeit auf einem gewissen Wert einpendelt.

Überbevölkerung

Übersteigt die Bevölkerungszahl das Sättigungsniveau, kann also die Bevölkerung eines Gebiets nicht mehr ausreichend versorgt werden, spricht man von Überbevölkerung oder Übervölkerung. Nach Malthus würden an dieser Stelle Kriege, Hungersnöte und Krankheiten die Bevölkerungszahl wieder unter das Sättigungsniveau drücken.

Langfristig pendelt sich die Bevölkerungszahl auf der Höhe des Sättigungsniveaus ein. Das anfänglich exponentielle Wachstum flacht sich in der Nähe des Sättigungsniveaus ab. Dadurch erhält die Kurve ihr s-förmiges Aussehen, das ihr den Namen gab.

[Abb. 1-7] S-förmiges Wachstum der Bevölkerungszahl

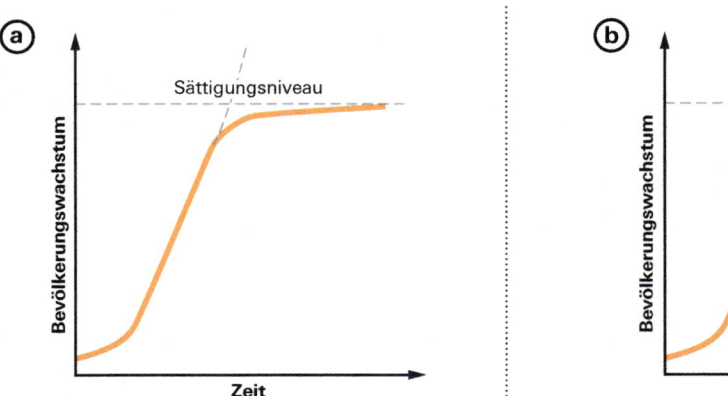
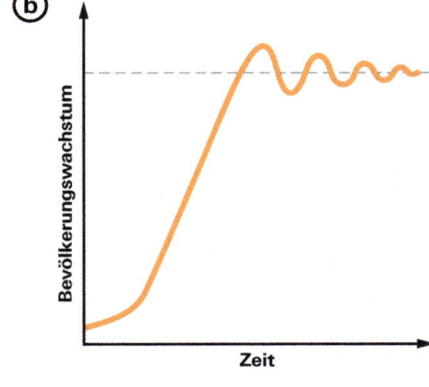

a) Die begrenzten Ressourcen der Umwelt schränken das Wachstum ein. Die exponentielle Wachstumskurve nähert sich bei Vernunftsverhalten dem Sättigungsniveau an. Die Kurve erhält dadurch die Form eines abgescherten s. b) Nach Malthus müsste die Kurve zuerst das Sättigungsniveau überschreiten, danach durch Krieg und Elend sinken und mit der Zeit sich am Sättigungsniveau einpendeln.

Malthus heute?

Doch folgt die Entwicklung der Weltbevölkerung wirklich dem malthusianischen Muster? Diese Streitfrage beschäftigt die Wissenschaft bis heute, nicht nur die Geografie. Die Kritiker argumentieren, es sei nie ein Beweis für das lineare Wachstum der Nahrungsmittelversorgung gefunden worden. Viel eher hätten in der Vergangenheit auftretende Nahrungsengpässe den Erfindergeist der Menschen beflügelt und hätten so in der Landwirtschaft zu Fortschritten geführt.

Es ist wohl richtig, dass es bisher immer wieder gelang, die Kulturflächen auszudehnen und die Hektarerträge zu steigern. Auch verspricht zu Beginn des 21. Jahrhunderts die Forschung eine weitere Produktionssteigerung durch die Gentechnologie. Trotz dieser Erfolge und diesen Versprechen ist die landwirtschaftliche Nutzfläche der Erde endlich. Die Nahrungsmittelversorgung ist und bleibt ein Schlüsselproblem bei anhaltendem Weltbevölkerungswachstum.

Regional kann die Tragfähigkeit des Raums sehr schnell überschritten werden. Wir alle kennen die Bilder von hungernden Menschen in der afrikanischen Sahelzone. Ungeachtet der Diskussion um die Ernährung der wachsenden Weltbevölkerung, ist die Wirkung solcher tragischer Hungersnöte in den betroffenen Regionen verheerend.

Tragfähigkeit

Betrachten wir die *natürliche Tragfähigkeit* des Raums genauer: Sie hängt ab von den Nutzungsansprüchen, die die Bevölkerung eines Gebiets an die natürliche Umwelt stellt, und ist daher von Gebiet zu Gebiet sehr verschieden. Die Nutzungsansprüche erwachsen aus der technologischen Entwicklungsstufe und dem Lebensstandard der Gesellschaft. Bauern haben andere Anforderungen an den Raum als Bankiers. In weiten Teilen Afrikas bildet der landwirtschaftlich nutzbare Boden die einzige Ernährungsgrundlage. Der Boden «trägt» nur so viele Bewohnerinnen und Bewohner, wie er direkt ernähren kann. Ein Dienstleistungsland wie die Schweiz hingegen, versorgt sich nur zu drei Fünfteln mit Lebensmitteln aus dem Inland – der Rest wird zugekauft. Somit kann die *wirtschaftliche Tragfähigkeit* des Raums in hoch entwickelten Ländern weit höher liegen als in Agrarstaaten.

Die Ernährung der Erdbevölkerung ist v. a. ein Verteilungsproblem: Hunger und Armut in Afrika stehen Nahrungsmittelüberschüssen in Europa und Nordamerika gegenüber. Wichtiger als die Frage, wie viele Menschen einmal die Erde bewohnen werden, ist die Frage, wie und wo sie leben werden. Denn das Wachstum der Bevölkerung und das damit verbundene Ernährungsproblem treten in erster Linie regional auf und brauchen deshalb regional wirksame Lösungsansätze.

Fokus

Genug Nahrung für die Weltbevölkerung?

Die Sicherung der Welternährung hat einen kritischen Punkt erreicht. Wohl hat bis jetzt die Welternährungsproduktion mehr als nur Schritt gehalten mit dem Anstieg der Weltbevölkerung: Der Anteil unterernährter Menschen sinkt in fast allen Regionen der Welt. Noch vor 25 Jahren galten ca. 29% aller Einwohner in Entwicklungsländern als unterernährt; 1992 waren es noch 20% und 2012 nur noch 15%. Diese Leistungssteigerung wurde aber erkauft mit einer andauernden Schwächung der Weltlandwirtschaft. Bereits heute sind ungefähr zwei Drittel der landwirtschaftlichen Flächen der Erde durch Erosion, Versalzung und Nährstoffverarmung geschädigt. Bereits mit einfachen Rechenbeispielen gelingt es, die Dramatik der Welternährungsfrage zu verdeutlichen.

Pro Tag benötigt ein Mensch Nahrung im Gegenwert von 2 800 kcal. Angenommen, wir würden diese Energie nur als Milch aufnehmen, brauchten wir 4 l Milch pro Tag. Eine Kuh gibt (inkl. Tragzeit) ca. 15 l Milch pro Tag und benötigt im weltweiten Durchschnitt 1 ha Land. Bei einer Weltbevölkerung von über 7 Mia. Menschen brauchte es 1.89 Mia. Kühe bzw. 18.9 Mio. km^2 Land. Dieser Wert liegt bereits über den 14.8 Mio. km^2 Land, die derzeit weltweit unter Pflug stehen.

Betrachten wir die Frage nach der Sicherung der Welternährung noch von einer anderen Seite. Zur Produktion tierischer Kalorien wird weit mehr Land gebraucht als für die gleiche

Menge in pflanzlicher Form. Als Eckwert gilt: 1 ha Land ernährt im weltweiten Durchschnitt 6.0 Menschen, die nur von pflanzlicher Nahrung leben. Weil aber ein Rind bis zur Schlachtreife auch essen muss, sind es bei rein tierischer Nahrung nur noch 1.0 Menschen pro ha! Bei ausgewogener Ernährung (je 50%) sind es 3.5 Menschen je ha. Vergleichen wir diese Werte wieder mit den 14.8 Mio. km^2, die zur Verfügung stehen. Bei nur tierischer Nahrung brauchte es rund 60 Mio. km^2, bei Mischkost ca. 18, bei rein pflanzlicher Ernährung hingegen nur 10.3.

Ernährung ist aber auch eine Frage der Preise, und dies v. a. für Menschen in Entwicklungsländern. Über Jahrzehnte nahmen die Nahrungsmittelpreise real ab (von 1960–2000 um 40%). Während der Nahrungsmittelkrise 2006–2008 sind sie sprunghaft angestiegen (allein 2007 um 24%). Gemäss FAO sind die Preise seitdem zwar gefallen, aber immer noch auf sehr hohem Niveau. Die Gründe für diese Preissteigerungen sind vielfältig und in ihrem Ausmass umstritten. Zu den Faktoren gehören: der zunehmende Lebensmittelbedarf bedingt durch das globale Bevölkerungswachstum und die sprunghafte Entwicklung neuer Wirtschaftsregionen wie China und Indien, die zunehmende Produktion von Äthanol und Bio-Dieselöl sowie die gestiegenen Energiepreise.

Die Frage nach der Welternährung ist daher auch eine Frage der Annäherung unterschiedlicher Ansprüche.

Zusammenfassung

Die umstrittene These des englischen Demografen Malthus besagt, dass die Bevölkerung exponentiell zunehme, die Nahrungsmittelversorgung aber nur linear nachziehen könne. Ab dem unvermeidlichen Schnittpunkt der Kurven würde die Bevölkerung durch Hunger, Seuchen und Krieg wieder vermindert. Dieser Idee entspricht das s-förmige Wachstum, bei dem sich die Wachstumskurve nach anfänglich exponentieller Phase dem Sättigungsniveau der Bevölkerung annähert und die Grenze der Tragfähigkeit erreicht. Von Überbevölkerung ist dann die Rede, wenn ein Raum seine Bevölkerung nicht mehr versorgen kann.

Aufgabe 7

Betrachten Sie nochmals das Beispiel des wachsenden Schimmelpilzes auf der Oberfläche der Konfitüre. Weshalb ist die Wachstumskurve der von Pilz bedeckten Konfitürenoberfläche s-förmig?

Aufgabe 8

Testen Sie Ihre Sicherheit im Umgang mit einigen Begriffen der Bevölkerungsgeografie. Untersuchen Sie die folgenden Aussagen auf ihre Richtigkeit. Beachten Sie, auch in dieser Aufgabe soll nur die natürliche Bevölkerungsentwicklung betrachtet werden.

A] Die Wachstumsrate einer Bevölkerung berechnet sich aus der Subtraktion von Geburtenziffer von der Sterbeziffer.

B] Die Wachstumsrate bezeichnet die totale jährliche Zunahme einer Bevölkerung an Einwohnerinnen und Einwohnern.

C] Die Geburtenziffer bezeichnet die Anzahl Neugeborener auf 1 000 Einwohnerinnen und Einwohner.

D] Bleiben Geburten- und Sterbeziffer über mehrere Jahre konstant, so bleibt auch die Bevölkerungszahl gleich gross.

E] Gegen Ende der Wachstumsphase eines s-förmigen Wachstums nimmt die Wachstumsrate immer mehr ab.

F] Die Verdopplungszeit bei linearem Wachstum ist konstant.

2 Bevölkerungsstruktur

Lernziele Nach der Bearbeitung dieses Kapitels können Sie …

- Zahlen und Fakten über den Aufbau einer Bevölkerung grafisch aufbereiten.
- beliebigen Ländern einen bestimmten Altersstrukturtyp zuordnen.
- den grafischen Altersaufbau beliebiger Länder interpretieren.

Schlüsselbegriffe Altersaufbau, Altersstruktur, Babyboomer, Bevölkerungsstruktur, Pillenknick

In diesem Kapitel wollen wir untersuchen, wie Bevölkerungen aufgebaut sind. Wie verhalten sich die zahlenmässigen Verhältnisse von jung zu alt bzw. von männlich zu weiblich innerhalb verschiedener Altersgruppen einer Gesellschaft? Dabei sollten Sie immer einen Blick in die Zukunft werfen, denn der heutige Aufbau einer Bevölkerung bestimmt, wie sie sich in Zukunft entwickeln wird.

2.1 Altersstruktur

In vielen Ländern Lateinamerikas, Afrikas und Asiens ist mehr als die Hälfte aller Einwohner und Einwohnerinnen weniger als 19 Jahre alt. Die Jugend von heute stellt die Eltern der nächsten Generation. Wo viele Eltern sind, ist auch mit mehr Kindern zu rechnen. In kinderreichen Ländern wird die Jugend von heute allein durch ihre grosse Zahl den Verlauf der Bevölkerungsentwicklung der nächsten Jahre bestimmen.

Alterung der Gesellschaft in der Schweiz

Ganz andere Probleme hat die Schweiz zu bewältigen. Während im Jahr 2000 auf 100 berufstätige Schweizerinnen und Schweizer (d. h. 20- bis 64-Jährige) 29 Pensionierte (d. h. 65-jährige und ältere Personen) kamen, rechnet man für das Jahr 2040 mit 56 Pensionierten. Das heisst, dass immer weniger Erwerbstätige die Kosten für den sozialen Rückhalt älterer Menschen tragen müssen und, was von einschneidender Bedeutung ist, immer weniger Werktätige der Volkswirtschaft zur Verfügung stehen. Die Unwörter «Rentnerschwemme» oder «Überalterung der Gesellschaft» weisen auf diese Problematik vieler Industrieländer hin.

Diese beiden Beispiele illustrieren Ihnen die beiden Extremsituationen der Bevölkerungsstruktur innerhalb einer Gesellschaft. Die nächsten Beispiele zeigen Ihnen, dass die Bevölkerungsstruktur auch räumlich variieren kann.

Die Abwanderung junger Menschen vom ländlichen Raum in die Stadt hinterlässt vielerorts eine alte Landbevölkerung. Dies zeigt sich an vielen geschlossenen Grundschulen in Bergdörfern. Eine ähnliche Altersstruktur findet man im warmen und wintermilden Mittelmeerraum. Hier haben sich viele Regionen zu wahren Rentnerparadiesen entwickelt, bevölkert von Pensionären aus ganz Europa. Auch in den Küstenregionen Nordamerikas finden sich vergleichbare Muster.

Zusammenfassung Die Alters- und Geschlechterstruktur der Bevölkerung ist von Ort zu Ort und von Gesellschaft zu Gesellschaft verschieden. In armen Ländern mit kinderreichen Familien überwiegt die Jugend, die Industriestaaten stehen vor einer Alterung der Gesellschaft.

Aufgabe 9 Die Altersgliederung der Bevölkerung bietet sowohl in Industrieländern als auch in Entwicklungsländern Probleme, allerdings von gegensätzlicher Natur. Beschreiben Sie die Altersstruktur in Entwicklungs- und Industrieländern. Welche gesellschaftlichen Probleme ergeben sich in Entwicklungsländern, welche in Industrieländern?

2.2 Geschlechtergliederung

Geschlechterbezogene Aufbauunterschiede der Gesamtbevölkerung werden erst deutlich, wenn man pro Altersklasse die Zahl der weiblichen Personen mit der der männlichen vergleicht. Infolge des natürlichen Überschusses an männlichen Geburten – es werden rund 6% mehr Knaben als Mädchen geboren – überwiegen in den unteren Altersklassen meist die Knaben. Erst im höheren Alter verschiebt sich das Verhältnis zugunsten der Frauen, da die Männer durchschnittlich früher sterben.

Mehr Chinesen als Chinesinnen

Regionale Besonderheiten können diese Trends jedoch überprägen oder verstärken. In China z. B. fallen viele unerwünschte Mädchen der Abtreibung und dem Kindsmord zum Opfer, eine Folge der über Jahre staatlich geförderten Einkindfamilie und der im Konfuzianismus verbreiteten Ansicht, dass nur männliche Nachkommen den Ahnen Opfer darbringen können. Heute ist deshalb in der chinesischen Gesellschaft ein markanter Männerüberschuss zu beobachten.

Spuren der Wirtschaft

Die Abwanderung junger, vorwiegend männlicher Arbeitskräfte in Gebiete mit unwirtlichen Lebensbedingungen, dafür aber guten Verdienstmöglichkeiten zieht Veränderungen der Geschlechtergliederung nach sich. So erhöhte die Ölindustrie den Anteil der männlichen Einwohner Alaskas zeitweise auf stattliche 56%.

Kriege hinterlassen einseitige Spuren

Kriegsereignisse wirken auf die Geschlechtergliederung ein. An der Front gefallene Soldaten fehlen auf der männlichen Seite, daher weisen Kriegsgenerationen oft Frauenüberschüsse auf. Ausserdem sind kriegerische Jahre immer auch Jahre der Not, in denen weniger Kinder geboren werden (vgl. Abb. 2-2, S. 22).

Zusammenfassung Ereignisse wie Kriege oder Völkerwanderungen können das Gleichgewicht zwischen den Geschlechtern verschieben.

2.3 Darstellung der Altersstruktur der Bevölkerung

Es ist ein zentrales Anliegen der Bevölkerungslehre, Instrumente anzubieten, die auf einen Blick die wichtigsten Zusammenhänge aus einer meist riesigen Datenmenge herausarbeiten. Die grafische Darstellung der Altersstruktur ist eine anschauliche Hilfe. Diese Darstellungen werden auch Bevölkerungspyramiden genannt, obwohl sie mit einer Pyramide im geometrischen Sinn nicht mehr viel gemeinsam haben.

[Abb. 2-1] Grundformen der Altersstruktur

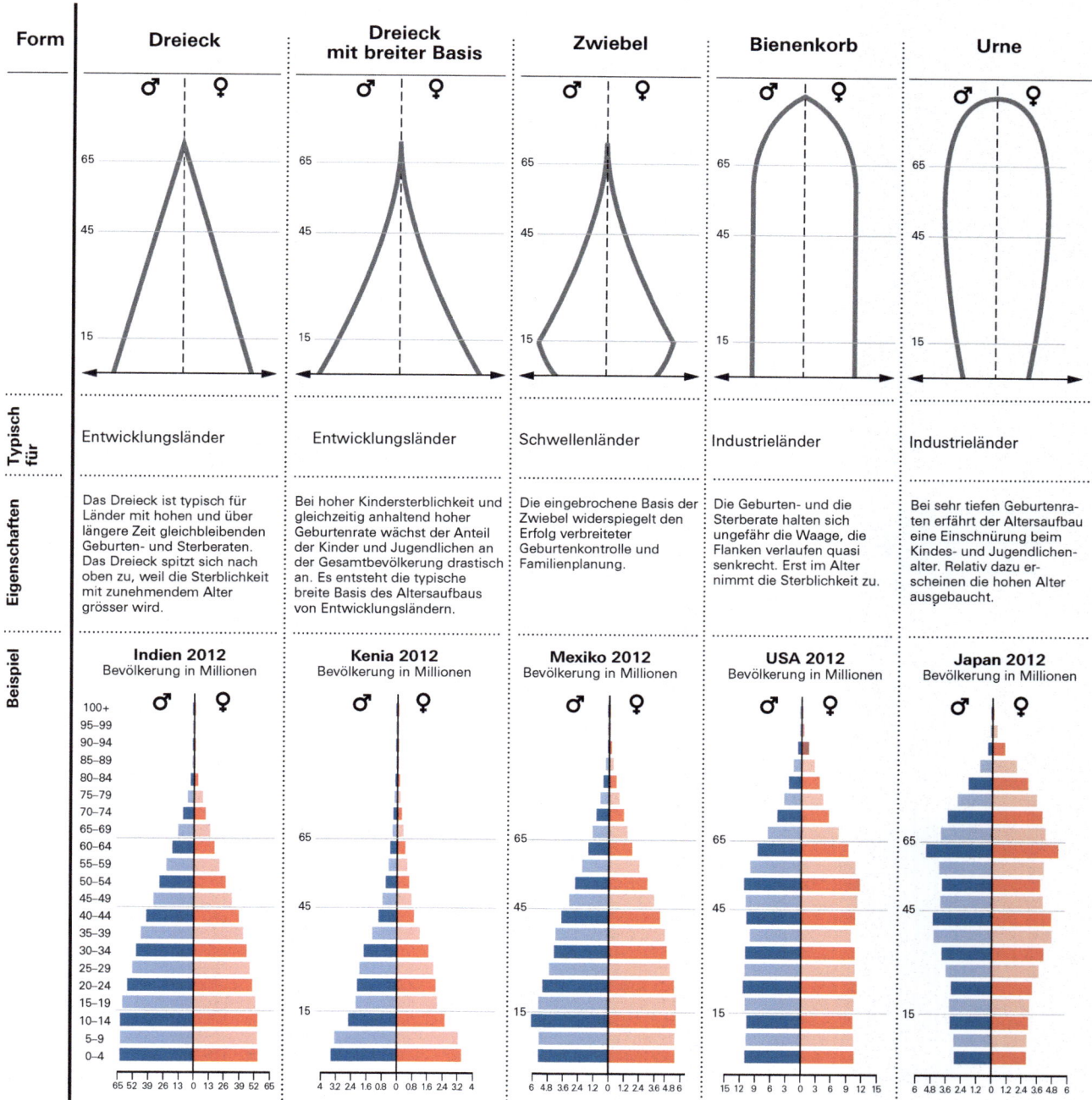

Die fünf Grundformen der Altersstruktur einer Bevölkerung heissen Dreieck, Dreieck mit breiter Basis, Zwiebel, Bienenkorb und Urne. Dreieck und Zwiebel sind typische Formen für die Entwicklungs- und Schwellenländer, Bienenkorb und Urne für die Industrieländer. Quelle der Beispiele: U. S. Census Bureau, International Data Base, 2013.

Die Altersstruktur (vgl. Abb. 2-1) zeigt Männer und Frauen, nach Geschlecht getrennt und Alter geordnet, auf der Basis des rechtwinkligen Koordinatensystems. Die vertikale y-Achse trägt das Alter in Einjahres- wie auch Fünfjahresschritten geteilt. Die negative x-Achse ist den Männern, die positive den Frauen zugeteilt (horizontale Achse). Männer und Frauen können in absoluten Zahlen wie auch in prozentualen Anteilen bezüglich der Gesamtbevölkerung aufgeführt sein. Die grafische Darstellung der Altersstruktur zeigt den altersmässigen Aufbau der Bevölkerung zu einem bestimmten Zeitpunkt.

Typische Grundformen

Zeichnet man die Altersstruktur vieler Länder, so ergeben sich typische Grundformen bestimmter Ländergruppen. So zeigen beispielsweise Entwicklungsländer ganz andere Formen des Altersaufbaus als Industriestaaten. Studieren Sie dazu die Abbildung 2-1.

Der Altersaufbau einer Bevölkerung spricht nicht nur über ihre Form zum Betrachter, er trägt auch viele Detailinformationen. Wie Sie einen Altersaufbau lesen, lernen Sie am Beispiel Deutschlands.

[Abb. 2-2] Altersaufbau Deutschlands 2011

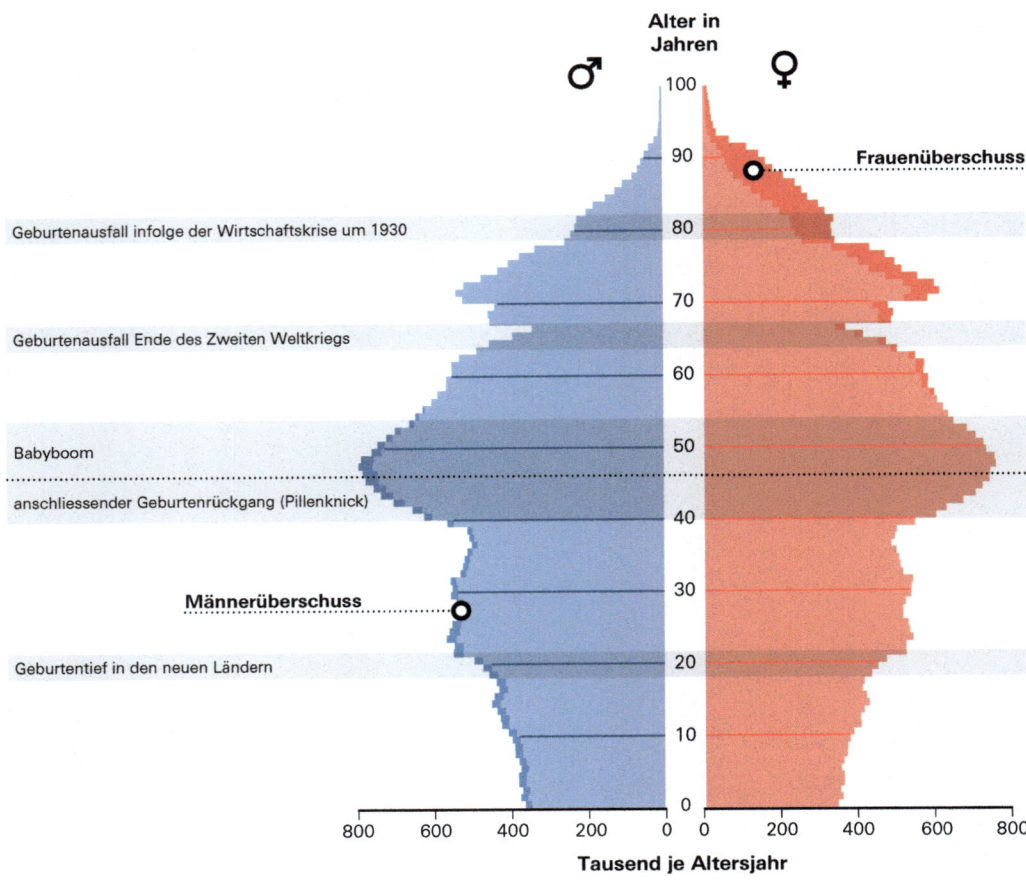

Quelle: Statistisches Bundesamt.

Wie lese ich einen Altersaufbau?

- Zunächst fällt auf, dass die beiden Hälften nicht symmetrisch sind. In der Altersgruppe der über 70-Jährigen überwiegen die Frauen ganz deutlich. Der Grund hierfür liegt einerseits in der höheren Lebenserwartung der Frauen, andererseits in der Geschichte Deutschlands: Die im Zweiten Weltkrieg Gefallenen wären heute in der Altersgruppe der über 85-Jährigen, entsprechend findet sich hier ein Überhang auf der weiblichen Seite. Beachten Sie: In einem Altersaufbau sieht man Kriegsverluste jeweils nicht direkt beim Kriegsereignis, sondern ca. 20–30 Jahre früher, da die gefallenen Soldaten (meist Männer) in diesem Alter waren.

- Die 80- und 65-Jährigen zeigen sich als sehr geburtenschwache Jahrgänge. Diese Geburtenausfälle sind die Ergebnisse besonders harter Lebensbedingungen, wie sie etwa in Kriegen oder Wirtschaftskrisen vorherrschen. Im Gegensatz zu den Gefallenen im Krieg zeigt sich ein Geburtenausfall bei Wirtschaftskrisen beidseitig.
- Betrachten Sie zum Abschluss noch die starke Ausbauchung bei den 40- bis 55-Jährigen. In der Nachkriegszeit verbesserten sich die Lebensumstände in Deutschland stetig, es wurden in dieser Zeit besonders viele Kinder geboren. Heute nennt man diese Generationen die Babyboomer. Der Geburtenanstieg endete plötzlich Mitte der 1960er-Jahre. Die Erfindung der Antibabypille führte zu einem markanten Geburtenrückgang, zu einem Knick in der Bevölkerungskurve. Man spricht in diesem Zusammenhang vom Pillenknick.

Die grafische Darstellung der Altersstruktur erlaubt es, Prozesse der Bevölkerungsentwicklung der Vergangenheit abzuleiten und der Zukunft vorherzusagen. Dies kann wichtig sein für politische Entscheidungen bei Familienpolitik, Bildung und Altersvorsorge. Am Beispiel von Kenia (vgl. Abb. 2-1) erkennen Sie bereits heute den grossen Anteil der unter 15-Jährigen. In den kommenden Jahren treten diese ins heiratsfähige Alter. Als zahlenmässig starke Elterngruppe prägen sie mit ihren Kindern das Wachstum der kenianischen Gesellschaft.

Zusammenfassung Die grafische Darstellung der Altersstruktur veranschaulicht den Aufbau der Bevölkerung nach Alter und Geschlecht (Bevölkerungspyramide). Die Grundformen heissen Dreieck, Dreieck mit breiter Basis, Zwiebel, Bienenkorb und Urne.

Aufgabe 10 Zeichnen Sie den Altersaufbau der Schweiz für das Jahr 2011.

[Tab. 2-1] Ständige Wohnbevölkerung der Schweiz nach Geschlecht und Alter, gerundete Zahlen (2011)

Alter	Männer (in 1 000)	Frauen (in 1 000)	Alter	Männer (in 1 000)	Frauen (in 1 000)
0–4	200	190	50–54	300	290
5–9	200	190	55–59	250	250
10–14	210	200	60–64	220	230
15–19	230	220	65–69	200	210
20–24	250	240	70–74	140	170
25–29	270	260	75–79	110	150
30–34	280	270	80–84	80	120
35–39	280	280	85–89	40	80
40–44	310	310	90–94	14	40
45–49	340	330	95 und mehr	3	10

Quelle: Bundesamt für Statistik. Ständige Wohnbevölkerung nach Alter, Geschlecht und Staatsangehörigkeitskategorie.

[Abb. 2-3] Vorlage für den Altersaufbau der Schweiz 2011

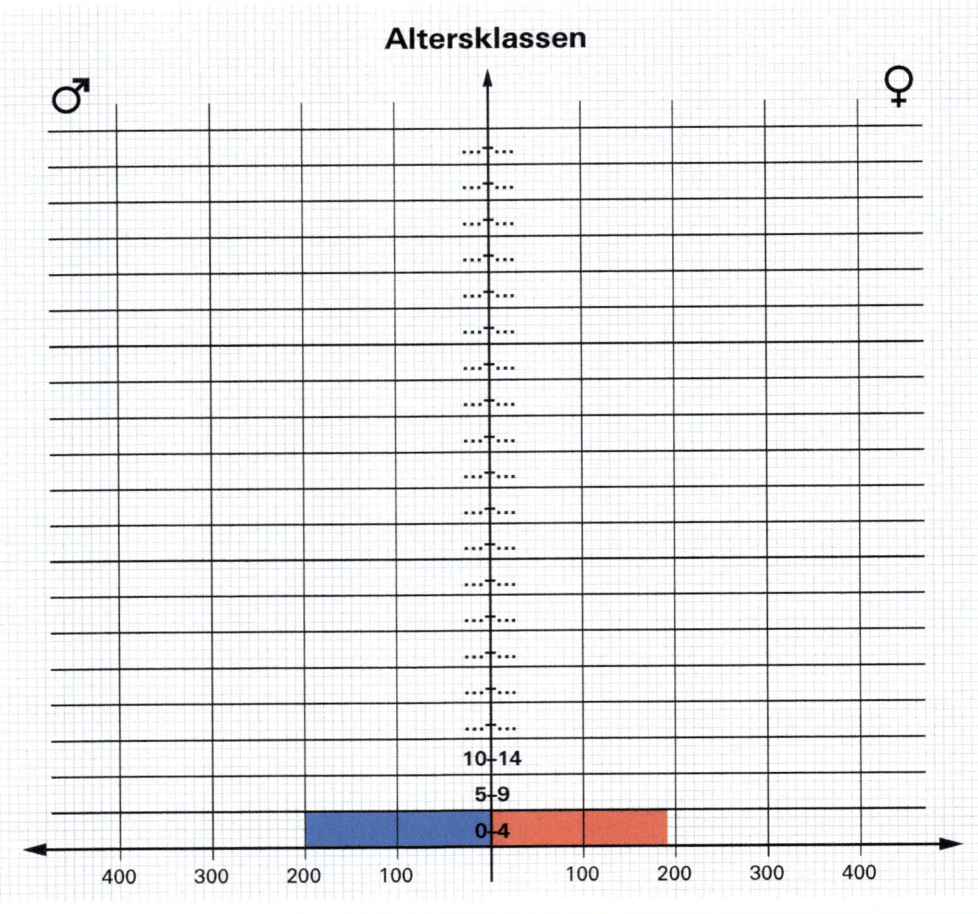

Aufgabe 11 Verbinden Sie Ihr Wissen über typische Formen und spezielle Strukturen des Altersaufbaus. Zeichnen Sie den Altersaufbau eines frei erfundenen Industrielands, das vor 20 Jahren das Ende eines 5 Jahre dauernden, verlustreichen Kriegs erlebte.

[Abb. 2-4] Vorlage Altersaufbau

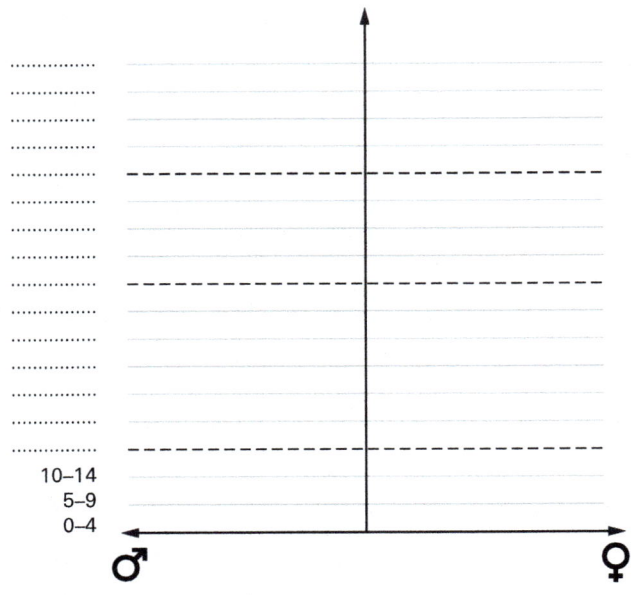

24 Bevölkerung und Raum

3 Weltbevölkerung gestern, heute und morgen

Lernziele Nach der Bearbeitung dieses Kapitels können Sie ...

- aufzeigen, wie die Weltbevölkerung auf der Erde verteilt ist.
- erläutern, wie die Bevölkerungsentwicklung vieler Staaten seit der Industrialisierung verlief und in welche Phasen des demografischen Wandels sie eingeteilt werden kann.
- die unterschiedliche Entwicklung von Industrieländern und Entwicklungsländern erläutern.
- darlegen, wie Familienplanung auf die Bevölkerungsentwicklung einwirkt.

Schlüsselbegriffe arithmetische und physiologische Bevölkerungsdichte, Bevölkerungsexplosion, Bevölkerungsschere, demografischer Übergang, Empowerment der Frau, Entwicklungsländer, Familienplanung, Industrieländer, reproduktive Gesundheit

In diesem Kapitel stellen wir uns die folgenden bevölkerungsgeografischen Fragen:

- Wie ist die Weltbevölkerung heute über den Globus verteilt?
- Gibt es regionale Unterschiede der Bevölkerungsentwicklung?
- Welche Bevölkerungsprognosen sind möglich, welche wahrscheinlich?
- Wie können wir Menschen lenkend in die Bevölkerungsentwicklung eingreifen?

3.1 Bevölkerungsverteilung

Stünde die heutige Weltbevölkerung von über 7 Mia. beisammen, auf je 1 m² Fläche pro Person, so ergäbe sich ein Menschenmeer von 7 000 km² Grösse, was ungefähr der Fläche des Kantons Graubünden oder einem Quadrat mit 84 km Seitenlänge entspricht. Da bliebe doch genügend Platz auf der Welt, weshalb also spricht man von Überbevölkerung?

Wie soll gemessen werden, wo wie viele Menschen leben? Sehr häufig wird dazu das Verhältnis von der Bevölkerung zur Fläche gebildet, man spricht dann von der Bevölkerungsdichte. Sie wird ausgedrückt durch die Zahl der Einwohner je km².

Nach der Wahl der Bezugsfläche unterscheidet man zwei verschiedene Bevölkerungsdichten:

- Die arithmetische Bevölkerungsdichte
- Die physiologische Bevölkerungsdichte

Arithmetische Bevölkerungsdichte

Einwohner/Gesamtfläche

Die arithmetische Bevölkerungsdichte ergibt sich aus dem Verhältnis der Einwohnerzahl zur Gesamtfläche eines Lands. Dieses Verhältnis findet sich in vielen offiziellen Statistiken als Kennwert eines Lands. Für die Schweiz ergibt sich bei einer Fläche von 41 284 km² und einer Bevölkerung von rund 8.1 Mio.[1] eine Dichte von 196 Einw./km².

$$\text{Arithmethische Bevölkerungsdichte} = \frac{\text{Einwohnerzahl}}{\text{Fläche (in km}^2\text{)}}$$

Die arithmetische Dichte berücksichtigt allerdings die Bevölkerungsverteilung innerhalb eines Lands nicht. Im dicht besiedelten Schweizer Mittelland leben viel mehr Menschen als im unwirtlichen Alpenraum. Welchen falschen Eindruck die arithmetische Dichte vermitteln kann, zeigt das Beispiel Ägyptens: Die arithmetische Dichte beträgt 85 Einw./km².

---

[1] Stand Mitte 2013, Quelle: Stiftung Weltbevölkerung, 2013.

Beachten Sie aber, dass ca. 99% der ägyptischen Bevölkerung im fruchtbaren Niltal mit nur 3% der Landesfläche leben.

[Abb. 3-1] Bevölkerungsdichte und -verteilung in Ägypten (Mitte 2013)

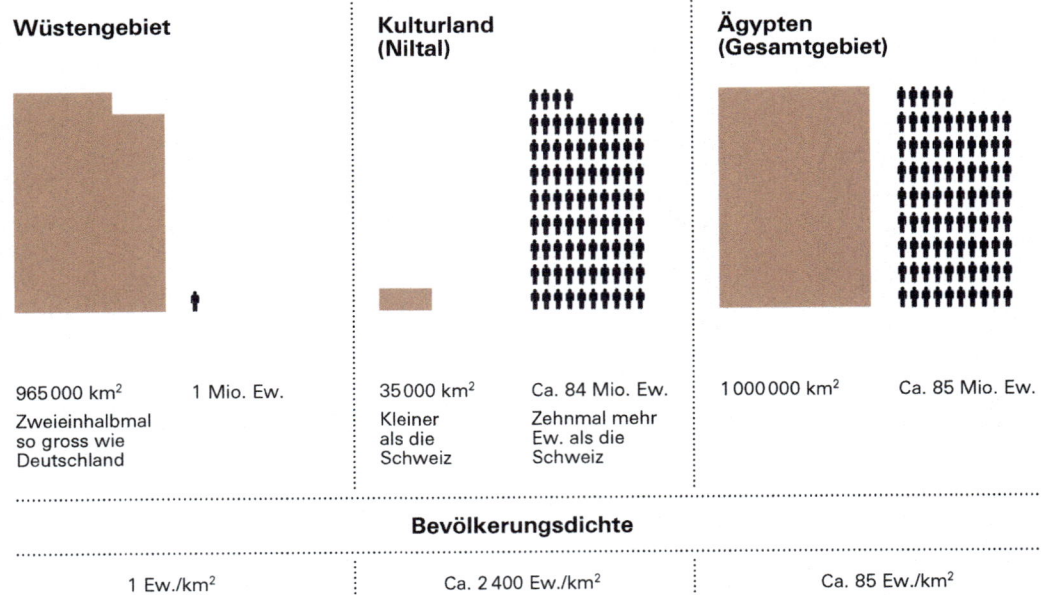

Die riesigen Wüstengebiete Ägyptens sind weitgehend unbewohnt. Verwendet man zur Berechnung der Bevölkerungsdichte die kleine Fläche des fruchtbaren Niltals anstelle der Gesamtfläche, erhält man 2 400 Einw./km². [1]

Physiologische Bevölkerungsdichte

Einwohner/ landwirtschaftlich produktive Fläche

Die physiologische Bevölkerungsdichte wird einer ungleichen Bevölkerungsverteilung im Raum gerechter: Sie wird gebildet durch das Verhältnis zwischen der Bevölkerungszahl und der landwirtschaftlich produktiven Fläche. Somit ergibt sich für Ägypten ein Wert von ca. 2 400 Einw./km², für die Schweiz ca. 770 Einw./km² (Stand Mitte 2013).[2] Beachten Sie aber: Die Aussagekraft der physiologischen Dichte ist hoch bei Landwirtschaftsländern, tief hingegen bei einem Dienstleistungsland wie der Schweiz, in dem der Wohlstand nicht durch die Landwirtschaft erwirtschaftet wird.

$$\text{Physiologische Bevölkerungsdichte} = \frac{\text{Einwohnerzahl}}{\text{landwirtschaftlich produktive Fläche (in km}^2\text{)}}$$

Wir können nun angeben, wie viele Menschen einen Raum bewohnen. Damit wissen wir aber noch immer nicht, wo auf der Erde der Platz knapp geworden ist und wo nicht. Betrachten Sie dazu die Weltkarte der arithmetischen Bevölkerungsdichte in Ihrem Atlas (SWA, S. 182 oder benutzen Sie die interaktive Version http://schweizerweltatlas.ch/ oder DWA, S. 180/181). Die Weltbevölkerung ist sehr ungleich über den Globus verteilt. Die Spannbreite reicht von unbesiedelten Regionen in der Antarktis bis hin zu Werten von mehreren 10 000 Einw./km² in südostasiatischen Städten wie z. B. Hongkong.

[1] Quelle: Stiftung Weltbevölkerung, 2013.
[2] Landwirtschaftlich nutzbare Fläche in der Schweiz ca. 10 510 km². Quelle: Bundesamt für Statistik, 2013.

Hotspots der Weltbevölkerung

Auf der Karte erkennen Sie leicht die vier grossen Ballungsräume der Erde:

- Ostasien (östliches China, Korea, Japan, Vietnam)
- Südasien (Indien, Pakistan, Bangladesch)
- Westeuropa
- Nordosten der USA

Gibt es Gründe für dieses Muster? Weshalb sind die Ballungsräume gerade dort? Betrachten wir die Verteilung etwas genauer. Die ostasiatischen Ballungsräume folgen den grossen Strömen landeinwärts und zeigen daher eine enge Verknüpfung mit den fruchtbaren Flussebenen als Grundlage für die Landwirtschaft. Die küstennahen, riesigen Schwemmfächer der Ströme spielen zusätzlich eine anziehende Rolle, wie das der südasiatische Ballungsraum deutlich zeigt. In beiden asiatischen Ballungsräumen findet sich eine grosse Dichte der Bevölkerung auf dem landwirtschaftlich intensiv genutzten Land und zudem wachsen in diesen Regionen die Städte rasant.

Im Gegensatz dazu ist in Europa und Nordamerika der ländliche Raum meist relativ dünn besiedelt, die hohen Bevölkerungsdichten finden sich in den Grossstädten und ihren Agglomerationen.

Überbevölkerung im «leeren» Afrika?

Zum Abschluss des Kapitels betrachten wir noch einen scheinbaren Widerspruch. Der immer noch am stärksten unter der wachsenden Bevölkerung leidende Kontinent ist Afrika. Auf der Dichtekarte erscheint Afrika hingegen relativ dünn besiedelt. Wie kann das relativ dünn besiedelte Afrika überbevölkert sein, wenn in Indien auf einem Zehntel der Fläche ca. 200 Mio. Menschen mehr leben als in ganz Afrika? Überbevölkerung in einem «leeren» Kontinent? Der Schlüssel liegt in der Tragfähigkeit des Raums. Im landwirtschaftlich geprägten Afrika liegt die Tragfähigkeit des Raums u. a. aus geologischen, klimatologischen und wirtschaftlichen Gründen wesentlich tiefer als in Indien.

Fokus

Entwicklungsländer, Dritte Welt, Trikont oder einfach Süden?

Was ist (Unter)entwicklung?

Entstanden ist der Begriff Entwicklung aus der Umgehung der als diskriminierend empfundenen Bezeichnung Unterentwicklung. Erste und oft zitierte Hinweise auf die Entwicklung eines Lands sind die wirtschaftlichen Kenngrössen Bruttoinlandprodukt (BIP) und Pro-Kopf-Einkommen. Das BIP umfasst den Geldwert aller innerhalb eines Staats hergestellten Güter (Waren und Dienstleistungen) während eines Jahrs. Wird dieser Wert durch die Bevölkerungszahl des Lands geteilt, ergibt sich das Pro-Kopf-Einkommen[1]. Diese Werte greifen zu kurz. Sie sagen nichts darüber aus, wie gut es einem Land gelingt, die erwirtschafteten Mittel in gute Lebensbedingungen für seine Bewohnerinnen und Bewohner zu übersetzen.

Im Human Development Report der Vereinten Nationen wird Entwicklung beschrieben als «die Erweiterung der Möglichkeiten der Menschen, ein ihnen lebenswert erscheinendes Dasein zu führen». Diese Definition zeigt, dass es bei der Entwicklungsproblematik um mehr geht als um ökonomische Kennwerte. Eine eindeutige Definition der Faktoren, die Entwicklung bzw. Unterentwicklung ausmachen, ist nicht möglich und ist für jedes Land wieder neu festzulegen. Gleichwohl treffen die folgenden Merkmale auf die Mehrzahl der als Entwicklungsländer geltenden Staaten zu:

- Tiefes Pro-Kopf-Einkommen
- Geringer Beschäftigtenanteil im industriellen, hoher im landwirtschaftlichen Sektor
- Hohe Arbeitslosenrate
- Kapitalmangel für Investitionen
- Hohes Bevölkerungswachstum
- Mangelhafte medizinische Versorgung
- Hohe Analphabetenquote und schwaches Bildungswesen

---

[1] Das Pro-Kopf-Einkommen wird nicht direkt aus dem BIP bestimmt, sondern man zieht noch Abschreibungen und einen Saldo aus indirekten Steuern und Subventionen ab.

Human Development Index (HDI)

Der Human Development Index (HDI) der Vereinten Nationen ist ein Mass, das nicht nur wirtschaftliche, sondern auch die eben genannten sozialen Kenngrössen berücksichtigt. Er setzt sich zusammen aus den drei Entwicklungsdimensionen Lebenserwartung bei der Geburt, Bildung (Lese- und Schreibfähigkeit, Anteil der an öffentlichen Schulen immatrikulierten Lernenden) und dem Lebensstandard (gemessen am BIP pro Kopf). Für eine Entwicklung im Sinne des HDI müssen arme Länder nicht auf einen wirtschaftlichen Aufschwung warten.

Der HDI liegt zwischen 0 und 1, wobei 1 die höchste Entwicklung darstellt. Im Human Development Report 2013 führt Norwegen die weltweite Rangliste an (0.955), am Ende steht Niger (0.304). Die Schweiz liegt auf Rang 9 (0.913).[1]

Wirtschaftliche Einteilung

Heute entspricht die Bezeichnung Entwicklungsländer (EL, engl. developing countries) dem offiziellen Sprachgebrauch von UNO, IWF und Weltbank. Diese Länder sind in wirtschaftlicher, sozialer und politischer Hinsicht keine einheitliche Gruppe. Was die Lebensumstände des Einzelnen betrifft, gibt es ein grosses Wohlstandsgefälle zwischen (aber auch innerhalb) den Entwicklungsländern. Deshalb führt die UNO weiter die Gruppe der «am wenigsten entwickelten Länder», der LDC (engl. least developed countries). Ihre Chance, sich von alleine wirtschaftlich zu entwickeln, ist gering. Sie sind deshalb die Hauptempfänger öffentlicher Entwicklungszuwendungen.

Gelangt ein Land durch wirtschaftlichen Aufschwung an die Schwelle zu den Industrieländern, wird es Schwellenland genannt (NIC, engl. newly industrialized country).

Industrieländer

Am oberen Ende der Wohlstandsskala stehen die Industrieländer Europas, Nordamerikas, Australiens und Asiens. Sie zeichnen sich durch ein hohes Pro-Kopf-Einkommen aus, einen grossen Beschäftigungsanteil in der Industrie, im produzierenden Gewerbe oder im Dienstleistungssektor, ein grosses Verkehrsaufkommen, überdurchschnittlichen Energieverbrauch und starke Umweltbelastung.

Dritte Welt – ein politischer Begriff

Der Begriff Dritte Welt ist im ursprünglichen Sinne eine politische Abgrenzung. Er entstammt der politischen Teilung der Welt aus den 1960er-Jahren in eine «Erste», «Zweite» und «Dritte» Welt. Die «Erste Welt» bezeichnete die westlichen Industrieländer, die «Zweite Welt» die Länder der kommunistischen Planwirtschaft und die «Dritte Welt» die blockfreien Staaten. Nach der Auflösung des Ost-West-Konflikts verlor der Begriff Dritte Welt seine politische Berechtigung und wandelte sich zu einem wertneutralen Ausdruck für die Entwicklungsländer.

Von Kreisen, die sowohl Entwicklungsländer als auch Dritte Welt als wertende Begriffe ablehnen, wird der Begriff Trikontländer bzw. Trikont verwendet. Trikont ist ein geografischer Begriff und meint die drei Kontinente Asien, Afrika und Südamerika (inkl. Mittelamerikas). Noch weniger genau umrissen, dafür wertneutral ist die Verwendung einer Zweiteilung der Welt in den «Süden» und den «Norden». Wobei mit Süden die Entwicklungsländer und mit Norden die reichen Industriestaaten gemeint sind.

Dieses Lehrmittel verwendet trotz angebrachter Vorbehalte die am weitesten verbreiteten Begriffe Entwicklungs-, Schwellen- bzw. Industrieländer.

Zusammenfassung

Bevölkerungszahlen ohne Angaben zur räumlichen Verteilung sagen wenig aus. Deshalb wird die Bevölkerungsdichte, das Verhältnis zwischen Bevölkerung und Fläche, zu verschiedenen Bezugsflächen gebildet: Die arithmetische Dichte bezieht sich auf die Gesamtfläche, die physiologische Dichte auf die landwirtschaftlich produktive Fläche einer Region. Die vier am dichtesten besiedelten Ballungsräume der Erde liegen in Süd- und Ostasien, in Westeuropa und im Nordosten der USA.

---

[1] Quelle: United Nations, Human Development Report, 2013.

Aufgabe 12 Sind die folgenden Aussagen richtig oder falsch? Begründen Sie Ihren Entscheid.

A] Die arithmetische Bevölkerungsdichte ist nie grösser als die physiologische.

B] Die physiologische Bevölkerungsdichte gibt an, wie viele Menschen von 1 km² landwirtschaftlich produktiven Bodens in einem Land ernährt werden können.

Aufgabe 13 Nennen Sie mithilfe der Karte im Atlas (SWA, S. 182 oder benutzen Sie die interaktive Version http://schweizerweltatlas.ch/ oder DWA, S. 180/181) Länder und Gegenden mit besonders hohen Bevölkerungsdichten.

3.2 Bevölkerungsexplosion

In den vorherigen Kapiteln haben Sie die Momentaufnahmen der Dichte, der Verteilung und der Zusammensetzung der Bevölkerung untersucht. Momentaufnahmen zeigen aber keine Bewegungen, sie sind statisch und werden stets von der fortschreitenden Entwicklung überholt.

31. Oktober 2011: Tag der sieben Milliarden

Die Vereinten Nationen legten den 31. Oktober 2011 symbolisch als den Tag der sieben Milliarden fest. Ungefähr an diesem Tag wurde der siebenmilliardste Mensch geboren. Folgende Gratulanten hätten am Geburtstagsfest erscheinen können: Der sechsmilliardste Mensch, er war gerade 12, der fünfmilliardste Mensch, er war gerade 24 Jahre alt, der viermilliardste und der dreimilliardste Erdenbürger im Alter von 37 und 51 Jahren. Und auch die Zweimilliardste mit 89 Jahren könnte noch mitfeiern. In wenigen Jahrzehnten ist die Weltbevölkerung geradezu explosionsartig gewachsen. Für diese Entwicklung hat sich deshalb der Begriff der Bevölkerungsexplosion durchgesetzt.

Die Bevölkerungskrise geht alle an!

Für uns Menschen in Europa scheinen die grossen Probleme des Bevölkerungswachstums Afrikas und Asiens weit weg zu liegen. Ungeachtet dessen ist unsere Zukunft aufs Engste mit unseren Mitbewohnerinnen und Mitbewohnern der Erde verbunden. Armut in den Entwicklungsländern kann weltweite Migrationsströme auslösen. Hunger gefährdet die politische Stabilität – schnell hat sich ein regionaler Konflikt ausgeweitet zu einem weltbedrohenden.

Sie erkennen, die Industrieländer sind nicht nur ethisch verpflichtet, Verantwortung in der Weltbevölkerungspolitik zu übernehmen, auch eigene Interessen sind zu berücksichtigen. An internationalen Tagungen sucht die Weltpolitik globale Lösungen für dieses weltumspannende Problem.

3.2.1 Bevölkerungsentwicklung in den Industriestaaten

Rasant wachsende Bevölkerungen sind keineswegs eine Eigenart der Entwicklungsländer. Auch in den heutigen Industriestaaten wuchs die Bevölkerung einst explosionsartig. Während in den Jahrhunderten vor 1800 die Bevölkerung in Europa nur sehr langsam wuchs, stieg sie zwischen 1840 und 1930 rasch von 190 auf 460 Mio. Was war geschehen? Liefert uns das Studium unserer Vergangenheit Lösungen für die Zukunft aller?

[Abb. 3-2] Lebendgeburten, Todesfälle und Geburtenüberschuss in der Schweiz 1840–2011

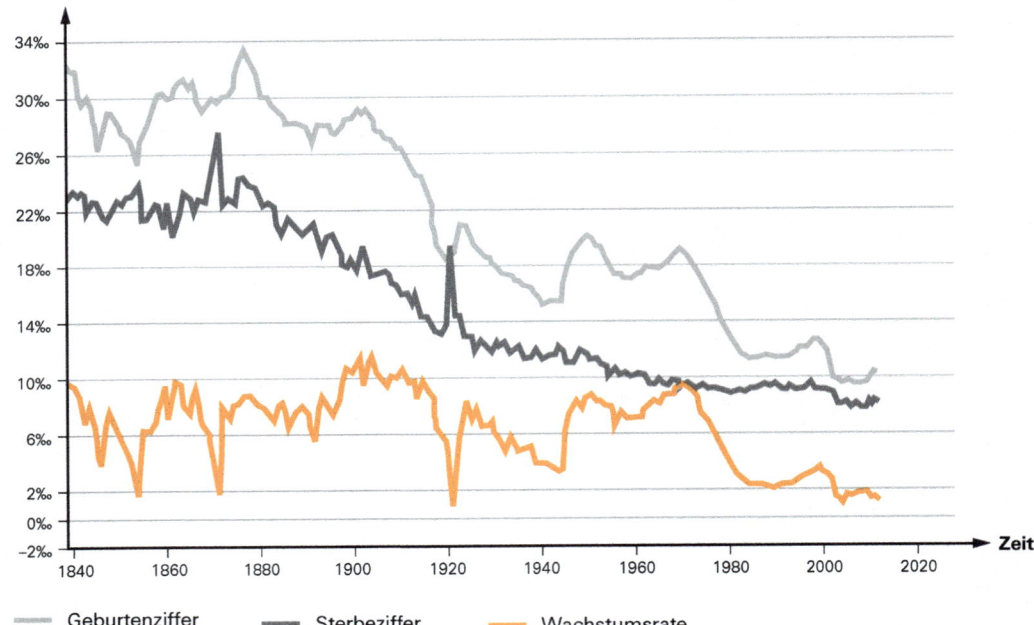

Geburtenziffer — Sterbeziffer — Wachstumsrate

Die Entwicklung der Geburten- bzw. Sterbeziffern der Schweiz seit 1840 zeigt extreme Ereignisse und allgemeine Trends. Extreme Ereignisse sind die starken Geburtenrückgänge in den landwirtschaftlichen Krisenjahren 1847 und 1855 und der Anstieg der Todesfälle in den Grippejahren 1918–1929. Der grobe Trend zeigt ein Absinken sowohl der Geburten- als auch der Sterbeziffer von einem hohen (20–30‰) auf ein tiefes Niveau (10‰). Quelle: Bundesamt für Statistik, 2013.

Der demografische Übergang

Untersuchungen der Bevölkerungsdaten mehrerer heutiger Industrieländer brachten ein Wachstumsmuster an den Tag, das durch den demografischen Übergang gekennzeichnet ist (vgl. Abb. 3-4, S. 32). Der Begriff steht für eine Abfolge von Veränderungen in den Geburten- und Sterbeziffern. Nach einem Gleichgewicht mit hoher Sterbe- und Geburtenziffer sank plötzlich die Sterbeziffer erheblich ab. Die Kurven von Sterbe- und Geburtenziffer drifteten auseinander. Erst verzögert fiel auch die Geburtenrate, die beiden Kurven näherten sich wieder an, diesmal allerdings auf einem viel tieferen Niveau. Wie aber verhält sich die Bevölkerungszahl während dieser Phasen? Eine genauere Betrachtung des demografischen Übergangs liefert die Antwort. Fünf aufeinanderfolgende Phasen erleichtern den Überblick:

Phasen des demografischen Übergangs

1. Frühe Gleichgewichtsphase: Das Leben in der vorindustriellen Gesellschaft ist hart, viele Menschen werden geboren, viele sterben. Betrachten Sie die Überlebenskurve von 1800 in Abbildung 3-3: Von 100% im Jahr 1800 Geborenen erreichen nur ca. 50% das 15., nur 10% das 40. Altersjahr. Die Überlebenskurve zeigt die Wahrscheinlichkeit aller in einem Jahrgang Geborenen, ein gewisses Lebensalter zu erreichen. Wer im Alter wenigstens ein 40-jähriges Kind haben will, muss 10 Kinder zeugen bzw. gebären. Diesen Umstand nennt man Reproduktionszwang. Geburten- und Sterbeziffer sind hoch, die Bevölkerung wächst kaum. Beide Ziffern unterliegen Schwankungen, die weitaus grösseren Ausschläge zeigt die Sterbeziffer, als Folge von Seuchen, Hungersnöten und Kriegen.

[Abb. 3-3] Überlebenskurve um 1800 (frühe Gleichgewichtsphase)

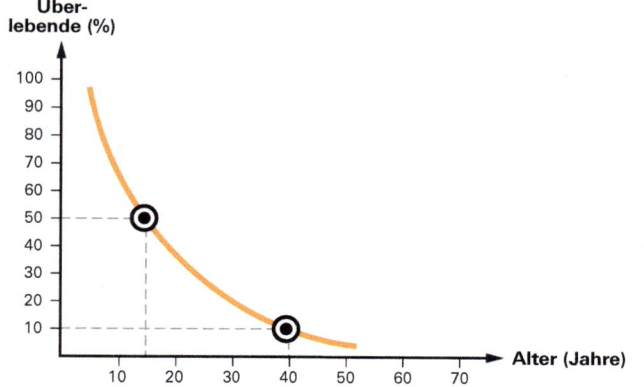

Die Überlebenskurve von 1800 in Europa zeigt, dass nur wenige Menschen ein hohes Alter erreichen konnten. Viele Menschen starben bereits im Kindesalter.

2. Frühe Wachstumsphase: Hier beginnt der eigentliche demografische Übergang. Fortschritte der Landwirtschaft, im Gesundheitswesen, bei den sanitarischen Einrichtungen und der privaten Hygiene verbessern die Lebensbedingungen der Menschen. Durch die Industrialisierung und die mit ihr einhergehenden Verbesserungen der Lebensumstände sterben die Kinder nicht mehr weg. Als direkte Folge steigt die Lebenserwartung und die Sterbeziffer sinkt erheblich ab. Da Kinder aber weiterhin einen wirtschaftlichen Nutzen darstellen und die Altersvorsorge sicherstellen, ändern die Menschen ihr Vermehrungsverhalten vorerst nicht, wodurch die Geburtenziffer unverändert hoch bleibt. Durch das Auseinanderklaffen der Geburten- und der Sterbeziffer steigt die Bevölkerung in dieser Phase explosionsartig an.

3. Späte Wachstumsphase: Die Sterbeziffer hat sich auf einem tiefen Niveau eingependelt. Als Folge der verbesserten Lebensbedingungen und des erhöhten Lebensstandards verlieren Kinder ihre wirtschaftliche Bedeutung als Helfer auf dem elterlichen Hof und als Altersvorsorge. Die Menschen erkennen, dass künftige Generationen weniger Kinder zeugen werden. In der städtisch-industriellen Gesellschaft wird das Aufziehen von Kindern teilweise zu einer wirtschaftlichen Last. Die Menschen haben freiwillig weniger Kinder und die Kleinfamilie setzt sich als Idealvorstellung durch. Die Geburtenziffer zieht nun verspätet auch nach unten. Erst verzögert reagiert auch das Wachstum: Die Bevölkerung wächst langsamer.

4. Späte Gleichgewichtsphase: Die Geburten- und die Sterbeziffer sind beide tief, die Bevölkerung hat aufgehört zu wachsen. Im Unterschied zur frühen Gleichgewichtsphase schwankt jetzt die Geburtenrate, aufgrund wirtschaftlicher Konjunkturschwankungen und Veränderungen in der Einstellung zur Familiengrösse.

5. Übergangsphase zur Bevölkerungsschrumpfung: Entgegen dem klassischen Modell stellt sich zum Schluss des demografischen Übergangs kein Gleichgewicht ein. Vielmehr sinkt die Geburtenziffer unter die Sterbeziffer, die Bevölkerung beginnt zu schrumpfen. Zudem nimmt die Sterberate durch den veränderten Altersaufbau der Bevölkerung zu.

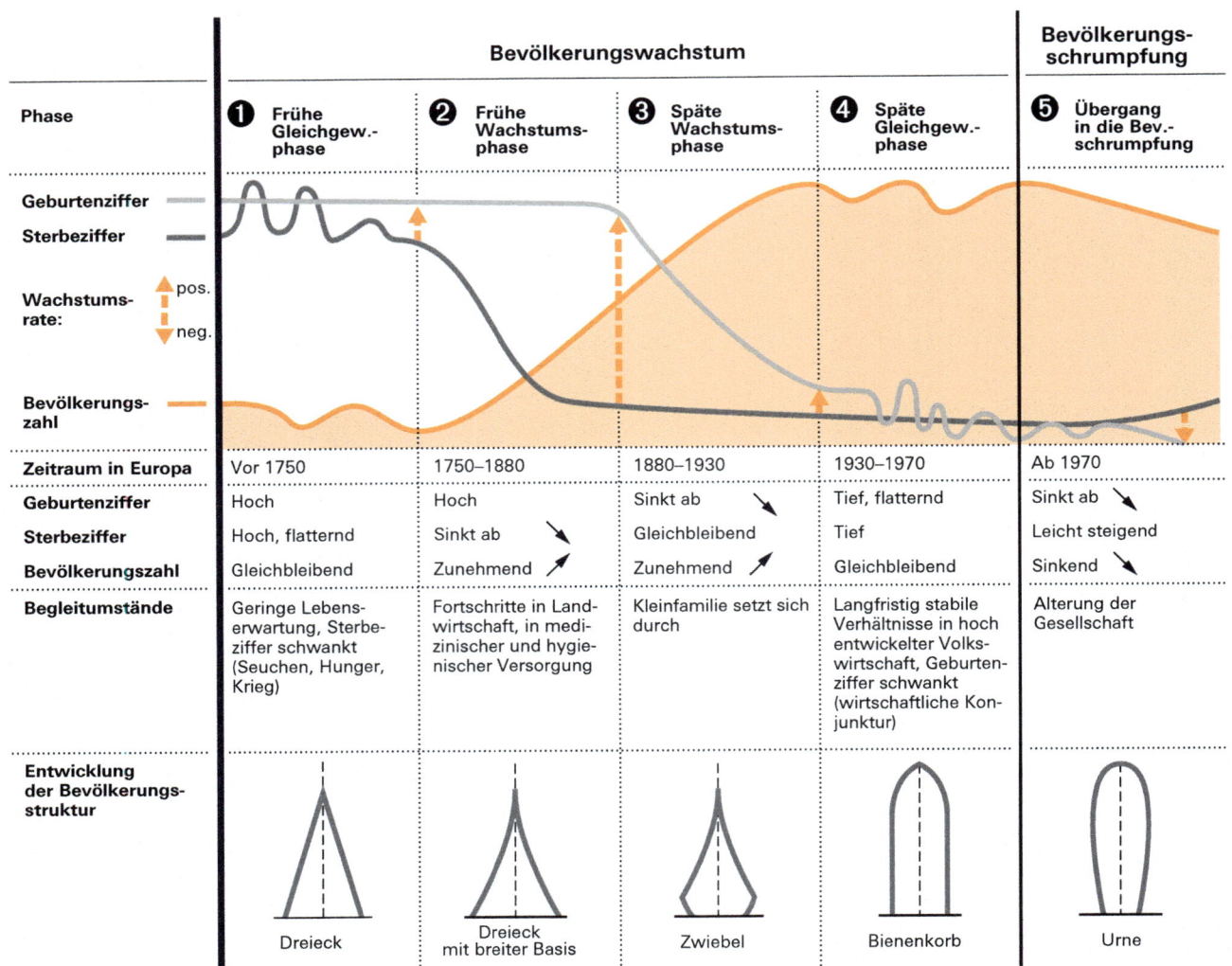

[Abb. 3-4] Demografischer Übergang

Zu sehen ist der demografische Übergang als grafische Darstellung des Altersaufbaus. Die Fachbegriffe für die fünf Phasen sind gemäss dem demografischen Transformationsmodell: ❶ prätransformativ, ❷ frühtransformativ, ❸ mitteltransformativ, ❹ spättransformativ, ❺ posttransformativ.

Betrachten Sie in Abbildung 3-4 die Zeile «Entwicklung der Bevölkerungsstruktur». Dreieck, Dreieck mit breiter Basis, Zwiebel, Bienenkorb und Urne können nicht nur als Grundformen der Bevölkerungsstruktur betrachtet werden (vgl. Abb. 2-1, S. 21), sondern auch in der dargestellten Reihenfolge, von links nach rechts, als ein Abbild der historischen Bevölkerungsentwicklung der Industrieländer: vom Dreieck über die Zwiebel und den Bienenkorb zur Urne. Im 19. Jahrhundert zeigte z. B. der heutige Industriestaat Schweiz ein Dreieck – eine Bevölkerungsstruktur, wie wir sie als typisch für Entwicklungsländer bezeichnet haben.

Weltweite Ausstrahlung

Die Bevölkerungsexplosion Europas hatte weitreichende Folgen auf die Bevölkerungsentwicklung der ganzen Welt. Im 19. Jahrhundert war Europa überbevölkert und viele Menschen wanderten aus dem Elend in die verheissungsvollen neuen Welten nach Übersee aus. Kriegerische Handlungen und v. a. unabsichtlich eingeschleppte Infektionskrankheiten verringerten die einheimische Bevölkerung in Nord- und Südamerika in beträchtlichem Masse. Erst in jüngster Zeit begann auch bei ihnen die Sterbeziffer zu sinken, die Zahl der indigenen Bevölkerung begann zu steigen.

3.2.2 Bevölkerungsentwicklung in den Entwicklungsländern

In der Vergangenheit wurde vielfach versucht, auch die Entwicklungsländer ins Modell des demografischen Übergangs einzuordnen. Der heute in den Entwicklungsländern zu beobachtende Rückgang der Geburtenziffern geschieht aber schneller und unter anderen Rahmenbedingungen als derjenige der Industrieländer vor 100 bis 150 Jahren. Zwei Unterschiede gilt es dabei zu betonen:

«EL funktionieren nicht wie IL»

- Das Auseinanderklaffen von Geburten- und Sterbeziffern erreichte in den Entwicklungsländern ein in Europa nie gesehenes Ausmass. In diesem Zusammenhang spricht man auch vom Bild einer sich immer weiter öffnenden Schere. Die Öffnung der Bevölkerungsschere charakterisiert die Bevölkerungsentwicklung in den Entwicklungsländern in der Phase des stärksten Wachstums.
- In Europa sank die Geburtenziffer als Folge von Modernisierung und Industrialisierung. In den Entwicklungsländern sinkt indessen in jüngster Zeit die Geburtenziffer, obwohl sich die wirtschaftliche Lage eines Teils der betroffenen Länder und damit die Lebensbedingungen der Menschen grundlegend nicht verbessert haben.

Vor allem den zweiten Unterschied erkannte man erst in den letzten Jahren. Noch in den 1970er-Jahren meinte man, dem Bevölkerungswachstum sei mit Entwicklungshilfe am besten beizukommen. Die Weltbevölkerungskonferenz von Bukarest 1974 prägte den Slogan «Entwicklung ist die beste Geburtenregelung». Nach der Theorie des demografischen Übergangs würden Modernisierung und Entwicklung das Bevölkerungswachstum der armen Länder automatisch stoppen.

Familienplanung und Verhütung

Dass dem nicht so ist, zeigt das nach wie vor von der traditionellen Landwirtschaft geprägte Land Bangladesch. Obwohl Bangladesch zu den ärmsten Ländern überhaupt gehört und obwohl es eine hohe Säuglingssterblichkeit von 3.5% hat, ist die Fertilität in den Jahren 1970–2012 von 7 auf 2.3 Kinder gesunken.[1] Dieser auch in anderen Entwicklungsländern beobachtete Geburtenrückgang beruht auf den ersten Erfolgen der staatlichen Familienplanung, dem Zugang zu Verhütungsmitteln und der Bildung v. a. der Frauen und hat somit nicht direkt mit Modernisierung und wirtschaftlicher Entwicklung zu tun.

[Abb. 3-5]   Öffnung der Bevölkerungsschere in Indien

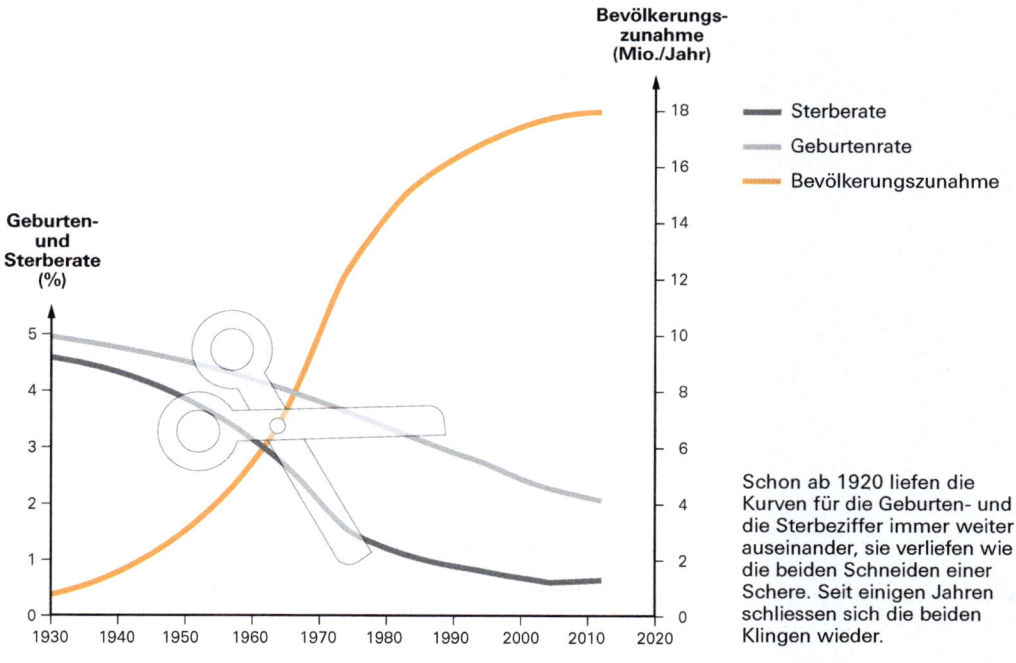

Schon ab 1920 liefen die Kurven für die Geburten- und die Sterbeziffer immer weiter auseinander, sie verliefen wie die beiden Schneiden einer Schere. Seit einigen Jahren schliessen sich die beiden Klingen wieder.

[1]   Quelle: Stiftung Weltbevölkerung, 2013.

Die Bevölkerungsentwicklung in Indien zeigt die Öffnung der Bevölkerungsschere eindrücklich (vgl. Abb. 3-5). Obwohl die Geburtenrate in den letzten 35 Jahren von 3.7% auf 2.2% sank (die Sterberate sank im gleichen Zeitraum von 1.5 auf 0.7%), nimmt die Bevölkerung heute um fast 18 Mio. pro Jahr zu.[1]

In ihren Bemühungen, die Geburtenrate zu senken, benutzten die Behörden z. T. unrühmliche Methoden wie etwa die Zwangssterilisationen in den 1970er-Jahren und die grosszügigen Prämien bei Abtreibung in den 1990er-Jahren. In einigen Bundesstaaten wurden Familien mit mehr als zwei Kindern sogar von den Kommunalwahlen ausgeschlossen, Darlehen oder eine Tätigkeit für die Regierung verwehrt oder den Kindern die Aufnahme in staatliche Schulen verweigert.

Ab 2000 werden sanfte Methoden praktiziert (z. B. leichter Zugang zu Verhütungsmitteln, bezahlte Flitterwochen für Jungverheiratete, die zwei Jahre auf Nachwuchs verzichten), die aber wenig Erfolg zeigen.

Die Jungen von heute sind die Eltern von morgen

Am Ende des demografischen Übergangs in Europa haben sich die Bevölkerungswerte mit der sinkenden Geburtenrate stabilisiert. Darf man nun diesen Befund auf die Entwicklungsländer übertragen? Nein, auch hier unterliegen die Entwicklungsländer anderen Regeln. Selbst wenn es gelingen würde, das Ersatzniveau der Fertilität (zur Erinnerung: das sind durchschnittlich 2.13 Kinder pro Frau) zu erreichen, wird die Weltbevölkerung nach einer UNO-Schätzung bis ins Jahr 2050 gleichwohl auf ca. 9.5 Mia.[2] ansteigen.

Das hat seinen Grund in der heutigen, zukunftswirksamen Altersstruktur der Entwicklungsländer. Rund ein Drittel ihrer Einwohner ist unter 15 Jahre alt und kommt allmählich ins fortpflanzungsfähige Alter. Allein die grosse Zahl Jugendlicher lässt die Weltbevölkerung noch jahrzehntelang steigen. Ein Bevölkerungsrückgang ist erst dann zu erwarten, wenn eines Tages die grosse Zahl heutiger Jugendlicher betagt stirbt und die Enkel weniger als zwei Kinder pro Paar zeugen werden. Bis dorthin verstreichen noch 60 bis 80 Jahre.

Trägheitsmoment der Bevölkerungsentwicklung

Das heutige Bevölkerungswachstum der Entwicklungsländer verhält sich träge. Wie ein Kreisel, der einmal angedreht wurde, bewegt sich die Bevölkerungsspirale in den Entwicklungsländern vorläufig noch weiter aufwärts, selbst wenn der eigentlich Antrieb aussetzt. Diesen Effekt nennt man das *Trägheitsmoment der Bevölkerungsentwicklung.*

3.2.3 Trends und Prognosen

Aus dem vorherigen Kapitel können Sie schliessen, dass heute gefällte politische Entscheidungen zur Eindämmung der Bevölkerungsexplosion erst in einigen Jahrzehnten Erfolge zeigen werden. Dieser Umstand erschwert die Aufgabe der politischen Entscheidungsträger. Sie müssen heute die erfolgversprechendsten Massnahmen auswählen, um das Bevölkerungswachstum zu stoppen.

Prognosen zur Bevölkerungsentwicklung sollen den Politikerinnen und Politikern helfen, die richtigen Entscheide zu treffen. Das Schwierige dabei ist, dass die Bevölkerungsentwicklung das Ergebnis vieler Einzelfaktoren ist, deren zukünftiges Verhalten nicht exakt vorhersehbar ist. Es darf gesagt werden, dass letztlich die Bevölkerungspolitik nicht von Amts wegen diktiert werden kann, sondern im «Bett gemacht» wird.

---

[1] Quelle: Stiftung Weltbevölkerung, 2013.
[2] Quelle: United Nations. World Population Prospects: The 2012 Revision.

Tendenz: einsetzende Verlangsamung des Wachstums

Verbürgt sind aber die Trends der Weltbevölkerungsentwicklung der letzten Jahre – sie zeigen erfreulicherweise eine Verlangsamung des Wachstums. Die durchschnittliche Wachstumsrate der Weltbevölkerung sank von 1.8% Anfang der 1980er-Jahre auf 1.2% Mitte 2013.[1] Besonders gut sichtbar ist der abnehmende Zuwachs beim Rückgang der Kinderzahlen pro Frau in ausgewählten Ländern:

[Tab. 3-1]   Entwicklung der Kinderzahl pro Frau in ausgewählten Ländern

Staat	1980–1985	2000–2005	2005–2010
Indien	4.47	3.00	2.66
Bangladesch	5.98	2.87	2.40
Kenia	7.22	5.00	4.80
Elfenbeinküste	7.31	5.17	4.89

Quelle: United Nations Population Division, World Population Prospects: The 2012 Revision.

Beachten Sie aber: 1.1% Wachstum sind rund 78 Mio. Menschen mehr pro Jahr, das entspricht nahezu der Bevölkerung Deutschlands oder einem Zuwachs von statistisch 2.47 Menschen pro Sekunde! Sinkt das Wachstum bis 2050 auf 0.5%, werden dann 9.3 Mia. Menschen auf der Erde leben. Erst wenn das Wachstum über längere Zeit negativ ist, wird die Weltbevölkerung kleiner (vgl. Abb. 3-6).

UNO-Bevölkerungsszenarien

Die mögliche Spannweite von Bevölkerungsprognosen zeigt Ihnen die Einschätzng der UNO in ihrem «World Population Prospects: The 2012 Revision» (vgl. Abb. 3-6): Sie prognostiziert eine Weltbevölkerung zwischen 6 und 28.6 Mia. Menschen bis ins Jahr 2100 – abhängig davon, wie sich die durchschnittliche Kinderzahl pro Frau weltweit entwickeln wird.

- Hohes Szenario: Bliebe die Geburtenrate gleich wie im Zeitraum 2005–2010, d. h. auf rund 2.5, würde die Weltbevölkerung auf 28.6 Mia. anwachsen.
- Mittleres Szenario: Würde es gelingen, noch bis 2015 die Kinderzahl pro Frau auf das Ersatzniveau der Fertilität von rund 2 zu senken und auf dieser Höhe zu halten, würde sich die Weltbevölkerung bis 2100 bei ca. 10.1 Mia. stabilisieren.
- Tiefes Szenario: Bei einem Rückgang der Geburtenrate auf ca. 1.5 würde die Weltbevölkerung wieder auf 6.8 Mia. sinken.

Beachten Sie, das hohe und das tiefe Szenario unterscheiden sich nur um 1 Kind pro Frau!

Aus der heutigen Perspektive ist das mittlere als ehrgeizig, aber realistisch und am wahrscheinlichsten zu bezeichnen. Welches Szenario auch immer eintrifft, bis ins Jahr 2050 wird die Weltbevölkerung auf mindestens 8, nach dem mittleren und höchsten Szenario gar auf 9.5 oder 11.1 Mia. Menschen steigen.[2]

[1] Quelle: Stiftung Weltbevölkerung, 2013.
[2] Quelle: United Nations. World Population Prospects: The 2012 Revision.

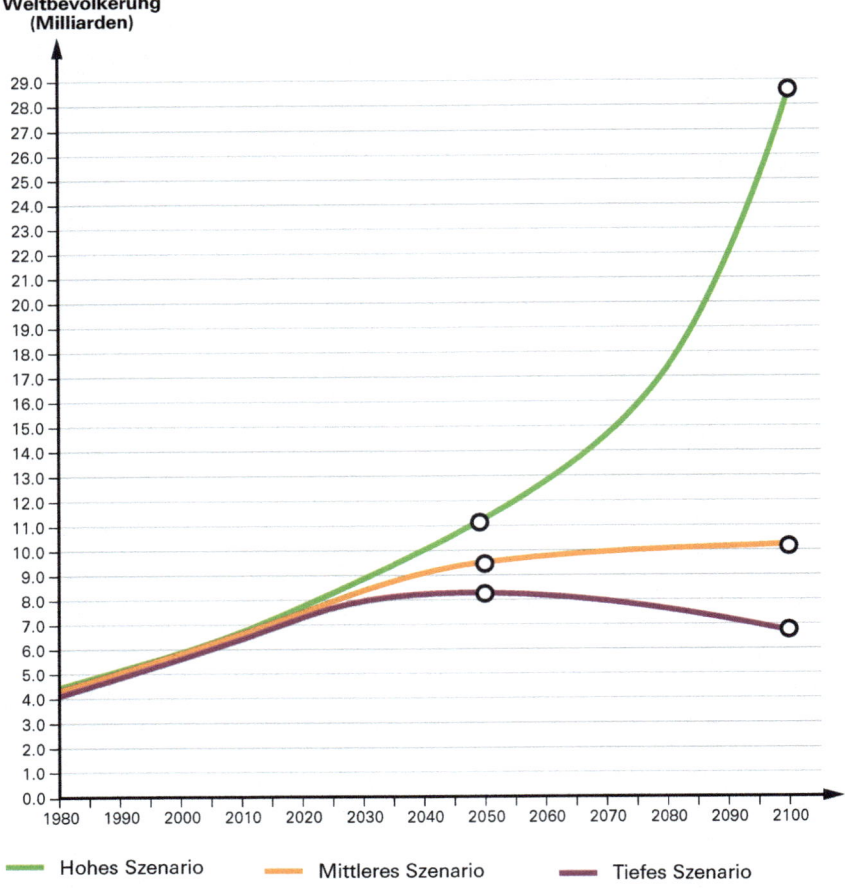

[Abb. 3-6] Entwicklungsszenarien der Weltbevölkerung

Die Szenarien der UNO zur Entwicklung der Weltbevölkerung beruhen auf der Annahme verschiedener Entwicklungen der Fertilitätsrate der Weltbevölkerung. Das hohe Szenario rechnet mit einer Fertilitätsrate von 2.5, das mittlere mit 2 und das tiefe mit 1.5. Quelle: World Population Prospects: The 2012 Revision.

Unsicherheitsfaktoren

Ein Unsicherheitsfaktor in der Abschätzung der Bevölkerungsentwicklung ist die Immunschwächekrankheit Aids. Die Opfer sind v. a. die Ärmsten der Armen. 95% der vom HI-Virus infizierten Menschen leben in Entwicklungsländern, zwei Drittel davon in Afrika südlich der Sahara. Einige Länder in diesem Raum haben sehr hohe Anteile an HIV-Infizierten im Alter von 15 bis 49 Jahren (Zahlen 2011/13 in %): Botswana (23.4), Lesotho (23.2), Südafrika (15.9), Swasiland (26) und Zimbabwe (15.2). In Botswana fiel die Lebenserwartung von 65 Jahren in den 1980er-Jahren auf 47 im Jahre 2013. Die Sterberate ist also stark angestiegen.[1]

Das Problem dabei ist, dass sich die Erkrankten die heute erhältlichen Aids-Medikamente nicht leisten können. Es liegt an den Pharmaunternehmen der Industrieländer, die erforderlichen Arzneimittel in diesen Ländern zu Tiefpreisen abzugeben.

Aids betrifft nicht nur die Individuen, sie vermag auch die Gesellschaft als Ganzes empfindlich zu schwächen. Diese Krankheit trifft nämlich hauptsächlich die Altersklasse der Erwerbstätigen, macht damit Kinder zu Waisen (weltweit schätzungsweise 15 Mio.) und bürdet der Gesellschaft ausserdem grosse Kosten im Gesundheitswesen auf. Das in diesen Ländern durch Aids bewirkte «Massensterben» destabilisiert die Gesellschaften und hat so einen grösseren Einfluss als die Verringerung des Bevölkerungswachstums. Allerdings ist als Erfolgsmeldung zu vermerken, dass es in allen oben aufgeführten Ländern in den letzten Jahren gelungen ist, die Werte der HIV-Infektion z. T. dramatisch zu senken.

[1] Quelle: Stiftung Weltbevölkerung, 2013.

Zusammenfassung

Die Bevölkerungsexplosion der Industriestaaten im 19. Jahrhundert verlief nach den fünf Phasen des demografischen Übergangs. Der Übergang besteht aus einer Senkung sowohl der Sterbe- als auch der Geburtenziffer von einem hohen auf ein tiefes Niveau. Durch das zeitliche Nachhinken des Geburtenzifferabfalls stieg die Bevölkerung explosionsartig an. Seit ca. 1970 liegt die Geburtenziffer in vielen Industriestaaten sogar unter der Sterbeziffer, was zu einer Bevölkerungsschrumpfung führt.

Die gesellschaftlichen, wirtschaftlichen und politischen Rahmenbedingungen in den Entwicklungsländern sind grundsätzlich verschieden von den Zuständen in Europa zur Jahrhundertwende. Insbesondere die Bevölkerungsschere öffnet sich weit stärker als jemals in Europa. Die Bevölkerungsentwicklung in den Entwicklungsländern folgt nicht dem klassischen Modell des demografischen Übergangs, sondern gehorcht z. T. eigenen Gesetzen. Die zukünftige Entwicklung wird bestimmt von der enorm zahlreichen Jugend, die erst noch ins fortpflanzungsfähige Alter kommt. Daher wird die Bevölkerung der Entwicklungsländer träge weiterwachsen, selbst wenn die Wachstumsursachen erfolgreich bekämpft werden können.

Sowohl die Zuwachsraten als auch die Fertilitätsraten sind erfreulicherweise seit den 1980er-Jahren weltweit sinkend. Szenarios der Fertilitätsentwicklung zeigen, wie sich diese Trendwende auf das Weltbevölkerungswachstum auswirken wird. Bei hohen Kinderzahlen pro Frau steigt die Weltbevölkerung weiterhin bedrohlich an, bei tiefen Werten könnte sie sogar sinken. Der Einfluss der Krankheit Aids auf die Weltbevölkerung ist noch nicht sicher absehbar. Regional wirkt die Krankheit heute verheerend.

Aufgabe 14 In der frühen und der späten Gleichgewichtsphase bleibt die Bevölkerungszahl mehr oder weniger konstant. Wo liegt der Unterschied zwischen den beiden Phasen?

Aufgabe 15 Übertragen Sie die Phasen des demografischen Übergangs in die Abbildung 3-7, die Entwicklung von Geburten- und Sterbeziffer im fiktiven Land XY.

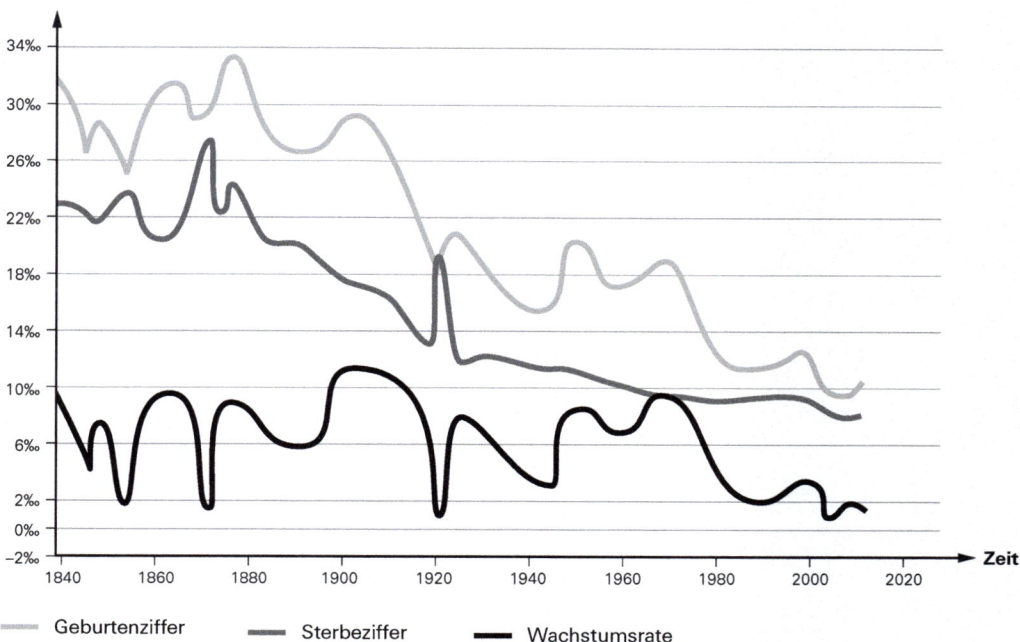

[Abb. 3-7] Phasen des demografischen Übergangs in Land XY

Aufgabe 16 Vergleichen Sie den Geburtenrückgang im demografischen Übergang in Europa mit dem der heutigen Entwicklungsländer. Welche Ursachen hatte der eine, welche der andere Geburtenrückgang?

Aufgabe 17 Betrachten Sie die Kurven der Geburten- und Sterbezifferentwicklung in der Schweiz (vgl. Abb. 3-2, S. 30) und in Indien (vgl. Abb. 3-5, S. 33). Bestimmen Sie für beide Länder je die Grössenordnung der maximalen Wachstumsrate im Laufe der Zeit. Vergleichen Sie die beiden Werte.

3.3 Bewältigung der Bevölkerungskrise

In der globalen Bevölkerungsentwicklung ist ein Wendepunkt erreicht, bei dem die Menschen als zeugende Individuen und in ihrer Gesamtheit verantwortlich sind für ein mit der Natur unverträgliches Wachstum. Die Frage lautet nicht nur, wie wir Menschen die Bevölkerungsexplosion verhindern können, sondern auch, ob und wie wir imstande sind, eine lebensfähige Welt für an die 10 Mia. Menschen zu schaffen.

Verantwortung der Politik

Dieser Wandel des Blickwinkels hat auch in der Politik Einzug gehalten. Erste Anzeichen einer Abkehr vom Konkurrenzdenken unter den Nationen hin zu gegenseitigem Beistand und gemeinsamer Übernahme von Verantwortung sind sichtbar.

Ein kulturelles Problem, kein technisches

Den neuen Massnahmen zur Eindämmung des Bevölkerungszuwachses liegt die folgende Einsicht zugrunde: Die Familiengrösse ist im Wesentlichen abhängig von den kulturellen, wirtschaftlichen und politischen Rahmenbedingungen innerhalb der Gesellschaft. Die Senkung der Geburtenrate ist folglich kein technisches, sondern ein kulturelles Problem. Nur ein Wertewandel der Menschen selbst kann ihr Fortpflanzungsverhalten verändern. Die Geburtenziffer sinkt, indem die Menschen nicht nur selbst entscheiden, sondern auch selbst einsehen, dass kleinere Familien vorteilhafter für sie und die Gesellschaft sind. Nur von den Gefahren der Überbevölkerung überzeugt werden, genügt nicht.

3.3.1 Stärkung der Frauen

In vielen Ländern sind den Frauen immer noch Bildung, Erwerbstätigkeit und gesundheitliche Versorgung verwehrt. Gesetzliche und gesellschaftliche Hürden verunmöglichen ihnen, ausser Haus einer wirtschaftlichen Tätigkeit nachzugehen. So ist es Frauen noch in manchen Ländern verboten, Land oder Eigentum zu besitzen. In solchen Gesellschaften ist die Mutterrolle oft die einzige Möglichkeit für eine Frau, zu sozialem Status zu gelangen. Gerade deshalb aber sind viele Frauen in ihren Entscheidungen über Heirat und Familiengrösse eingeschränkt.

Empowerment der Frau

Die Stärkung der rechtlichen, wirtschaftlichen und sozialen Stellung der Frau steht deshalb im Zentrum vieler regionaler und internationaler Programme zur Eindämmung des Bevölkerungswachstums. Zwei Drittel aller Länder haben heute gesetzgeberische Massnahmen eingeführt zur Gleichstellung und Gleichberechtigung der Geschlechter und zur Stärkung der Frauen. Diese Stärkung der Frauen nennt man *Empowerment der Frau.*

[Tab. 3-2] Empowerment der Frau

Wenn Frauen ...	Zahlen und Fakten
... frei entscheiden können, haben sie weniger Kinder.	In Peru lag Ende der 1990er-Jahre die Kinderzahl pro Frau bei 3.6. Das war ca. 1 Kind mehr, als es sich Peruanerinnen wünschen. 2010 lag die Kinderzahl bei 2.6 Kindern pro Frau.
... später heiraten, haben sie später und daher weniger Kinder.	In Indien waren 2006 27.1% der jungen Frauen zwischen 15 und 19 Jahren schon verheiratet. Etwa ein Fünftel der Frauen hatte vor ihrem 18. Geburtstag bereits ein Kind. Steigt das Alter einer Frau bei ihrer Erstgeburt von 18 auf 36 Jahre, so sinkt die Geschwindigkeit des Bevölkerungswachstums um 50%.
... gebildeter sind, haben sie weniger Kinder.	Mit besserer Schulbildung sind Frauen eher über Sexualität und Verhütung informiert und laufen weniger Gefahr, unerwünscht schwanger zu werden. Ausserdem erschliesst Bildung den Frauen eigene Erwerbsquellen.

Quelle: United Nations Population Division, World Population Prospects: The 2011 Revision.

Dem Empowerment der Frau stehen in vielen Ländern Hindernisse gesellschaftlicher und traditioneller Art im Weg. Gesetzgeberische Massnahmen sind das eine, die Durchsetzung dieser Massnahmen gegen traditionelle Wertvorstellungen der Bevölkerung das andere. So werden z. B. in Indien manche Frauen, die auf ihre Rechte pochen, von ihren Männern mit Säure angegriffen und entstellt.

Reproduktive Gesundheit

Empowerment der Frau heisst auch, Mädchen die gleiche Chance auf Grundbildung zu geben wie Knaben. Empowerment der Frau bedeutet weiter, die gesetzlichen und gesellschaftlichen Benachteiligungen der Frauen gezielt abzubauen. Empowerment verlangt ausserdem die Anerkennung grundsätzlicher Rechte der Frau im Bereich Fortpflanzung und Sexualität. Der letzte Punkt gilt heute als Menschenrecht – man spricht vom Recht auf reproduktive Gesundheit.

[Tab. 3-3] Reproduktive Gesundheit

Frauen und Männer haben das Recht ...	Zahlen und Fakten
... ein befriedigendes und ungefährliches Sexualleben zu haben.	Über die Hälfte aller Frauen sind irgendwann in ihrem Leben der einen oder anderen Form von geschlechtsbedingter Gewalt ausgesetzt.
... frei darüber zu entscheiden, ob, wann und wie viel Sex sie haben wollen.	In Ostafrika werden zwischen 32 und 47% der Frauen unter 20 Jahren ungewollt schwanger. Es ist besonders wichtig, dass die Frauen selbst über die Zahl und den Zeitpunkt von Schwangerschaften bestimmen können.
... über Familienplanung informiert zu werden und Zugang zu Verhütungsmitteln zu haben.	Mehr als 222 Mio. Frauen in den Entwicklungsländern würden sofort verhüten, wenn sie die Möglichkeit dazu hätten.
... auf Zugang zu Gesundheitsdiensten, die es ihnen erlauben, ein gesundes Kind zu bekommen.	Jedes Jahr sterben mehr als 287 000 Frauen – das sind 800 jeden Tag – an den Folgen von Komplikationen während der Schwangerschaft oder bei der Geburt, 99% von ihnen in Entwicklungsländern.

Quelle: Deutsche Stiftung Weltbevölkerung, 2013.

In den letzten Jahren hat man(n) erkannt, dass der Schlüssel zum Erfolg wortwörtlich im Schoss der Frauen liegt. Viele Länder würden noch mehr für das Empowerment der Frauen tun, wenn sie die dafür nötigen finanziellen Mittel hätten. Hier ist das Engagement der reichen Industrieländer gefragt.

3.3.2 Familienplanung

Seit 1968 ist das Recht auf die Familienplanung ein international anerkanntes Menschenrecht. Jede Familie hat das Recht, über die Zahl der Kinder und Zeitpunkte der Schwangerschaften selbst zu bestimmen. In vielen Entwicklungsländern sieht die Realität allerdings anders aus, vielen Eltern fehlen die Möglichkeiten zu Familienplanung.

In vielen Ländern werden schon seit Langem vom Staat vielerlei Massnahmen zur Planung kleinerer Familien umgesetzt, mit sehr unterschiedlichem Erfolg. Gleichwohl wird der weltweite Trend der sinkenden Zuwachsraten zu 10 bis 40% den Massnahmen staatlicher Familienplanungspolitik zugeschrieben. Folgendes Zahlenbeispiel zeigt Ihnen, wie wichtig selbst unbedeutend erscheinende Erfolge der Geburtenkontrolle sind. Bereits 15% mehr verhütende Paare reichen aus, um die totale Fertilitätsrate um 1 Kind zu senken (vgl. Abb. 3-8).

[Abb. 3-8]   Anwendung von Verhütungsmitteln und Kinderzahl pro Frau in Entwicklungsländern

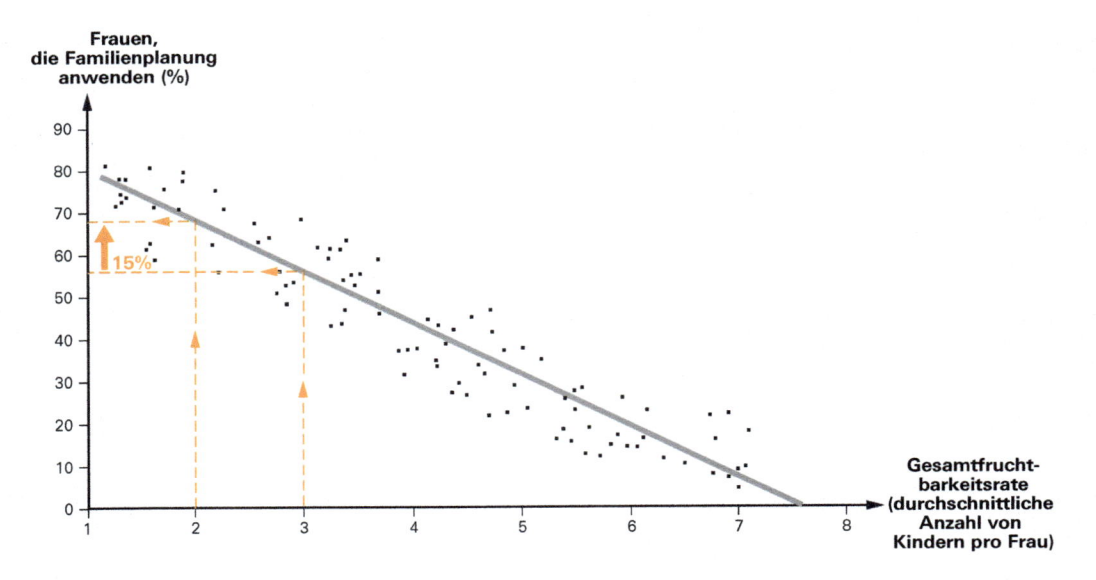

In dieser Abbildung wurde für viele Entwicklungsländer die totale Fruchtbarkeitsrate gegen den Anteil «familienplanender» Mütter aufgetragen. Jeder Punkt steht für ein Entwicklungsland, die hineingepasste Gerade zeigt den Trend. Bestimmen Sie mit horizontalen Linien selbst den Prozentwert auf der y-Achse, der «einem Kind weniger» entspricht. Quelle: Stiftung Weltbevölkerung, 2009.

Die folgenden Fallbeispiele zeigen Ihnen, wie unterschiedlich Familienplanungspolitik ausfallen kann:

Einkindfamilie

China – die Einkindfamilie: Ende der 1970er-Jahre erkannte die kommunistische Regierung Chinas, dass ein Aufbruch in die Modernisierung und die Sicherstellung von Nahrungsmitteln nur gelingen können, wenn die riesige Bevölkerungsspirale zum Stillstand kommt. Bis ins Jahr 2000 sollte die chinesische Bevölkerung auf 1.2 Mia. stabilisiert werden. Mit strengsten Massnahmen forderte die Zentralregierung die Einkindfamilie. Geldbussen und Zwangssterilisationen bestraften die Eltern, die trotzdem mehrere Kinder bekamen.

Der Erfolg schien den Chinesen recht zu geben: In der Dekade von 1975 bis 1985 sank die Zuwachsrate von 2.4 auf 1.1%. Der Preis war allerdings hoch. Einerseits fehlten die zusätzlichen Arbeitskräfte auf dem Feld. Andererseits fordert die chinesische Tradition v. a. männliche Stammhalter, unerwünschte Mädchen fielen oft dem Kindsmord zum Opfer.

Die Folgen sind heute im Altersaufbau sichtbar: Die chinesische Gesellschaft ist stark «übermännlicht» und keineswegs stabil. Im Jahr 2013 lebten in China über 1.36 Mia. Menschen, Tendenz weiter steigend. Vor allem auf dem Land war die Umgehung der Einkindpolitik weitverbreitet. Korruption, bewilligte Ausnahmen von der Regel und die Bereitschaft, die hohen Bussen zu bezahlen, untergruben die staatliche Familienpolitik.

[Abb. 3-9]   Altersaufbau Chinas

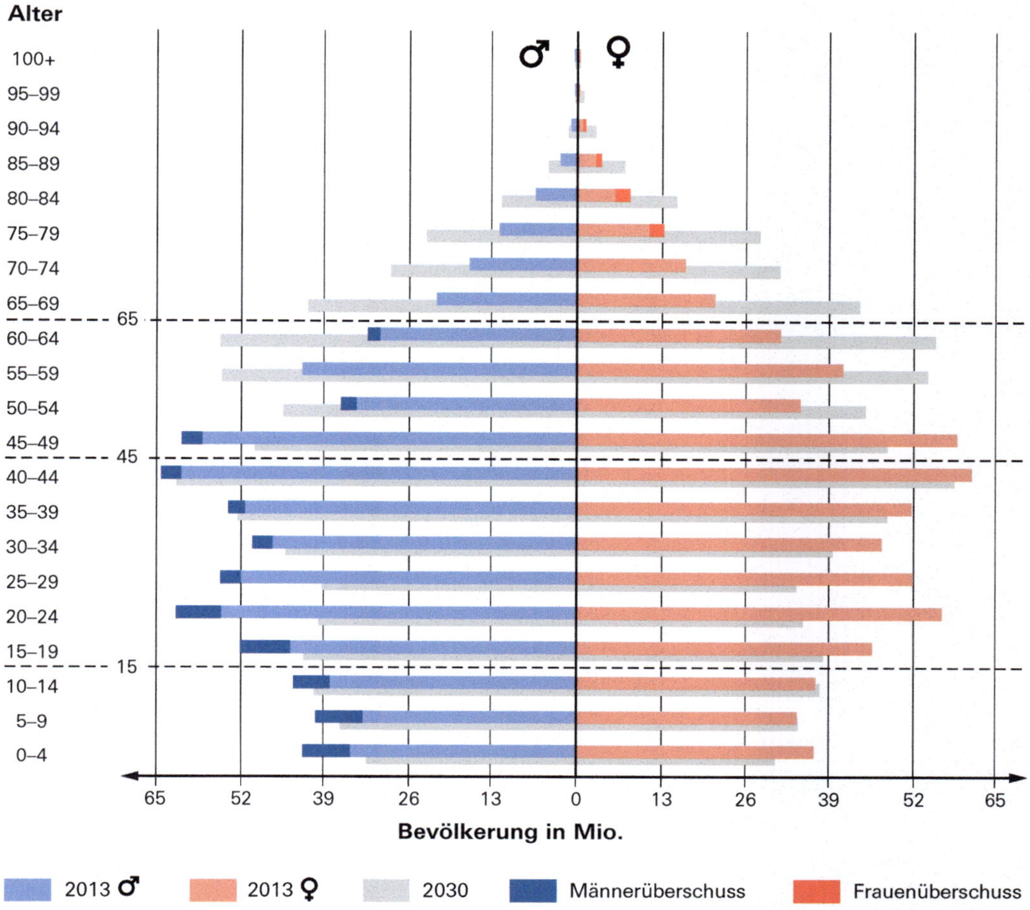

Auffallend ist die starke Ausbauchung der männlichen Seite der Alterskategorien bis ca. 70 Jahre.
Quelle: U. S. Census Bureau, International Data Base, 2013.

Wie der prognostizierte Altersaufbau für 2030 (vgl. Abb. 3-9) zeigt, ist China aber noch mit einem weiteren Problem konfrontiert: dem einer rapide alternden Gesellschaft. Nach UNO-Schätzungen könnte 2050 jeder dritte Chinese über 60 sein. Da das Rentensystem noch nicht flächendeckend entwickelt ist, kommt auf die jungen Menschen ein fast unlösbares «1-2-4-Problem» zu: Ein Kind muss zwei Eltern und vier Grosseltern versorgen.

«Klein, glücklich und wohlhabend»

Indonesien: Einen anderen Weg beschritt Indonesien. Hier sollte eine Senkung der Geburtenziffer durch Aufklärung und ein dichtes Verteilungsnetz an Verhütungsmitteln erreicht werden. Einem Slogan zufolge sollte die Idealfamilie «klein, glücklich und wohlhabend» sein. Während die religiösen Führer in ihren Moscheen Verhütung predigten, ermahnte allabendliches Sirenengeheul die Frauen zur Einnahme der Antibabypille. Der so erreichte Geburtenrückgang war bemerkenswert: Seit Anfang der 1970er-Jahre sank die Fertilitätsrate von 5.4 auf 2.5 im Jahre 2010.[1]

[1]   Quelle: United Nations Population Division, World Population Prospects: The 2012 Revision.

Zu erfolgreiche Familienpolitik

Japan: Das Beispiel für zu erfolgreiche Familienplanung ist Japan. Aus Angst, die äusserst knappen Landreserven könnten nicht ausreichen, startete die japanische Regierung bereits in den 1950er-Jahren ein Programm mit einfachem Zugang zu Verhütungsmitteln und Sterilisationskliniken sowie legalisierter Abtreibung. Insbesondere die legale Abtreibung bewirkte stets sinkende Geburtenziffern. Anfang der 1990er-Jahre lag die Fertilitätsrate bei 1.5% und damit deutlich unter dem Ersatzniveau von 2.13%.

Da die Alterung der Gesellschaft immer offensichtlicher wurde, kehrte die Regierung ihre Politik um und ermutigte zu grösseren Familien. Trotz dieser Bemühungen sank die Rate zunächst weiter (2005: 1.26), stieg dann wieder an (2007: 1.34), ist aber wieder leicht im Sinken begriffen (2010: 1.34).[1]

Zusammenfassung

Die Familiengrösse ist abhängig vom kulturellen, wirtschaftlichen und politischen Umfeld einer Gesellschaft sowie von der Einsicht und den Verhaltensweisen des Einzelnen. Die Reduktion des Bevölkerungswachstums ist somit keine technische, sondern eine kulturelle Aufgabe. Heute baut man auf zwei Pfeiler zur Verminderung des Bevölkerungswachstums:

- **Empowerment der Frau:** Die Gleichberechtigung und Gleichstellung der Frau innerhalb der Gesellschaft und die Durchsetzung des Menschenrechts auf reproduktive Gesundheit führt zu selbstständigen Frauen, die weniger Kinder wollen.
- **Familienplanung:** Die sexuelle Aufklärung und die Verfügbarkeit von Verhütungsmitteln sind die Eckpfeiler effizienter Familienplanung.

Aufgabe 18

Untersuchen Sie Ihr soziales Umfeld. Sie kennen Paare mit Kindern oder sind selber ein Elternteil. Schätzen Sie in Ihrem Bekanntenkreis das durchschnittliche Alter der Mütter bei der Geburt ihres ersten Kinds. Versuchen Sie zu bestimmen, wie alt die Mütter bei ihrer Heirat waren, falls die Paare verheiratet sind.

Aufgabe 19

Erstellen Sie eine stichwortartige Liste der Massnahmen, die zur Familienplanung in den Ländern China, Indonesien und Japan ergriffen wurden. Bewerten Sie anschliessend die einzelnen Massnahmen. Welche Massnahmen erscheinen Ihnen sinnvoll und menschenwürdig, welche halten Sie für bedenklich oder moralisch nicht vertretbar?

---

[1] Quelle: United Nations Population Division, World Population Prospects: The 2012 Revision.

4 Disparitäten und Migration

Lernziele   Nach der Bearbeitung dieses Kapitels können Sie ...

- aufzeigen, was räumliche Disparitäten sind, wie sie entstehen und wie ihnen entgegengewirkt werden kann.
- die wichtigsten Gründe nennen, die Jahr für Jahr Millionen von Menschen zur Wanderung zwingen.
- darlegen, wie die europäische Auswanderung nach Übersee die Geografie der Erde bleibend verändert hat.
- am Beispiel der Landflucht und Verstädterung das Konzept der Push-/Pull-Faktoren erklären.

Schlüsselbegriffe   Migration, Migrationssystem, Nomaden, Push- und Pull-Faktoren, räumliche Disparitäten

4.1 Disparitäten

Disparitäten[1], also Ungleichheiten, gibt es in Bezug auf verschiedene Aspekte:

- Soziale, z. B. Bildungsunterschiede innerhalb der Bevölkerung
- Wirtschaftliche, z. B. informelle gegenüber formeller Beschäftigung
- Räumliche, z. B. Entwicklungsunterschiede zwischen den Regionen eines Lands

Räumliche Disparitäten sind die Ursache für Migration (vgl. Kap. 4.2, S. 45). Zwischen den verschiedenen Räumen bestehen Unterschiede der Lebensbedingungen sowie ungleiche wirtschaftliche Entwicklungsmöglichkeiten. Solche Unterschiede bestehen auf regionaler (zwischen Stadt und Land), nationaler (in der Schweiz zwischen Mittelland und Alpen) und globaler (zwischen Industrie- und Entwicklungsländern) Ebene. Sie entstehen aus der ungleichen Verteilung von Ressourcen und verstärken sich im Laufe der Zeit durch die ungleiche wirtschaftliche Entwicklung.

Kriterien räumlicher Disparitäten

Folgende Kennzahlen können für die Messung der räumlichen Disparitäten herangezogen werden:

- BIP pro Kopf
- Pro-Kopf-Einkommen
- Arbeitslosenquote
- Auswanderungsrate
- Anteil der landwirtschaftlichen Produktion am BIP
- Anteil der Beschäftigten in der Landwirtschaft
- Altersstruktur der Bevölkerung
- Investitionsströme in die Region
- Art der industriellen Produktion und Wachstumsrate
- Anteil der Personen in höherer Ausbildung
- Qualität der Infrastruktur
- Versorgung mit öffentlichen und privaten Dienstleistungen
- Qualität der Umwelt

Viele dieser Kriterien können aber schlecht quantifiziert werden, bieten also bestenfalls nur eine grobe Beschreibung der Situation.

---

[1] Lat. *dispar* «ungleich», «verschieden».

4.1.1 Regionale Disparitäten in der Schweiz

Die Tabelle 4-1 listet unter Anwendung der oben genannten Kriterien einige Unterschiede zwischen den sieben Schweizer Grossregionen auf. Bei der Betrachtung der Minima und Maxima fallen z. T. deutliche Unterschiede auf:

- Die Arbeitslosenrate ist in der Zentralschweiz am kleinsten (2.7%) und im Tessin am höchsten (7.0%).
- Der durchschnittliche monatliche Bruttolohn reicht von CHF 5 076.– im Tessin bis CHF 6 349.– in Zürich.
- In der Grossregion Zürich arbeiten mit 70% die meisten Beschäftigten im Wirtschaftssektor 3, dem Dienstleistungssektor. In der eher ländlich geprägten Ostschweiz sind hingegen nur 56% aller Beschäftigten im Sektor 3 tätig.

[Tab. 4-1]   Regionale Unterschiede in der Schweiz (Stand 2012)

Grossregion	Arbeitslosenrate	Monatl. Bruttolohn in CHF	Beschäftigte im Sektor 3
Genferseeregion	6.6%	6 083	70%
Espace Mittelland	3.6%	5 890	62%
Nordwestschweiz	4.2%	6 220	61%
Zürich	3.6%	6 349	72%
Ostschweiz	3.3%	5 568	56%
Zentralschweiz	2.7%	5 932	63%
Tessin	7.0%	5 076	61%

Aufteilung der Kantone in Grossregionen: Genferseeregion: Genf, Waadt, Wallis; Espace Mittelland: Bern, Fribourg, Jura, Neuchâtel, Solothurn; Nordwestschweiz: Aargau, Basel-Landschaft, Basel-Stadt; Zürich: Zürich; Ostschweiz: Appenzell A. Rh., Appenzell I. Rh., Glarus, Graubünden, St. Gallen, Schaffhausen, Thurgau; Zentralschweiz: Luzern, Nidwalden, Obwalden, Schwyz, Uri, Zug; Tessin: Tessin; Quelle: Bundesamt für Statistik, 2014.

4.1.2 Ausgleich sozialer und räumlicher Disparitäten

Es liegt im Interesse eines Staats, die bestehenden Disparitäten nicht allzu gross werden zu lassen, denn sonst können soziale Spannungen auftreten, die die weitere Entwicklung stark gefährden können. Ein Beispiel hierfür sind die Folgen der Auseinandersetzungen in französischen Vorstädten, wie 2005 in Paris, 2007 in Villier-le-Bel, 2010 in Grenoble oder zuletzt 2012 in Amiens.[1]

Möglichkeiten des sozialen Ausgleichs sind

- Umverteilungsmassnahmen über das Steuersystem,
- ein gut ausgebautes Sozialsystem,
- die Förderung der Chancengleichheit über das Bildungssystem sowie
- eine ausgleichende Regionalpolitik.

4.1.3 Regionalpolitik in der Schweiz

Investitionshilfegesetz

Schon in den 1970er-Jahren anerkannte der Bund das Bestehen regionaler Unterschiede und schuf mit dem Investitionshilfegesetz (IHG) für Berggebiete ein erstes Instrumentarium mit dem Ziel, Randgebiete zu unterstützen. Im Laufe der Jahre wurden verschiedene Anpassungen gemacht. Die Hauptziele der letzten Aktualisierung von 1997 waren:

- Die Voraussetzungen für die wirtschaftliche Entwicklung und die Wettbewerbsfähigkeit im Berggebiet verbessern
- Die Ausnützung regionaler Potenziale fördern

---

[1]   Quelle: Bundeszentrale für politische Bildung; http://www.bpb.de/internationales/europa/frankreich/152511/problemgebiet-banlieue (15.1.2014).

- Zur Erhaltung der dezentralen Besiedelung und der soziokulturellen Eigenständigkeit und Vielfalt unseres Lands beitragen
- Eine nachhaltige Entwicklung im Berggebiet gewährleisten
- Die Zusammenarbeit zwischen Gemeinden, Teilregionen und Regionen fördern

Das IHG unterstützte die Entwicklung der Bergregionen in erster Linie durch die Förderung von öffentlichen Infrastrukturprojekten. Dazu wurden im Laufe der Jahre 54 IHG-Regionen geschaffen, die jeweils mehrere Gemeinden umfassten und auch über die Kantonsgrenzen reichen konnten. Die Grenzen deckten sich häufig mit den Raumplanungsregionen.

Regionalplanungsgesetz

In der Geschichte der Regionalpolitik der Schweiz wurden immer wieder neue Instrumente geschaffen, während aber nie ein bestehendes Instrument aufgehoben wurde. Dies führte zu einem sehr komplexen und unübersichtlichen System. Deshalb wurde auf den 1.1.2008 das Bundesgesetz über die Regionalplanung (NRP) eingeführt, das einen eigentlichen Systemwechsel vollzog. Die Schwerpunkte des neuen Gesetzes sind die Innovations-, Wettbewerbs- und Wertschöpfungssteigerung. Gemäss Artikel 2 des Gesetzes beruht die Regionalpolitik auf folgenden Grundsätzen:

- Die Anforderungen an eine nachhaltige Entwicklung werden berücksichtigt.
- Die Regionen entwickeln eigene Initiativen zur Verbesserung der Wettbewerbsfähigkeit und zur Erhöhung der Wertschöpfung.
- Die regionalen Zentren bilden die Entwicklungsmotoren.
- Die Kantone sind die zentralen Ansprechpartner des Bunds und stellen die Zusammenarbeit mit den Regionen sicher.
- Die Bundesstellen pflegen untereinander und mit in- und ausländischen Institutionen und Organisationen eine enge Zusammenarbeit.

Gemäss dem neuen Gesetz bestimmt das Parlament in einem Mehrjahresprogramm über die Förderungspunkte und -inhalte der Regionalpolitik. Die Hauptverantwortung für die Umsetzung übernehmen dann die Kantone. Für die Jahre 2008–2015 wurde bestimmt, das Schwergewicht auf die Förderung der regionalen Exportwirtschaft zu legen, die als Motoren der Regionalförderung dienen sollen. Beispiele: Präzisionsindustrie im Jura oder Tourismus im Alpenraum.

Zusammenfassung

Disparitäten, also Ungleichheiten, gibt es in Bezug auf verschiedene Aspekte:

- Soziale, z. B. Bildungsunterschiede innerhalb der Bevölkerung
- Wirtschaftliche, z. B. informelle gegenüber formeller Beschäftigung
- Räumliche, z. B. Entwicklungsunterschiede zwischen den Regionen eines Lands

Räumliche Disparitäten sind die Ursache für Migration.

4.2 Migration – ein Phänomen mit vielen Gesichtern

Menschen wandern. Sie wandern von den dürren zu den saftigen Weidegründen, vom Land in die Stadt und von den schlechten zu den guten Herrschern. Dem ist so, seit sich die ersten Menschen in Afrika aufmachten, den Planeten zu bevölkern. Seither brachen in allen Zeiten die Mutigsten und die Verzweifeltsten (aber auch die Verliebtesten, Gebildetsten, Neugierigsten) aus ihrer Heimat auf, eine bessere Welt zu finden.

Nie war die Weltbevölkerung so gross wie heute. Nie waren so viele Menschen unterwegs wie heute. Gemäss Schätzungen lebten 2010 214 Mio. Menschen ausserhalb ihres Geburtslands, was etwa 3.1% der Weltbevölkerung entspricht.[1]

---

[1] Quelle: United Nations Population Division, 2010.

Arbeitssuche

Die Gründe für die Abwanderung sind so zahlreich wie die Abwanderer selbst. Häufig aber spielen Unzufriedenheit mit der eigenen Situation oder gar die Bedrohung des Lebens eine Rolle. Arbeitssuche ist dabei einer der wichtigsten Gründe. Schätzungen gehen davon aus, dass jährlich 20–30 Mio. Menschen auf der Suche nach Arbeit ihr Land verlassen. Die zunehmende Mobilität von Arbeitskräften im Zusammenhang mit grenzüberschreitender Konzentätigkeit und die Ausweitung von Arbeitsmärkten (z. B. in der erweiterten EU) ist ein weiterer Grund.

Früher waren die Gebiete, in die die Wanderer aufbrachen, oft unbesiedelt und leer. Heute sind die gesuchten Leerräume auf unserer Erde selten geworden. Die meisten Wanderer stehen am Ende ihres Wegs vor anderen Menschen, die den Raum schon für sich beanspruchen. Immer mehr Menschen konzentrieren sich auf immer weniger Raum.

Formen der Migration

Die Formen der Bewegung des Menschen im Raum sind sehr vielfältig. Die Spannbreite der Mobilität reicht von Einkaufsfahrten über Urlaubswanderungen und Pendelverkehr bis hin zu Völkerwanderungen in weltweiter Dimension. Da das Wort Wanderung in der Umgangssprache hauptsächlich an Freizeit erinnert, müssen wir zunächst klären, wovon in bevölkerungsgeografischer Sicht die Rede sein soll. Für Wanderungsbewegungen des Menschen steht der Begriff Migration[1]:

Definition

Unter Migration versteht man die Ausführung einer raumgebundenen Bewegung, die einen vorübergehenden oder dauernden Wechsel des Wohnsitzes zur Folge hat.

Saisonale und längerfristige Rundwanderungen, wie sie von Hirtenvölkern und Brandrodungsbauern betrieben werden, nehmen eine Sonderstellung ein. Hingegen sind Zur-Arbeit-Pendeln oder Einkaufs- und Urlaubsfahrten laut Definition keine Migration, da sie nicht mit einem Wechsel des Wohnsitzes verbunden sind. Aus diesem Grund befasst sich das Kapitel nicht mit diesen Bewegungen.

Räumliche versus soziale Mobilität

Die obige Begriffserklärung wird allerdings nicht allen Facetten der vielseitigen Mobilität der Menschen gerecht. Deshalb sollen an dieser Stelle noch genauere Unterscheidungen angestellt werden. Migration hat eine räumliche und eine soziale Dimension, denn es sind wandernde Menschen und Völkergruppen, denen unser Interesse gilt.

Es ist sinnvoll, neben der offensichtlichen räumlichen Mobilität auch eine soziale Mobilität in die Betrachtungen einzubeziehen. Dabei steht Letztere für eine Veränderung der Position in der Gesellschaft. Die Massenauswanderung der Europäer nach Amerika im 19. Jahrhundert ist ein Beispiel für weitreichende räumliche Mobilität. Werden Sie aber am Arbeitsplatz zur Gruppenchefin oder zum Gruppenchef befördert, so verändern Sie Ihre Position in der gesellschaftlichen Schichtung.

Zwischen räumlicher und sozialer Mobilität besteht ein enger Zusammenhang. Vielfach ist das Streben nach Veränderung der persönlichen sozialen Stellung nur durch einen Wohnsitzwechsel zu erreichen. Aber auch der soziale oder wirtschaftliche Auf- oder Abstieg einer ganzen Region kann eine Zu- oder Abwanderung verursachen.

Dimensionen der Migration

Das Phänomen Migration ist äusserst vielgestaltig:

- Der Bereich der Motivation zur Abwanderung bewegt sich zwischen den zwei Polen «Luxus der freien Wahl» und «Terror des Zwangs». Viele europäische Auswanderer nach Übersee folgten dem verlockenden Ruf vom Land der unbegrenzten Möglichkeiten. Im krassen Gegensatz dazu wurden unzählige Afrikaner in Ketten auf die Plantagen Amerikas verschleppt. Heute ist die Flucht vor Bürgerkriegen die häufigste Form der Zwangsmigration.
- In räumlicher Dimension unterscheidet man zwei Wanderungstypen nach Distanz und räumlichem Verlauf. Für Bewegungen innerhalb eines Raums oder eines Lands ver-

---

[1] Lat. *migrare* «wandern».

wendet man den Begriff Binnenmigration (z. B. unkontrollierte Ausbreitung der südamerikanischen Riesenstädte) oder interregionale Migration. Länderübergreifende Ströme werden unter dem Ausdruck transnationale Migration zusammengefasst. Manchmal unterscheidet man hier auch zwischen internationaler (innerhalb eines Kontinents) und interkontinentaler (z. B. europäische Besiedlung Amerikas) Migration.
- In zeitlicher Hinsicht wird unterschieden, ob es sich um eine andauernde oder eine vorübergehende Migrationsform handelt. So lassen sich die Migrationsformen von Saisonniers und Nomaden klar von der irischen Auswanderung nach Amerika abgrenzen.
- Ein wesentliches Unterscheidungsmerkmal ist auch der Umfang der Migration. So unterscheidet man Einzel-, Gruppen- und Massenmigration.

Zusammenfassung   Der räumlichen Mobilität stellt man die soziale Mobilität gegenüber, die vertikale Bewegung in der Gesellschaft. Beide stehen in engem Zusammenhang und bedingen sich oft gegenseitig. Die einzelnen Migrationsarten lassen sich nach Motivation, räumlicher und zeitlicher Dimension und Umfang in Gruppen einteilen.

Aufgabe 20   Was ist der Unterschied zwischen räumlicher und sozialer Mobilität? Nennen Sie ein Beispiel, das den Zusammenhang der beiden Mobilitätsarten verdeutlicht.

4.3 Gründe der Migration

Überlegen Sie sich, was Menschen dazu bewegt, ihre vertraute Umgebung zu verlassen und ins Ungewisse aufzubrechen. Sie werden auf einen beträchtlichen Katalog von Gründen stossen. Es liegt im Wesen der Migration, dass die Beweggründe zum Aufbruch sehr vielfältig sind. Eines ist aber bei den meisten Migrationsströmen gleich. Zwischen Herkunfts- und Zielgebiet bestehen Unterschiede der Lebensbedingungen sowie ungleiche wirtschaftliche Entwicklungsmöglichkeiten. Dem Einzelnen bietet das ungleiche Lebenschancen. Diese räumlichen Disparitäten bilden oft die Grundlage des Entscheidungsprozesses.

4.3.1 Wanderungsauslösende Faktoren

Veränderung der natürlichen Umwelt

Veränderung ist ein Grundprinzip der Natur. Schon immer haben sich Lebensräume durch natürliche Prozesse auch zum Nachteil ihrer Bewohnerinnen und Bewohner verändert: Die Veränderung der natürlichen Umwelt – seien es nun Eiszeiten, Dürreperioden oder Vulkanausbrüche – bewegten die Menschen immer wieder zum Verlassen ihrer angestammten Wohngebiete. In den letzten Jahrhunderten hat nun aber der Mensch begonnen, in noch nie da gewesenem Mass in die Gleichgewichte der Natur einzugreifen.

Mangelnde Weitsicht schädigte und erschöpfte viele traditionelle Lebensräume derart, dass ein Weiterleben vor Ort unmöglich und eine Abwanderung unumgänglich wurden. Dieser Abwanderungsgrund fällt umso mehr ins Gewicht, je weniger eine Gesellschaft entwickelt ist bzw. je mehr sie im landwirtschaftlichen Bereich verwurzelt ist. Lesen Sie dazu das Kapitel 4.5, S. 51, über die Nomaden im Sahel und die vorrückende Wüste.

Wirtschaftliche Beweggründe

Sehr viele Migrantinnen und Migranten werden vom Wunsch getrieben, ihre wirtschaftliche Situation zu verbessern. Dabei können neu erschlossene Räume mit besserem Ressourcenangebot[1] zu einer Abwanderung verleiten. Solche offenen Räume sind heute allerdings selten. Häufig veranlassen Armut, Hunger, Arbeits- und Perspektivenlosigkeit zur Abwanderung aus der wirtschaftlich rückständigen Heimat. Neben den bevorzugten

[1] Ressourcen sind natürliche Produktionsgrundlagen für die Wirtschaft.

Zielländern in Europa und Nordamerika sind auch die bevölkerungsarmen Golfstaaten zu erwähnen, die in der Erdölindustrie Millionen «billiger» Wanderarbeiter aus Fernost beschäftigen. In Saudi-Arabien z. B. stieg der Anteil der Wanderarbeiter an der Bevölkerung von 1.6% (1960) auf 31% (2010).[1]

Oft sind die Geldüberweisungen der Wanderarbeiterinnen und Wanderarbeiter eine wichtige Devisenquelle[2] für die Herkunftsländer. Für den Aufbau von Auslandniederlassungen multinationaler Unternehmen verlassen vermehrt auch hoch qualifizierte Fachkräfte ihre Heimat. Diese Migration von den Industriestaaten zu den Entwicklungsländern ist allerdings zahlenmässig bescheiden und meist nicht von Dauer.

Migration ohne zwingende Gründe

Heute gibt es zunehmend aber auch Menschen, die ohne irgendwelche dringenden Zwänge migrieren, einfach um einen neuen Lebensinhalt zu finden oder eine neue Umgebung kennenzulernen.

Soziale Verhältnisse

Wenden wir uns nach den wirtschaftlichen den sozialen Wanderungsgründen zu. Das offensichtlichste Problem gesellschaftlicher Art ist die Überbevölkerung. Die Öffnung der Bevölkerungsschere führt auf dem beschränkten Siedlungsraum zu einem Bevölkerungsdruck, der meist nur durch Abwanderung verringert werden kann.

In ländlichen Regionen führt die traditionelle Erbteilung des Landbesitzes zu Abwanderung. Der Besitz des einzelnen Bauern wird so klein, dass er sich und seine Familie nicht mehr ernähren kann.

Oft folgen Migranten auch Familienangehörigen, die im Zielgebiet bereits erfolgreich Fuss gefasst haben und meist nur Gutes zu berichten wissen. Sie knüpfen ein soziales Netz zwischen dem Herkunfts- und dem Zielgebiet, dem immer mehr Auswanderer folgen.

Bewaffneter Konflikt

Seit dem Zweiten Weltkrieg gab es auf der Welt nur drei Wochen ohne Krieg. Im September 1945. Immer häufiger vertreiben Angst und Gewalt die Menschen aus ihrem Lebensraum – bewaffnete Konflikte als Wanderungsgründe.

Durch den Zerfall des Ostblocks und anderer Staatsgebilde entbrannten aus vielen schwelenden Konflikten blutige Bürgerkriege. Verfolgung aus ethnischen oder religiösen Gründen führen zur Flucht und Zwangsmigration. Bilder von Vertriebenen in Ostafrika, dem ehemaligen Jugoslawien, Nahost oder dem Irak gehören zum traurigen Alltag unserer Welt.

4.3.2 Entscheid zur Migration

Sie kennen die wichtigsten wanderungsauslösenden Faktoren. Lässt sich daraus ableiten, wo auf der Welt die stärksten Migrationsströme verlaufen? Nein. Die Erfahrung zeigt, dass die Intensität eines Migrationsstroms zwischen zwei Regionen abhängig ist von folgenden Faktoren:

- Räumliche Disparität zwischen dem Herkunfts- und dem Zielgebiet
- Stärke des Informationsflusses vom Ziel- zum Herkunftsgebiet
- Distanz zwischen dem Herkunfts- und dem Zielgebiet

Das einfache Push-/Pull-Modell

Diese Punkte lassen erahnen, dass zwischen den wanderungsauslösenden Faktoren und der letztlichen Auswanderung meist ein langer Prozess der Entscheidungsfindung, des Abwägens von Vor- und Nachteilen liegt. Die abstossenden Gesichtspunkte des Herkunftsgebiets (Push-Faktoren) werden gegen die anziehenden Aspekte der Zielregion (Pull-Faktoren) abgewogen (vgl. Kap. 4.6.2, S. 53).

---

[1] Quelle: Wikipedia, http://en.wikipedia.org/wiki/Foreign_workers_in_Saudi_Arabia#cite_note-14 (19.8.2013).
[2] Devisen sind ausländische Zahlungsmittel.

Das einfache Modell der Wanderung als Ausgleich entlang eines Gefälles des Wohlstands und der Sicherheit ist allerdings vielfach zu einfach. Oft wandern nicht die Ärmsten, die sich die Migration gar nicht leisten können, sondern die Wohlhabenderen. Auch die Überbevölkerung kann nicht unbesehen als Migrationsgrund genannt werden. Denn die grössten Wanderungsströme zielen nicht auf die dünn besiedelten Gebiete, da gibt es wenig Geld zu verdienen. Genau im Gegenteil, Bedrängte migrieren oft in bereits dicht besiedelte Gebiete in der Hoffnung, dort Arbeit zu finden (z. B. nach Mitteleuropa).

Migrationssysteme – die komplexe Realität

Migrationsbewegungen verlaufen nicht zufällig, niemand bricht (ausser in extrem akuten Notfällen, wie z. B. einem Bürgerkrieg) einfach so ins Blaue auf. In den meisten Fällen folgen Migranten bekannten Wegen. Vielfach sind vor ihnen Verwandte in die Zielländer aufgebrochen und bieten den Neuankömmlingen eine erste Sicherheit. Wenn sich nun über Generationen Auswanderer über dieselben Wege von bestimmten Aufbruchregionen zu immer denselben Zielregionen aufmachen, entwickeln sich entlang stabiler Wandernetze lang anhaltende Migrationstraditionen. Diese überdauernden Strukturen nennt man *Migrationssysteme.* In vielen Grossstädten kann man für ganze Stadtkreise die entsprechenden ländlichen Herkunftsregionen abgrenzen, also die beiden Pole der Migrationskette räumlich identifizieren.

Letztlich eine individuelle Entscheidung

Meist werden die verschiedenen Faktoren nicht von allen Akteuren gleich gewichtet. Oft führen die gleichen wirtschaftlichen, politischen oder sozialen Umstände nicht bei allen Betroffenen zur gleichen Reaktion. Vielfach sind es nicht nur objektive, rational belegbare Gründe, die zu einem Migrationsentscheid führen. Meist spielen auch subjektive Ansichten eines Individuums über das Herkunfts- und Zielgebiet der Migration eine Rolle: Welches Land hat das «bessere» bzw. wohlhabendere oder modernere Ansehen? Wie werden die Vor- und Nachteile der beiden Räume vom Einzelnen gewichtet? Oft wird das durch Wunschvorstellungen idealisierte Zielgebiet höher bewertet als das vertraute Herkunftsgebiet.

Nach den eben ausgeführten modellhaften Erklärungen des Phänomens Migration wollen wir uns jetzt der komplexen Realität zuwenden. An Fallbeispielen werden Sie in den folgenden Abschnitten das jeweils Typische der behandelten Wanderungsform erarbeiten. Beachten Sie dabei v. a. die vielfältigen Vernetzungen und Rückkopplungen innerhalb eines Migrationssystems. Folgende Themen werden behandelt:

- Die geografische Bedeutung der europäischen Ausbreitung nach Übersee
- Nomaden – Dauerwanderer in Raum und Zeit
- Landflucht und Verstädterung
- Flüchtlinge – die Wanderer der Jahrhundertwende

Zusammenfassung

Die Beweggründe zur Migration sind so zahlreich wie die Migranten selbst. Während in den Anfängen der Menschheit v. a. natürliche Veränderungen der Umwelt zur Abwanderung nötigten, dominieren heute Beweggründe aus dem wirtschaftlichen und dem sozialen Bereich. In den letzten Jahren traten vermehrt Flüchtlingsströme in den Vordergrund.

Nach einer einfachen Modellvorstellung fallen Migrationsentscheide durch ein Abwägen von Push- und Pull-Faktoren. Die Gewichtung der einzelnen Gesichtspunkte folgt vielfach nicht objektiven, rationalen Überlegungen, sondern vielmehr idealisierten Wunschvorstellungen vom Zielgebiet. Migration folgt vielfach über Generationen bestehenden Verbindungen zwischen Abwanderungs- und Zielgebieten. Diese «Sicherheitsnetze» erleichtern den Aufbruchswilligen den Aufbruch und bieten erste Haltepunkte in der Fremde.

Aufgabe 21   Gibt es in Ihrer Familiengeschichte auch Menschen, die ihre Heimat verlassen haben? Kennen Sie die Gründe? Waren es eher Push- oder Pull-Faktoren und warum?

4.4 Geografische Bedeutung der europäischen Ausbreitung nach Übersee

Eine der grössten Bevölkerungsbewegungen der Geschichte war die europäische Ausbreitung nach Übersee im 19. und beginnenden 20. Jahrhundert. Grossräumige Bevölkerungsverschiebungen haben enorme Auswirkungen auf das Kulturmuster ganzer Erdteile. Das ist Grund genug, sich mit der europäischen Ausbreitung auseinanderzusetzen.

Bevölkerungsdruck im Europa des 19. Jahrhunderts

Die Geschichte beginnt beim Bevölkerungsanstieg in der frühen Wachstumsphase des demografischen Übergangs in Europa. Der sich ergebende Bevölkerungsdruck bei beschränkten landwirtschaftlichen Arbeitsmöglichkeiten konnte zu Beginn des 19. Jahrhunderts nur durch Abwanderung verringert werden. Als Beispiel sei hier Irland erwähnt. Nach mehreren, durch Kartoffelmissernten ausgelösten Hungersnöten verliessen einige Millionen Irinnen und Iren ihr Heimatland. So sank die Bevölkerung Irlands zwischen 1841 und 1851 von 8.1 auf 4.3 Mio. Die Differenz entspricht in etwa der Bevölkerung Norwegens.

Beflügelt durch die verbesserten Transportmöglichkeiten nach Übersee, ergossen sich ausgehend von Europa mehrere Migrationswellen über den Atlantik. Man schätzt, dass in den 100 Jahren der europäischen Ausbreitung rund 55 Mio. Menschen den Kontinent verlassen haben. Beginnend bei den britischen Inseln, verlagerten sich die typischen Auswanderungsländer mit der Zeit nach Osten und Süden, von Irland über Deutschland und Schweden bis nach Italien und Griechenland. Bei den Zielgebieten sind allen voran die USA zu nennen, gefolgt von den übrigen Ländern Nord- und Südamerikas. Man unterscheidet drei Phasen der europäischen Ausbreitung:

Drei Phasen der europäischen Ausbreitung

- In einer ersten Phase von den ersten Entdeckungen im 15. Jahrhundert bis ins frühe 19. Jahrhundert wurden Küsten- oder kontinentale Randsiedlungen in Übersee angelegt. Diese sog. Küstenrandsiedlungen dienten als Handelsposten, Plantagen oder Farmersiedlungen.
- Die anschliessende zweite Phase, die Durchdringung der Kontinente, dauerte bis zum Ersten Weltkrieg. Dabei entstanden in den Kolonien erste Industriestädte. Landwirtschaft betreibende Siedler stiessen ins Landesinnere vor. In diese Phase gehört auch die Besiedlung der grossen Ebenen Nordamerikas, um die sich heute unzählige Westernlegenden ranken.
- Als letzte Phase gilt der Rückzug der europäischen Kontrolle über die ehemaligen Kolonien. Dabei hinterliessen die vormaligen Herrscher oft politische Scherbenhaufen. Die zurückbleibenden jungen Staaten waren ungenügend auf ihre Selbstständigkeit vorbereitet. Krisen, Bürgerkriege und Flüchtlingsdramen waren und sind oft die Folge.

Geografie der Feldfrüchte

Neben den offensichtlichen Bevölkerungsbewegungen, den dramatischen politischen Folgen und den Veränderungen im Sprach- und Religionsmuster ergaben sich noch weitere Umstrukturierungen von geografischer Bedeutung. So wurde die Karte der ursprünglichen Verbreitung der Feldfrüchte neu gezeichnet. Uramerikanische Früchte wie die Kartoffel oder die Tomate wurden zu gebräuchlichen Anbauprodukten in Europa. Umgekehrt stammen in Amerika verbreitet angebaute Pflanzen, wie Kaffee oder Weizen, ursprünglich aus der Alten Welt.

Zusammenfassung

Der demografische Übergang in Europa war untrennbar mit enormen Abwanderungsströmen verbunden. Dabei verliessen Millionen Europäerinnen und Europäer in mehreren Wellen ihre Heimat und besiedelten weite Teile des Globus. Das kulturelle und politische Erbe dieser Völkerwanderung ist heute im politischen und kulturellen Mosaik der Völker, Sprachen und Religionen erkennbar.

Aufgabe 22 — Nennen Sie drei Auswirkungen der europäischen Ausbreitung mit geografischer Bedeutung.

4.5 Nomaden

Die Nomaden nehmen eine besondere Stellung unter den wandernden Menschen ein, da sie doch andauernd unterwegs sind. Ihre Lebens- und Wirtschaftsform beruht auf räumlicher Mobilität, genauer auf der sog. Wanderviehwirtschaft. Auf ständiger Futtersuche folgen die Hirten ihren Tieren. Dabei legen sie weite Distanzen zurück. So sind sie auf grosse Lebensräume in den Trockengürteln dieser Welt angewiesen. Die geografische Lage der Weideplätze, in Verbindung mit den klimatischen Gegebenheiten, bestimmt den Mobilitätsprozess der Nomaden in Raum und Zeit.

[Abb. 4-1] Beduinenzelte in der Sahara

Bild: © Pniesen – Dreamstime.com

Nomaden der Sahelzone

Besonders bekannt sind die Nomaden der Sahelzone. Unter dem Sahel[1] versteht man die Übergangszone zwischen der Sahara und der südlich angrenzenden Savanne. Seit Jahrhunderten leben im Nordteil der Sahelzone Nomaden mit ihren Viehherden, im regenreicheren Südteil hingegen sesshafte Bauern. Dieses Zusammenleben ist bedroht: Falsch konzipierte und kurzsichtige Entwicklungshilfe zielte durch den Bau von Tiefbrunnen auf eine geregelte Wasserversorgung. Mehr Wasser bedeutet grössere Herden und grössere Herden bedeuten mehr Ansehen.

Desertifikation infolge Bevölkerungsdrucks

Die Folgen: Die während Jahrhunderten ausbalancierten Herdengrössen wuchsen über die Tragfähigkeit der natürlichen Umwelt. Der erhöhte Wasserverbrauch senkte den Grundwasserspiegel dramatisch. Überweidung und die Trockenperioden von 1972/73 und 1984/85 taten das ihre zur unausweichlichen Dürrekatastrophe. Ist die Pflanzendecke einmal vertrocknet und abgestorben, bläst der Wind den jetzt unverfestigten, fruchtbaren Boden weg. Das Weideland ist für immer verloren.

Die langfristige Folge dieser Bodenerosion ist das Vorrücken der Wüste nach Süden. Dadurch sind die Nomaden gezwungen, immer weiter ins Gebiet der sesshaften Bauern vorzudringen. Blutige Konflikte um die Lebensgrundlagen sind die Folgen. Diese wortwörtliche Verwüstung der natürlichen Umwelt durch menschliche Übernutzung nennt man

---

[1] Arab. *sahel* «Ufer».

Desertifikation[1]. Die vom Menschen gemachte Veränderung der Umwelt ist hier der Beweggrund zur Abwanderung.

Aus diesem Beispiel können Sie ersehen, dass Vertriebene in der stark bevölkerten Welt von heute auf schon besetzte Gebiete stossen. Ihre Aufnahme im Zielgebiet hängt stark vom Wohlstand der dort lebenden Menschen und ihrer Grundhaltung gegenüber Einwanderern ab.

Zusammenfassung Nomaden sind Dauerwanderer. Ihre Siedlungs- und Wirtschaftsform ist die Wanderviehwirtschaft. Die dafür notwendigen, weiträumigen Lebensräume werden immer knapper.

Aufgabe 23 Welche Auswirkungen können Umweltveränderungen auf die Lebensweise von Nomaden haben?

4.6 Landflucht und Verstädterung

4.6.1 Weltweite Verstädterung

Nach zwei Beispielen für die weiträumige, überregionale Migration lernen Sie nun ein Beispiel der Binnenmigration kennen: die Bevölkerungsumverteilung vom Land in die Stadt. Viele Wanderungsbewegungen erscheinen gar nicht in den internationalen Statistiken über Migration, weil sie keine Landesgrenzen überqueren. Die Verlagerungen innerhalb eines Lands können aber grosse Bevölkerungsteile betreffen und gewaltige Umstrukturierungen des Siedlungsmusters bewirken. Sie sind somit aus bevölkerungsgeografischer Sicht von grösstem Interesse. Es muss ein Anliegen der modernen Geografie sein, hier mit Planungsvorschlägen zukünftige Missstände zu verhindern.

Als Beispiel für die weltweite Verstädterung betrachten wir hier die Entwicklung in Südamerika. Eine starke Verstädterung findet aber auch in anderen Gebieten der Welt, v. a. in den Entwicklungsländern statt. In China z. B. hat sich der Anteil der städtischen Bevölkerung von 26.4% im Jahre 1990 auf 50.6% im Jahre 2011 erhöht. Gemäss Prognosen soll er 2050 77.3% erreichen.[2]

Megastädte des Südens

Wenn Sie die Bevölkerungsverteilung in den südamerikanischen Staaten betrachten, so wird Ihnen der enorme Anteil der städtischen Bevölkerung an der Gesamtbevölkerung auffallen. 2011 lebten 85% der Brasilianerinnen und Brasilianer (1997 waren es 78%) in den wenigen Grossstädten wie etwa São Paulo oder Rio de Janeiro. Seit 2007 lebt mehr als die Hälfte der Weltbevölkerung in Städten, während es 1950 erst 30% waren. Prognosen der UNO rechnen für 2030 mit 59.9% und für 2050 mit 67.2% städtischer Bevölkerung.[3] Die Prozesse, die zu solchen Bevölkerungsumverteilungen führen, nennt man Verstädterung bzw. Landflucht.

---

[1] Lat. *desertus* «verlassen», «leer», «öde».
[2] Quelle: United Nations, World Urbanization Prospects: The 2011 Revision.
[3] Quelle: United Nations, World Urbanization Prospects: The 2011 Revision.

[Tab. 4-2] Anteile der städtischen Bevölkerung in den Staaten Südamerikas, 2011

Staat	Bevölkerung (in Mio.)	Anteil städtischer Bevölkerung
Argentinien	40.8	92.5%
Bolivien	10.1	66.8%
Brasilien	196.7	84.6%
Chile	17.3	89.2%
Kolumbien	46.9	75.3%
Equador	14.7	67.5%
Paraguay	6.6	61.9%
Peru	29.4	77.3%
Uruguay	3.4	92.5%
Venezuela	29.4	93.5%

Quelle: United Nations Population Division, World Urbanization Prospects: The 2011 Revision.

Umwälzungen in nie da gewesener Grössenordnung

Immer schon kam es zur Ausbildung von städtischen Siedlungen. Aber die Verstädterung, wie sie heute in vielen Entwicklungsländern abläuft, unterscheidet sich wesentlich von der Stadtentwicklung im europäischen Vergleichsraum, v. a. in der Geschwindigkeit und der Grössenordnung. Dabei hat in den Entwicklungsländern die Verstädterung nicht nur später begonnen, sie läuft auch wesentlich schneller ab. Hinzu kommt, dass neben der Zuwanderung auch ein grösseres natürliches Bevölkerungswachstum in der Stadt selbst zur Ausbildung der Megastädte[1] beiträgt.

4.6.2 Push-/Pull-Modell

Was lässt die Menschen trotz offensichtlicher Nachteile wie Luftverschmutzung, Kriminalität und menschenunwürdigen Wohnbedingungen in den grossen Städten zusammenkommen, was bewegt sie zur Abwanderung aus ländlichen Gebieten? Dieses Problem geht man in zwei Schritten an. Zunächst fragt man sich, was die Menschen aus ihren angestammten Lebensräumen vertreibt. Diese Kräfte nennt man Push-Faktoren[2]. Danach beschäftigt man sich mit der gegenteiligen Frage nach den anziehenden Kräften der Stadt, den Pull-Faktoren[3].

Push-Faktoren

- Mit der Verbesserung der gesundheitlichen Versorgung sinkt die Sterbeziffer. Bei konstant hoher Geburtenrate wächst auch die Bevölkerung auf dem Land stark an. Dieses Phänomen nennt man «Öffnung der Bevölkerungsschere» (vgl. Kap. 3.2.2, S. 33).
- Der ernährende Grund und Boden ist ein beschränktes Gut und unterliegt oft starren Besitzverhältnissen. So stehen dem begrenzten landwirtschaftlichen Arbeitsangebot zu viele Arbeitskräfte gegenüber.
- Verschärft wird dieses Problem durch die Weiterentwicklung der Agrartechnik. Für die Erwirtschaftung des gleichen Ertrags werden immer weniger Arbeitskräfte benötigt.
- Mit der langsamen Verbesserung des Lebensstandards verändert sich zudem das Konsumverhalten zum Nachteil der landwirtschaftlichen Produkte: Je höher das Einkommen, desto geringer ist der Einkommensanteil, der für die Nahrungsmittel aufgewendet wird. Somit können die Bauern für die erwirtschafteten Güter immer weniger Ertrag lösen. Die Preise für die Landwirtschaftsgüter sinken und werden instabil. Ein immer kleinerer Teil der ländlichen Bevölkerung findet im agrarischen Bereich ein Auskommen. Ein erheblicher Abwanderungsdruck entsteht.

[1] Griech. *megas* «gross».
[2] Engl. *push* «stossen».
[3] Engl. *pull* «ziehen».

Pull-Faktoren

Die Stadt wirkt anziehend auf die Bevölkerung des rückständigen Hinterlands, man spricht auch von einer Magnetwirkung der Städte:

- Durch die Massenmedien und das Internet vergrössert sich der Informationsaustausch zwischen der Stadt und dem Land. Dadurch steigt die Wertschätzung der städtischen Lebensformen in der Wertskala der Landbevölkerung. Die scheinbaren Annehmlichkeiten des städtischen Lebens erleichtern den Wegzug.
- Die einsetzende Industrialisierung in der Stadt lässt auf das Vorhandensein von Arbeitsplätzen hoffen.
- Des Weiteren ist auch die verbesserte Versorgungslage im Gesundheits- und Sozialwesen als Anziehungsfaktor zu erwähnen.
- Den jungen Leute vom Land versprechen die städtischen Bildungsmöglichkeiten eine bessere Zukunft.

An dieser Stelle ist aber in aller Deutlichkeit darauf hinzuweisen, dass die subjektive Bewertung der Chancen in der Stadt häufig nicht mit der Wirklichkeit übereinstimmt. So erweist sich der städtische Arbeitsmarkt in den südamerikanischen Grossstädten zu klein, um die vom Land zugewanderten Arbeitskräfte zu beschäftigen. Viele Zuwanderer bleiben auch in der Stadt arbeitslos. Sie verdienen sich das Nötigste zum Leben mit Nebenerwerben und Strassenverkauf. Somit verschiebt sich die Arbeitslosigkeit lediglich von der Landwirtschaft in den Verarbeitungs- und Dienstleistungssektor. In erster Linie treibt die Hoffnung auf Arbeit die jungen Arbeitslosen in die Stadt.

4.6.3 Folgen der Landflucht

Für den ländlichen Raum ergeben sich aus der Landflucht erhebliche Probleme. Der grösste Teil der Migranten entstammt der Gruppe «männlich, jung, motiviert, fähig und relativ gut ausgebildet». Als Folge dieser Abwanderung guter Arbeitskräfte bleiben im Herkunftsgebiet vornehmlich Frauen und Kinder sowie alte und kranke Menschen zurück. Die Abwanderung hat also auf die Landbevölkerung eine Selektionswirkung.

Wandern z. B. nur Männer ab, so werden die sozialen Netze geschwächt. Durch unqualifizierte Arbeiter sinken die Erträge der Landwirtschaft, die ländliche Infrastruktur leidet darunter und kann nur schwer aufrechterhalten werden. Auf dem Land wachsen Armut und Not, was wiederum zu noch mehr Abwanderung führt. Die genannten Prozesse üben also einen selbstverstärkenden Einfluss auf die Abwanderung aus. Man spricht von einer positiven Rückkopplung (vgl. Abb. 4-2).

[Abb. 4-2]   Teufelskreis der Landflucht

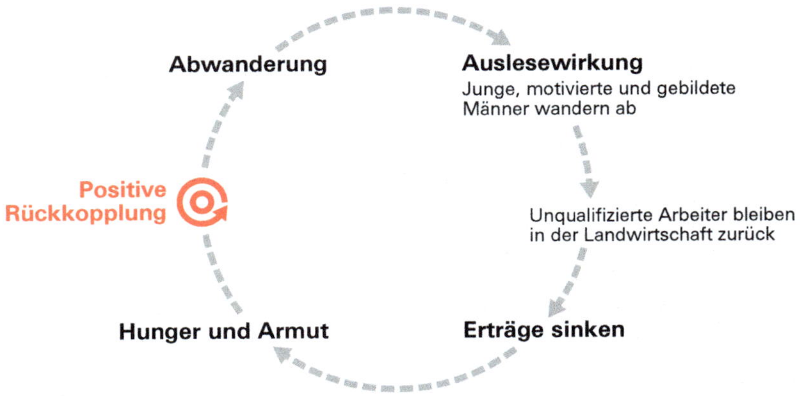

Abwanderung → **Auslesewirkung**
Junge, motivierte und gebildete Männer wandern ab

→ Unqualifizierte Arbeiter bleiben in der Landwirtschaft zurück

→ **Erträge sinken** → **Hunger und Armut** → (Positive Rückkopplung)

Die Prozesse, die zu Landflucht führen, sind selbstverstärkend. Derartige Prozesse werden «positiv rückgekoppelt» genannt.

Die Folgen im städtischen Bereich sind oft viel augenscheinlicher. Sind doch die ausgedehnten Hüttensiedlungen am Rande der Grossstädte, die Slums oder Favelas, ein eindeutiges Zeichen für die übermässige Zuwanderung.

[Abb. 4-3]   Favelas bei Rio de Janeiro

Die improvisierten Behausungen der Favelas kleiden in Rio de Janeiro ganze Hügelflanken ein. In anderen lateinamerikanischen Grossstädten werden die Elendsquartiere Barrios oder Barridas genannt.
Bild: © Calv6304 – Dreamstime.com

Zusammenfassung   Weltweit konzentrieren sich die Menschen in städtischen Siedlungen. Die dazu führenden Prozesse sind die Landflucht bzw. die Verstädterung. Als Ursachen sind die Push- und Pull-Faktoren zu nennen. Die Push-Faktoren stehen für abstossende Kräfte der Herkunftsregion, die Pull-Faktoren für anziehende Momente des Zielgebiets. Die Folgen der Abwanderung üben oft eine verstärkende Wirkung auf die Landflucht aus, sie sind positiv rückgekoppelt mit der Abwanderung.

Aufgabe 24   Was verstehen Sie unter der Push-/Pull-Theorie?

4.7   Flüchtlinge

43 Millionen auf der Flucht

Die bekanntesten Migranten sind die Flüchtlinge. Für das Jahr 2011 schätzte die UNO die Zahl der Flüchtlinge und Vertriebenen weltweit auf rund 43.3 Mio.[1]

Asylsuchende

In vielen Konflikten um Macht und politischen Einfluss gerät die Zivilbevölkerung zwischen die politischen, wirtschaftlichen und militärischen Fronten. Ein Beleg dafür ist die Herkunft der Asylsuchenden in den Industriestaaten: Die meisten Gesuche stammten 2012 von Flüchtlingen aus folgenden Staaten (in abnehmender Reihenfolge): Afghanistan, Syrien, Serbien, China, Pakistan, Russische Föderation und Irak. Für die Schweiz sah die Reihenfolge zwar etwas anders aus (Eritrea, Tunesien, Serbien, Nigeria, Afghanistan, Mazedonien, Syrien, China, Somalia und Türkei), aber viele Länder erscheinen auf beiden Listen. Die Zahl der Asylanträge in den Industrieländern stieg in den letzten Jahren um jährlich fast 10% und ist zu einem heiss diskutierten Thema der Politik geworden.[2]

[1]   Quelle: United Nations, Office of the United Nations High Commissioner for Refugees (UNHCR), 2013.
[2]   Quelle: United Nations, Office of the United Nations High Commissioner for Refugees (UNHCR), 2013.

Politische Flüchtlinge

Dabei geht es immer wieder auch um die Frage, wer Anrecht auf Asyl und damit Aufnahme haben soll. Das Schweizer Asylrecht orientiert sich an den Grundsätzen der Genfer Flüchtlingskonvention. Die Konvention definiert einen Flüchtling als Person, die «aus der begründeten Furcht vor Verfolgung wegen ihrer Rasse, Religion, Nationalität, Zugehörigkeit zu einer bestimmten sozialen Gruppe oder wegen ihrer politischen Überzeugung sich ausserhalb des Lands befindet, dessen Staatsangehörigkeit sie besitzt, und den Schutz dieses Lands nicht in Anspruch nehmen kann oder wegen dieser Befürchtungen nicht in Anspruch nehmen will». Nur Personen, die diese Kriterien erfüllen, werden als «echte Flüchtlinge» bzw. politische Flüchtlinge anerkannt und erhalten Asyl.

Wirtschaftsflüchtlinge

Eine zunehmende Gruppe von Flüchtlingen flieht aber hauptsächlich aus wirtschaftlichen Gründen oder wegen einer Natur- oder ökologischen Katastrophe. Diese Menschen erhalten nach geltendem Recht kein Asyl und müssen das Land (mehr oder weniger freiwillig) wieder verlassen. Oft sind die Grenzen zwischen den Gruppen aber fliessend, denn häufig sind verschiedene Gründe für den Fluchtentscheid ausschlaggebend. Man sollte auch zurückhaltend mit einer Wertung sein, bei der die «echten» politischen den Wirtschaftsflüchtlingen vorgezogen werden, denn für einen Menschen sind es immer gewichtige Gründe, die ihn dazu bringen, seine Heimat zu verlassen.

Fokus

Bootsflüchtlinge

In den letzten Jahren sind Berichte über gelandete Bootsflüchtlinge im Süden Europas oder auf den Kanareninseln zur Regelmässigkeit geworden. In manchen Fällen ist die Meldung noch dramatischer, dann nämlich, wenn ein solches klappriges Boot das Ziel nicht erreicht und Dutzende Menschen sterben. Aber auch wenn sie ihr Ziel erreichen, ist ihre Reise noch lange nicht zu Ende.

Die jungen Afrikaner (mehrheitlich Männer) haben für die lebensgefährliche Reise doppelt so viel bezahlt, wie ein Flugticket von Dakar nach Madrid kosten würde. Hätten sie es auf diesem Weg ohne Visum versucht, würde ihnen die Einreise verweigert und sie sofort wieder zurückgeschickt. Weil sie aber absichtlich «ohne Papiere» nach Europa gelangen wollen, um so von dort nicht einfach repatriiert werden zu können, nehmen sie das Risiko einer gefährlichen Bootsfahrt in Kauf.

Sie sind meist gut informiert und wissen, dass sie nach spanischem Gesetz maximal drei Tage auf einer Polizeiwache festgehalten und danach maximal vierzig Tage in einem Auffanglager untergebracht werden dürfen. Wenn sie binnen dieser Frist nicht in ihre Heimat zurückgeschickt werden können (was ja nicht möglich ist ohne Papier und wenn sie nicht sagen, woher sie stammen), müssen sie aufs spanische Festland gebracht werden. Dort erhalten sie einen Ausweisungsbescheid, der aber fast nie vollstreckt wird, und so sind sie ohne Arbeits- und Aufenthaltsbewilligung in irgendeiner spanischen Grossstadt sich selbst überlassen. Nun beginnt der Weg in die Schattenwirtschaft: auf Baustellen und Gemüseplantagen, als fliegende Händler von CD-Raubkopien, Handtaschen und Markenuhrimitationen oder Haschisch.

Und wie sehen es die Herkunftsländer? Sie scheinen kein Interesse daran zu haben, ihre Bürger wieder aufzunehmen. Zum Teil verweigern sie die Aufnahme sogar dann, wenn Verträge über Repatriierung mit Spanien bestehen. Dies überrascht spanische Fachleute kaum, denn ihrer Meinung nach leben einige Ausgangsländer inzwischen praktisch von den Illegalen, denn die Devisen, die diese nach Hause schicken, erhalten die Familien der Flüchtenden am Leben.

Zusammenfassung

Machtkämpfe um politische und wirtschaftliche Stellung führen zu Krieg und Elend. Die Folge sind Flüchtlingsströme, die unterschiedliche Gründe haben.

4.8 Trends und Prognosen

Nach der Schilderung von vier typischen Wanderungsformen sollen Sie zum Schluss noch einen Überblick über die internationale Migration der Gegenwart erhalten. Sie erkennen dabei, dass Prognosen für die Zukunft schwierig zu stellen sind.

Die internationale Migration tritt zwar weltweit auf, ist aber in ihrem Charakter sehr unterschiedlich. Fast alle Länder sind in irgendeiner Art und Weise von Migration betroffen, wobei die meisten sowohl Abwanderungs- als auch Zielgebiet geworden sind. So erleben selbst typische Einwanderungsländer wie Australien, Kanada oder die USA Auswanderungsströme, die bis 20% der Einwanderungszahlen ausmachen. Die Migrationsmuster unterscheiden sich je nach Weltgegend und Wanderungsgrund.

[Abb. 4-4]   Migrationssaldo 2012

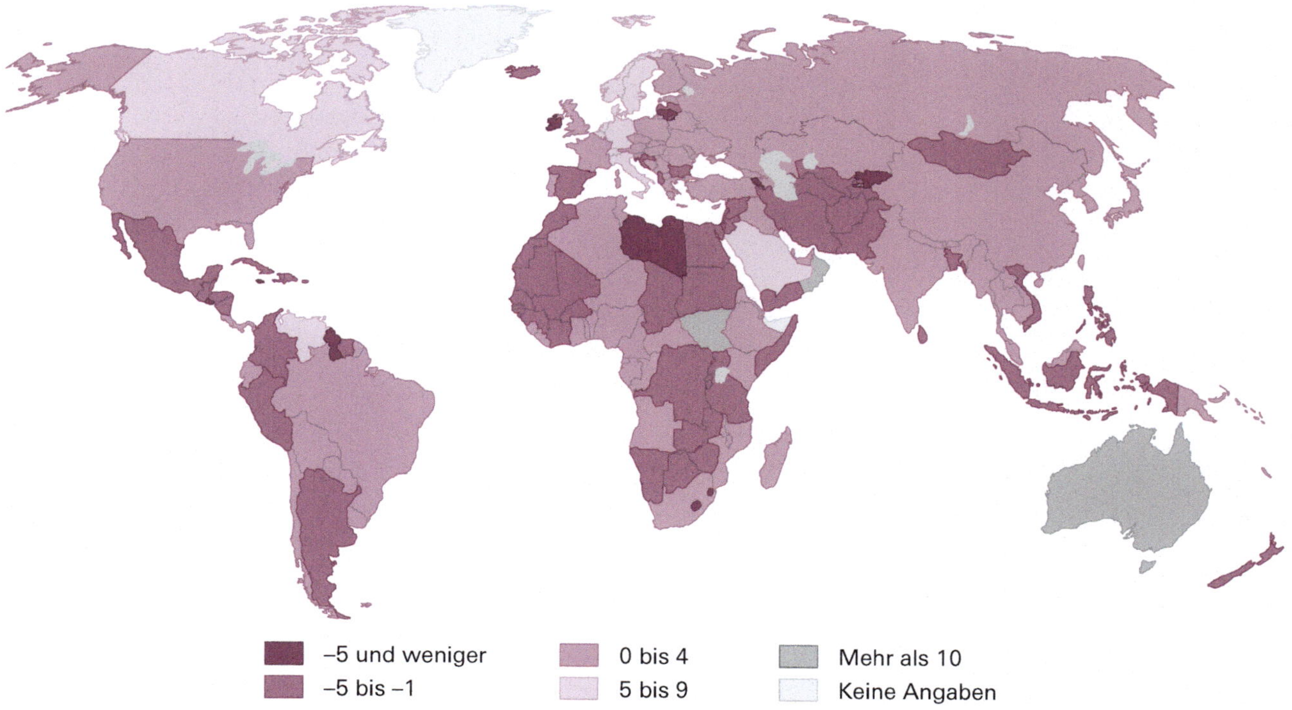

- –5 und weniger
- –5 bis –1
- 0 bis 4
- 5 bis 9
- Mehr als 10
- Keine Angaben

Der Migrationssaldo ist die Differenz zwischen Zu- und Abwanderungen pro 1 000 Einwohner über die Gebietsgrenze hinweg. Quelle: Stiftung Weltbevölkerung, 2013.

Globaler Arbeitsmarkt

Flüchtlingsströme bewegen sich meist nur kleinräumig, viele queren nicht einmal Landesgrenzen (= Binnenmigration). Weiträumiger sind die Wanderungsbewegungen auf dem globalen Arbeitsmarkt. Da die begehrtesten Ziele wie Nordamerika, Europa oder die Golfstaaten meist nur Fachkräften die Einreise erlauben, verlaufen die grossen Migrationsströme ausserhalb dieser Zonen. Längst sind aufstrebende Schwellenländer des Südens zu Einwanderungsländern geworden. So erhalten Argentinien in Südamerika und Südafrika regen Zustrom aus ihren ärmeren Nachbarstaaten.

Migrationsprognosen

Wegen ihres vielseitigen Charakters unterliegt die internationale Migration raschen Veränderungen. Präzise Prognosen sind schwierig. Allerdings ist es möglich, für einzelne Regionen Migrationspotenziale abzuschätzen. So erwarten einzelne Fachleute nach einem möglichen Zusammenbruch der chinesischen Zentralmacht eine Massenauswanderung aus diesem Raum. Allerdings haben sich ähnliche Befürchtungen in Bezug auf den Zusammenbruch des Ostblocks bis heute nicht bestätigt. Eine Region mit enormem Migrationspotenzial ist der Mittelmeerraum. Auf engstem Raum finden sich hier riesige Wohlstands- und Einkommensgefälle. Ausserdem fördern enge geschichtliche Verbindungen zwischen nördlichen und südlichen Anliegerstaaten sowie alte Auswanderungstraditionen nach Frankreich und Spanien die Süd-Nord-Wanderung in diesem Raum.

Kosten der Migration

Im Allgemeinen verursachen Einwanderer im Zielgebiet wirtschaftliche und politische Kosten. Diese sind abzuwägen gegen einen ganzen Katalog von Vorteilen. Dabei wirken sich ein langsameres Altern der Bevölkerung, das Hinzukommen von ausländischen Fachkräften sowie die Ergänzung der einheimischen Beschäftigungspalette um neue Berufe positiv auf die Wirtschaftsentwicklung des Gastlands aus.

Patentrezepte gibt es nicht

Für eine Eindämmung der internationalen Migration gibt es keine Patentrezepte. Unerlässlich ist ein enges Zusammenspiel von Wirtschafts-, Entwicklungs- und Flüchtlingshilfe. Erfolgreiche Wirtschaftshilfe ist die beste vorsorgliche Flüchtlingshilfe. Die Schaffung neuer Arbeitsplätze in den klassischen Herkunftsländern kann die Migrationsströme verkleinern. Energisches Eingreifen des Staatenbunds (UNO) bei Menschenrechtsverletzungen ist ein weiteres Instrument, die Flüchtlingsströme zu reduzieren. All dies wird aber auch in Zukunft die Migration nicht verhindern können. An die Stelle der strikten Abschottung sollte eine friedliche Integration treten, die auf gegenseitiger Rücksichtnahme und toleranter Akzeptanz beider Seiten beruht.

Zusammenfassung

Die internationale Migration wird auch in Zukunft in den schon bestehenden Bahnen verlaufen. Infolge der unterschiedlichen Entwicklung der Entwicklungsländer werden sich die Wanderungsströme innerhalb dieser Regionen noch verstärken. Genaue Prognosen sind infolge der komplexen Natur des Phänomens Migration nicht möglich.

Aufgabe 25

Zur Hauptsache werden Flüchtlinge durch Angst vor Gewalt und Verfolgung aus ihrer Heimat vertrieben. Aus dem in Kapitel 4.3, S. 47 behandelten Katalog spielen in einer Kriegssituation aber auch weitere Beweggründe eine wichtige Rolle. Erläutern Sie!

Aufgabe 26

Welcher Umstand verhinderte bis heute eine Abwanderungswelle aus China, dem Land mit der grössten Bevölkerung der Erde?

4.9 Mali – traditionelle Landwirtschaft versus Marktfruchtanbau

Mali gehört zu einer Reihe afrikanischer Länder, die sich im Grenzgebiet zur Wüste Sahara befinden: in der Sahelzone. Die Sahelzone ist in den 1970er- und 1980er-Jahren wegen verheerender Hungerkatastrophen ins Bewusstsein der Weltöffentlichkeit gerückt.

Die Grenze zur Wüste Sahara bildet die Dornsavanne, die nur eine kurze Regenzeit pro Jahr erlebt. Das Ausmass dieser Regenzeit ist jedoch sehr unterschiedlich, es gibt sogar Jahre, wo sie ganz ausfallen kann. Die natürliche Vegetation, niedriges Gras, dornige Sträucher und Akazien, ist an diese Bedingungen angepasst.

4.9.1 Bevölkerungsentwicklung

Die Wachstumsraten von Mali sind hoch, sinken jedoch langsam, wie Tabelle 4-3 zeigt. Dank verbesserter Hygienebedingungen und ärztlicher Versorgung rechnet man mit einer Halbierung der Sterberate zwischen 1995 und 2025, während die Geburtenrate wahrscheinlich nur um ein Viertel zurückgehen wird. Das Auseinanderklaffen von Geburten- und Sterberate führt zu den hohen Wachstumsraten, und dies in einem Raum, dessen naturräumliche Tragfähigkeit nur gering ist. Wie lassen sich die hohen Geburtenraten erklären?

[Tab. 4-3]   Demografische Indikatoren von Mali

	1995	2005	2015	2025
Geburtenrate pro 1 000 Einwohner	51	50	45	38
Sterberate pro 1 000 Einwohner	20	16	13	10
Wachstumsrate der Bevölkerung in %	3.5	3.0	3.0	2.7
Fertilitätsrate in %	7.4	6.9	6.1	4.9
Säuglingssterblichkeit pro 1 000 Einwohner	146	124	102	81

Quelle: http://www.census.gov/ipc/www/idb/country.php (15.1.2014).

Altersvorsorge

In einem Land wie Mali haben Kinder eine wichtige wirtschaftliche Bedeutung: Soziales Engagement des Staats fehlt weitgehend, die Kinder sind eine wichtige Altersvorsorge. Ebenfalls tragen Kinder zum Erhalt der Familie bei, indem sie Aufgaben im Haus und auf dem Feld erfüllen. Je mehr Kinder, desto gesicherter ist der Fortbestand der Familie und desto weniger muss für die Bewirtschaftung der Felder auf teure fremde Hilfe zurückgegriffen werden.

Nicht zuletzt wird durch die männlichen Nachkommen auch die politische Stellung im Dorf oder im Stamm gefestigt. So ist es nicht verwunderlich, dass eine hohe Kinderzahl in der Tradition der Bevölkerung verankert ist und v. a. die Knaben ein hohes Ansehen geniessen und ein Ausdruck des Wohlergehens der Familie sind.

Diesen Traditionen gegenüber steht der klimatisch heikle Lebensraum dieser Menschen, der nur eine beschränkte Bevölkerungszahl zu ernähren vermag. Mali hat die Notwendigkeit erkannt, das Bevölkerungswachstum in den Griff zu bekommen, um Katastrophen, wie sie in den 1970er- und 1980er-Jahren vorkamen, in Zukunft zu verhindern. Doch dies erweist sich in einer agrarisch organisierten, traditionellen Gesellschaft als schwierig.

4.9.2   Familienplanung

In westlichen Industriestaaten ist Familienplanung längst eine Alltäglichkeit geworden. In Ländern wie Mali stehen diesem Ziel noch einige schwierige Hindernisse im Weg:

- Traditionelle und religiöse Vorstellungen. Jahrhundertealte Traditionen sind fest in den Köpfen der Menschen verankert und lassen sich nur langsam ändern. Auch auf das religiöse Empfinden der Betroffenen muss Rücksicht genommen werden.
- Mangelnde Bildung. Die Einsicht zur Notwendigkeit von Familienplanung und die Anwendung von Verhütungsmethoden setzen eine gewisse Bildung voraus. Diese fehlt v. a. den Frauen, von denen 75% Analphabetinnen[1] sind.
- Mangelndes Selbstbestimmungsrecht der Frau. Die Frauen sind in patriarchalische Gesellschaftsstrukturen eingebunden, sodass ihnen die Möglichkeiten der Selbstbestimmung fehlen.

Die Regierung von Mali hat sich, in Zusammenarbeit mit Entwicklungshilfeorganisationen, in einem Projekt engagiert, das sich um Aufklärung bemüht und v. a. die Männer in die Familienplanung miteinbezieht. Dazu sucht man die Zusammenarbeit mit lokalen Führern, wie z. B. den Dorfältesten, mit deren Zustimmung speziell ausgebildete Männer die schwierige Aufgabe übernehmen, die Männer des Dorfs über die Notwendigkeit der Familienplanung, die Gefahren der sexuell übertragbaren Krankheiten und die Möglichkeiten der Empfängnisverhütung aufzuklären. Das Interesse der Familienoberhäupter an der Gesundheit von Frau und Kindern und die Nachfrage nach modernen Empfängnisverhütungsmethoden konnten so bereits deutlich gesteigert werden.

---

[1] Quelle: CIA, The World Factbook,
https://www.cia.gov/library/publications/the-world-factbook/geos/ml.html (15.1.2014).

Ein weiterer wichtiger Weg zur Senkung der Wachstumsrate führt über die Bildung. Ein Ausbau des Schulsystems und eine Verstärkung der Anstrengungen für die Einschulung, v. a. auch der Mädchen, sind dringend notwendig.

4.9.3 Landwirtschaft

Agrarstaat

Mali ist ein Agrarstaat. 80% der Beschäftigten arbeiten im 1. Sektor. Jedoch werden nur 2% der Landfläche als Ackerland ausgewiesen, v. a. in den wenigen Gebieten im Bereich der Feuchtsavanne und in einigen Teilen der anschliessenden Trockensavanne. Auch diese Ackerbaugebiete sind wegen der Unregelmässigkeit der Regenzeit in ständiger Gefahr von Missernten durch Dürren oder Überschwemmungen. Erschwerend hinzu kommen die für die Tropen typischen Roterdeböden, die nur wenig fruchtbar und stark erosionsgefährdet sind. Die schwiegrige klimatische Situation des Lands verlangt also nach speziellen Produktionsmethoden.

Wanderfeldbau (Shifting Cultivation)

Wanderfeldbau (Shifting Cultivation)

Der Wanderfeldbau (Shifting Cultivation) ist eine traditionelle Wirtschaftsweise in Tropengebieten. Eine Grossfamilie oder eine Dorfgemeinschaft bewirtschaftet gerade so viel Land, wie für den Anbau von Hirse, Sorghum (ebenfalls eine Hirsesorte) und Gemüse für den Eigenbedarf notwendig ist.

Die Hirse ist eine wichtige Nutzpflanze für die wechselfeuchten und trockenen Tropenklimate. Sie geht bei ungünstigen Niederschlagsverhältnissen eine Trockenruhe ein. Vor allem Sorghum ist in den letzten Jahren wieder ins Blickfeld der Agrarwissenschaft gerückt, da sie sogar in der Trockensavanne Erträge bis 1 t/ha liefert und so einen wichtigen Beitrag zur Ernährungssicherheit der Menschen leistet.

Derart bewirtschaftet ist nach 3–5 Jahren die Fruchtbarkeit des Bodens erschöpft, die Gruppe zieht weiter und macht, mithilfe von Brandrodung, ein weiteres Stück Land urbar. Der kontrollierten Brandrodung kommt dabei eine grosse Bedeutung zu, denn die zurückbleibende Asche düngt den wenig fruchtbaren Boden. Dem bewirtschafteten Boden wird danach eine Brachezeit von 10–20 Jahren gewährt, dann kehrt die Familie oder Dorfgemeinschaft zurück. Die Besitzverhältnisse des Bodens sind entsprechend geregelt: Der bewirtschaftete Boden ist Kollektivbesitz, jedem Stammesangehörigen steht ein Stück davon zu. Wächst die Gemeinschaft, muss mehr Land urbar gemacht werden.

Traditionelle Viehzucht – Nomadismus

Gegen den Norden Malis hin wird mit abnehmenden Niederschlagsmengen und grösserer Variabilität der Regen- und Trockenzeiten die Viehzucht immer wichtiger. Bewohner der noch feuchteren Regionen, die auch noch Ackerbau betreiben, übergeben die Herden während der Erntezeit in die Obhut von Hirten zur Transhumanz[1]. Am Rande der Wüste Sahara, wo Ackerbau nicht mehr möglich ist, beherrschen Halbnomaden oder Nomaden das Bild.

---

[1] Wanderviehwirtschaft mit jahreszeitlichem Wechsel der Weidegebiete, von franz. *transhumer* bzw. lat. *trans-* «hinüber», «jenseits» und *humus* «Erdboden».

Nomaden

Beide Arten der Viehhaltung haben eines gemeinsam: Die Grösse der Herden ist ein Ausdruck von Wohlstand und Sozialprestige. Verbesserte veterinärmedizinische Betreuung liess die Herden zusätzlich wachsen. Die naturräumlichen Bedingungen lassen beliebig grosse Herden jedoch nicht zu, bei Trockenheit oder gar Dürre sinkt das Nahrungsangebot für die Tiere drastisch. Dem kann durch die Anlage von Tiefenbrunnen (Brunnen, die ihr Wasser durch Tiefenbohrungen bis 1000 m aus dem tiefen Grundwasser entnehmen) ein Stück weit begegnet werden. Die Hirten oder Nomaden bleiben mit ihren Herden gerne in der Nähe solcher Brunnen, die zuverlässig Wasser liefern. Dies entspricht jedoch nicht mehr der traditionellen nomadistischen Lebensweise, die diesen Klimaten angepasst ist. Die Tiere überweiden die dünne Grasnarbe massiv und leisten so der drohenden Desertifikation Vorschub.

Tuareg

Ein berühmtes Volk mit traditionell nomadistischer Lebensweise sind die Tuareg. Die Tuareg sind ein hellhäutiges Wüstenvolk und leben im Sahel und in der angrenzenden Sahara. Sie fühlen sich keinem Staat zugehörig und anerkennen daher auch keine Staatsgrenzen. Auf der Suche nach Weideplätzen für ihre Herden wandern sie zwischen Mali, Niger, Libyen und Algerien hin und her. Dieses Verhalten ist jedoch nicht unbedingt im Sinne der betroffenen Staaten, da sich die Tuareg so sämtlicher politischer, administrativer und steuerlicher Kontrolle entziehen. Es gab daher Bestrebungen zur Sesshaftmachung der Nomaden.

Wiederum spielten die Tiefenbrunnen eine wichtige Rolle. Die Tuareg blieben in der Nähe der Brunnen. Das sichere Wasser veranlasste sie zur Aufstockung ihrer Herden, das genügsame Kamel wurde durch anspruchsvollere Rinder ersetzt. Dann aber kam die grosse Dürreperiode der 1970er- und 1980er-Jahre. Von den viel zu grossen Herden verendeten bis 80% der Tiere und damit starb auch die Lebensgrundlage der Tuareg. Den Menschen blieb nur noch die Flucht in grössere Städte, wo sie in Flüchtlingslagern lebten. Eine schwierige Situation für das stolze Nomadenvolk!

Bürgerkrieg

Durch eine Revolte machten die Tuareg Anfang der 1990er-Jahre denn auch auf die Hoffnungslosigkeit ihrer Lage aufmerksam. Es kam jedoch anders als gedacht. Die Revolte wuchs zu einem ethnischen Konflikt zwischen den Tuareg und der schwarzen Bevölkerung Malis aus, der in einem grausamen Bürgerkrieg endete, in dessen Folge die Tuareg aus dem Norden Malis ins benachbarte Ausland flüchteten und die schwarze Bevölkerung in den Süden des Lands. Der Norden Malis blieb verwüstet und menschenleer zurück.

Nach Friedensverhandlungen hatte sich die Lage seit 2000 stabilisiert, die Tuareg kehrten zu einer teilweise sesshaften, teilweise nomadistischen Lebensweise zurück. 2009 kam es jedoch zu einer weiteren Rebellion. 2011 verlangten die Tuareg dann die Unabhängigkeit der Region Azawad, ihres angestammten Gebiets, das den gesamten Norden des Lands umfasst. Heftige Kämpfe und militärische Offensiven gegen die Regierung waren die Folge. Dabei wurden sie von islamistischen Gruppierungen unterstützt. Seither ist die politische Lage Malis durch Militärputsche, Aufstände und terroristische Anschläge weiterhin äusserst instabil.

Anbau von Marktfrüchten für den Export – Cashcrops

Cashcrops

Bisher haben wir von der traditionellen Landwirtschaft gesprochen. Diese dient der Versorgung der einheimischen Bevölkerung. Vermehrt werden jedoch auch in Mali Nutzpflanzen angebaut, die in der Tradition der Bevölkerung kaum eine Bedeutung haben und hauptsächlich für den Export angebaut werden – die Cashcrops. Typische Cashcrops sind: Kaffee, Kakao, Bananen, Erdnüsse. In Mali aber auch Baumwolle.

Kolonialisierung

Wie kamen die Cashcrops nach Mali? Die Antwort liegt auf der Hand: durch die Kolonialisierung! Das Mutterland (im Fall von Mali Frankreich) verlangte von den Kolonien Rohstoffe. Wenn diese nicht natürlicherweise dort vorkamen, wurden sie, wenn die klimatischen Bedingungen es zuliessen, eben dorthin gebracht. Die traditionelle, regionalspezifische und dem Klima angepasste Produktionsform wurde immer mehr zugunsten der Cashcrops verdrängt, über Jahrhunderte mündlich weitergegebenes Wissen und handwerkliche Traditionen verkümmerten. Das Land musste seine Kräfte in die Produktion der Cashcrops stecken. Fehlende Nahrungsmittel und Konsumgüter wurden von der Kolonialmacht geliefert.

Die Zeiten der Kolonialisierung sind vorbei. Trotzdem werden weiterhin Cashcrops angebaut. Welchem Ziel dienen diese Produkte denn heute?

Die heutige Idee hinter dem Anbau von Cashcrops besteht darin, dass die Länder ihre Kraft in ein auf der ganzen Welt nachgefragtes, aus klimatischen Gründen jedoch nur in wenigen Regionen produzierbares Produkt stecken sollen. Von den Exporterlösen kann das Land die benötigten Nahrungsmittel (da durch den Anbau von Cashcrops Produktionsfläche fehlt) und Konsumgüter importieren. Diese Idee geht leider nicht ganz auf. Können Sie sich vorstellen, warum?

Terms of Trade

- Cashcrops erreichen meist nur geringe Weltmarktpreise. Das Land hat also auf dem Weltmarkt ein Produkt anzubieten, das relativ billig gehandelt wird. Es muss aber Waren einkaufen (Konsumgüter), die nur zu höheren Preisen zu haben sind. Die Terms of Trade, d. h. die Austauschverhältnisse zwischen Rohstoffen und Konsumgütern, sind nämlich sehr ungünstig.
- Die Importrate ist höher als die Exportrate, die Handelsbilanz ständig negativ, die Verschuldung steigt.
- Allfällige Exporterlöse werden nicht in fehlende Nahrungsmittel für die Bevölkerung, sondern in Luxusgüter für eine Elite oder in Rüstungsgüter investiert.
- Cashcrops werden meist in Monokultur angebaut mit entsprechend hoher Gefährdung für Auslaugung und Degradation (Verschlechterung) der Böden.

Der Anbau von Cashcrops als Exportprodukt ist also nicht unproblematisch. Vor allem Länder wie Mali mit instabiler politischer Lage oder Kriegsgefahr können durch die Cashcrops in einen gefährlichen Kreis geraten, den Teufelskreis von Armut und Militarisierung (vgl. Abb. 4-5).

[Abb. 4-5] Teufelskreis von Armut und Militarisierung

Steigender Bedarf an Luxus- und Rüstungsgütern → Steigender Bedarf an Devisen → Ausdehnung des Anbaus der Cashcrops zulasten der Nahrungsmittelproduktion → Versorgung der Bevölkerung verschlechtert sich → Steigender Unmut in der Bevölkerung, Revolten drohen → Verstärkung der Polizei- und Streitkräfte → (zurück zum Anfang)

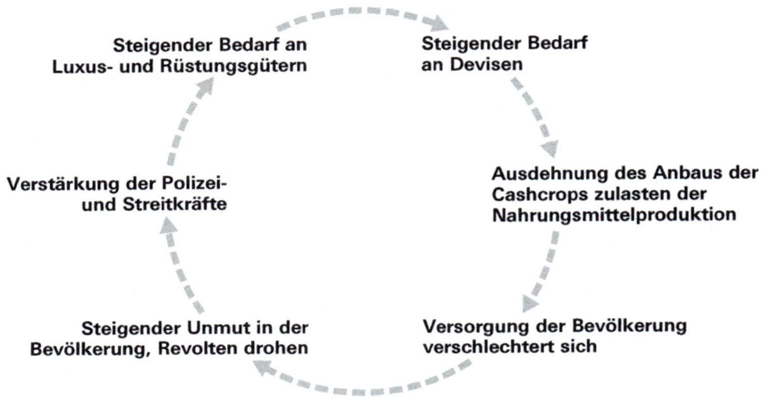

Die Nutzpflanzen, die von Mali zum Export angebaut werden, sind seit der Kolonialisierung die Baumwolle und die Erdnuss. Der Anbau von Erdnüssen ist jedoch rückläufig, denn die Konkurrenz für dieses Produkt wird immer grösser und die Qualität der Böden immer schlechter. Nach wie vor ist die Baumwolle jedoch ein wichtiges Exportprodukt des Staats. Trotz grosser Fortschritte in der Entwicklung von Kunstfasern kann die Baumwolle, dank ihrer ausgezeichneten Eigenschaften, ihre Stellung auf dem Weltmarkt behaupten. Die von den internationalen Konsumentinnen und Konsumenten besonders geschätzte langfasrige Baumwolle muss von Hand geerntet werden, daher ist der Anbau sehr arbeitsintensiv. Hier sind es v. a. die Niedriglohnländer, die das Produkt kostendeckend anbieten können.

Baumwolle ist eine typische Pflanze der subtropisch sommerfeuchten Klimate, sie braucht für ihr Wachstum viel Wasser. In vielen Anbaugebieten, so auch in Mali, muss die Pflanze bewässert werden. Bewässerungsfeldbau ist wegen der drohenden Vernässung und Versalzung der Böden jedoch problematisch.

Von vielen eingangs beschriebenen Problemen, die durch den Anbau von Cashcrops für den Export entstehen können, ist Mali jedoch bis jetzt noch verschont geblieben. Dies nicht zuletzt dank der tatkräftigen Mithilfe der früheren Kolonialmacht Frankreich. Die Vermarktung der Baumwolle unterliegt einer Gesellschaft, die zu Teilen im Besitze des Staats, zu Teilen im Besitze französischer Aktionäre ist.

Die Gesellschaft kümmert sich nicht nur um Anbau und Vermarktung der Baumwolle, sondern, im Auftrag des malischen Staats, auch um allgemeine Fragen der ländlichen Entwicklung. So stellt sie ausgebildete Fachkräfte als Berater zu Belangen des Erosionsschutzes, zu Belangen des Umgangs mit Ressourcen, aber auch für Schulung, Frauenförderung und Alphabetisierung zur Verfügung. So wird in Mali die Baumwolle auch nicht in Monokultur, sondern im Wechsel mit Grundnahrungsmitteln (Hirse, Sorghum, Hülsenfrüchte etc.) angebaut. Die Bemühungen der Gesellschaft sind dabei durchaus nicht uneigennützig, da nur auf einigermassen gesunden Böden durch entsprechend geschulte Bauern ein hoher Ertrag erwirtschaftet werden kann.

4.9.4 Desertifikation

Desertifikation

Unter dem Begriff Desertifikation wird die Ausbreitung von wüstenähnlichen Bedingungen in Gebiete verstanden, die von den klimatischen Bedingungen her keine solchen Bedingungen aufweisen sollten. Davon deutlich zu unterscheiden sind die Begriffe «Dürre» und «Dürrekatastrophe». Von Dürre spricht man, wenn ein Gebiet von einer anhaltenden Wasserknappheit, als Ergebnis einer jahrelangen ungenügenden Niederschlagsversorgung, betroffen ist. Die Dürre führt zu mangelnder Ernährungs- und Wasserversorgung in den betroffenen Gebieten und kann sich so zu einer Dürrekatastrophe ausweiten. Dürren sind jedoch in semiariden Gebieten keine Ausnahmeerscheinungen, sondern treten als normales klimatisches Phänomen auf. Die Phänomene der Dürre und der Desertifikation hängen zusammen, jedoch ist die Desertifikation das Resultat komplexer natürlicher und anthropogener Vorgänge mit länger anhaltenden Auswirkungen.

Gerade die Gebiete der Sahelzone, an der Grenze zur Wüste Sahara, sind von der Desertifikation betroffen. Welches sind die Ursachen und möglichen Folgen davon? Die Ursachen wurden in den vorherigen Kapiteln vorgestellt und werden hier stichwortartig wiederholt: Bevölkerungswachstum – Sesshaftmachung der Nomaden – Überweidung – Übernutzung der Wasservorräte (Senkung des Grundwasserspiegels) – Abholzung der Dornsavanne – Bodenerosion – Bodenverödung – Ausbreitung der Wüste.

Die Folgen reichen vom Klima über den Wasserkreislauf und den Boden auf den Menschen zurück:

- Auswirkungen auf die Atmosphäre:
    - Regionaler Klimawandel (Ausbreitung der Wüste)
    - Verstärkter Treibhauseffekt (weniger Kohlendioxid-fixierende Pflanzen)
- Auswirkungen auf die Hydrosphäre (Wasserkreislauf):
    - Wasserverknappung
    - Absinken des Grundwasserspiegels
    - Vermehrter Oberflächenabfluss (weniger Versickerung, da die Pflanzen fehlen)
- Auswirkungen auf die Pedosphäre (Boden):
    - Verlust der Fruchtbarkeit
    - Erosion
    - Verödung
- Auswirkungen auf die Biosphäre (Lebewesen) und die Bevölkerung:
    - Wandel der Ökosysteme
    - Übernutzung der Vegetation
    - Schwund der Artenvielfalt
    - Landflucht
- Auswirkungen auf die Wirtschaft:
    - Intensivierung der Landwirtschaft
    - Ausweitung landwirtschaftlich genutzter Flächen
    - Wenn landwirtschaftliche Produktion und Export möglich sind: evtl. Abnahme der Verschuldung
    - Eventuell Zunahme der wirtschaftlichen und sozialen Unterschiede (Arm – Reich)

Massnahmen

Genauso komplex wie die Desertifikation ist auch der Kampf dagegen. Auf verschiedenen Ebenen, angefangen bei der Bevölkerungspolitik über die Erziehung zu Baumassnahmen und zur Abfallbeseitigung muss das Problem angegangen werden. Wichtig ist, das Bewusstsein der betroffenen Bevölkerung für die Problematik zu wecken und die Menschen und ihr Wissen in die Massnahmenpakete einzubinden. Viele der Möglichkeiten basieren auf ganz einfachen Mitteln, sind einfach auszuführen, aber wirkungsvoll. Nachstehend einige Beispiele:

- Steinwälle entlang der Höhenkurven anlegen. Dadurch wird das Wasser in der Regenzeit lange genug zurückgehalten, sodass es in den Boden einsickern kann. Die dünne Humusschicht wird so nicht weggewaschen, sondern kann noch zunehmen.
- Halbmonddämme anlegen. Dazu werden halbmondförmige Gräben ausgehoben und darum herum ebenfalls halbmondförmige Steindämme, eben Halbmonddämme, angelegt. Während der Regenzeit sammelt sich in den Gräben das Wasser. Bereits nach einem Jahr können am Fuss der Dämme Bäume (Akazien) gepflanzt werden. Durch diese Massnahme werden einstmals kahle Flächen nach einigen Jahren wieder grün und fruchtbar.
- Verbesserte Kochstellen einführen. Die traditionelle Kochweise hat einen hohen Verbrauch an dem sehr knappen Brennholz. Die neue energiesparende Kochstelle in Form eines Rings aus Lehm ist nicht mehr eine Feuerstelle, sondern eine Art Brennkammer. Dadurch wird nicht nur der Brennholzbedarf auf einen Drittel reduziert, die Garzeiten werden viel kürzer und es können anstelle der dicken Holzscheite auch dünne Äste oder Stroh als Brennmaterial verwendet werden. Auch die für Düngung und Konservierung wichtige Asche kann leichter gewonnen werden. Solche verbesserte Kochstellen können die Frauen mit einfachen Mitteln selber herstellen.

4.9.5 Migrationsproblematik

Angesichts der schwierigen Bedingungen ist es nicht verwunderlich, dass jährlich eine grosse Anzahl Menschen das Land verlassen, da es ihnen keine Lebensgrundlage mehr bietet. Die Flüchtlingsströme wenden sich an die Nachbarländer Senegal, Elfenbeinküste oder Burkina Faso. Gelegentlich wenden sie sich auch nach Norden, wo sie unter Umständen bei den berühmten Bootsflüchtlingen in Europa auftauchen.

Menschen, die aus klimatischen oder wirtschaftlichen Gründen ihr Land verlassen, gehören gemäss der Genfer Flüchtlingskonvention nicht zu den «echten Flüchtlingen», haben in Europa folglich kein Recht auf Asyl. Die EU hat deshalb mit dem Staat Mali ein «Rückführungsabkommen» abgeschlossen und unterhält in der Hauptstadt Bamako eine Anlaufstelle, die abgewiesenen Flüchtlingen bei ihren ersten Schritten im Heimatstaat behilflich sein soll. In den offiziellen Listen der Herkunftsländer von Asylbewerbern der Schweiz von 2008 erschien Mali nicht.

Der grausame Bürgerkrieg der letzten Jahre hat die Situation jedoch dramatisch verändert. Zehntausende von Menschen sind bereits aus Mali geflohen. Die Nachbarländer sind mit der Aufnahme des Flüchtlingsstroms überfordert und riegeln ihre Grenzen ab.[1] Daher müssen andere Staaten aus humanitären Gründen den Flüchtlingen Asyl gewähren. Auch in der Schweiz bitten Menschen aus Mali wieder um Aufnahme. 2011 waren es 150 Gesuche, 2012 wurden 226 Anträge gestellt.[2]

Zusammenfassung

Das Land Mali liegt in einem klimatisch schwierigen Gebiet: der Wüste Sahara und der Sahelzone. Entsprechend liegt ein grosser Teil der Landfläche im Bereich der tropischen Trocken- oder Wüstenklimate mit unregelmässigen Niederschlägen und einer wiederkehrenden Dürregefahr.

Wanderhackbau und Nomadismus sind die traditionellen Bewirtschaftungsmethoden dieser Klimazone. Durch die Kolonialisierung wurde jedoch der Anbau von Marktfrüchten für den Export, v. a. Baumwolle, vorangetrieben. Auch versuchte man, den knappen Wasservorräten durch das Anlegen von Tiefenbrunnen zu begegnen.

Die Nomaden, z. B. die Tuareg, hiessen diese ganzjährigen Wasserstellen willkommen und blieben in ihrer Nähe. Dadurch übernutzen ihre Herden die dünne Grasnarbe. Das starke Bevölkerungswachstum (Kinderreichtum ist ein wichtiger Faktor für den Bestand der Familie), der Bewässerungsfeldbau, die Überweidung sind der Grund für die weitere Ausbreitung der Wüste.

Heute ist wird das Land durch einen schweren Bürgerkrieg erschüttert, der auf dem Unabhängigkeitskampf der Tuareg und den islamistischen Angriffen gegen die Regierungen beruht.

---

[1] Quelle: Spiegel online,
http://www.spiegel.de/politik/ausland/zehntausende-fluechtlinge-in-mali-a-877645.html (15.1.2014).
[2] Quelle: Eidgenössisches Justiz- und Polizeidepartement EJPD, Bundesamt für Migration BFM,
http://www.ejpd.admin.ch/content/dam/data/migration/statistik/asylstatistik/jahr/2012/stat-jahr-2012-kommentar-d.pdf
(15.1.2014).

Aufgabe 27 Untersuchen Sie die nachstehenden Daten über Mali (Stand 2012) nach Merkmalen von Entwicklungsländern. Unterteilen Sie Ihre Antwort nach wirtschaftlichen und gesellschaftlichen Merkmalen:[1]

- Bevölkerungswachstum pro Jahr: 3%
- Analphabetenrate: 57% bei den Männern, 75% bei den Frauen
- Zugang zu sauberem Trinkwasser: 64% der Bevölkerung
- BIP pro Kopf: USD 1 100
- Anteile der Sektoren am BIP: I: 38.7%, II: 23.9%, III: 37.4%
- Wichtigste Exportgüter: Baumwolle, Gold, Nutztiere

Aufgabe 28 Die nachstehende Abbildung zeigt den Bestand an Nutztieren in Mali.

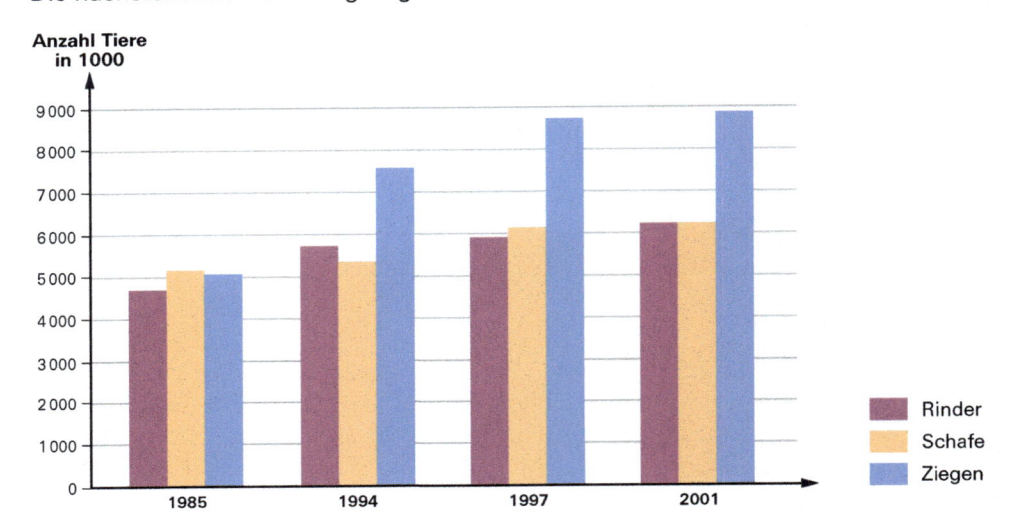

Quelle: Dielmann, M. et al. (2006): Mensch und Raum, Geografie Gymnasiale Oberstufe 12/13, Cornelsen, Berlin, S. 21.

A] Welche Beobachtungen entnehmen Sie aus der Abbildung?

B] Welche Erklärungen haben Sie für Ihre Beobachtungen? Geben Sie zwei Gründe in Stichworten an.

Aufgabe 29 Untersuchen Sie Aspekte der Import- und Exportwirtschaft von Mali (vgl. Tabelle unten, Stand 2012). Welche Schlüsse für die wirtschaftliche Situation des Lands lassen sich daraus ziehen? Nennen und erklären Sie zwei Punkte, die Ihnen auffallen.

Import	2.794 Mia. USD
Produktgruppe Import	• Maschinen und Fahrzeuge • Erdölprodukte • Nahrungsmittel • Textilien
Export	2.756 Mia. USD
Produktgruppe Export	• Gold • Baumwolle • Vieh

Quelle: CIA, The World Factbook, https://www.cia.gov/library/publications/the-world-factbook/geos/ml.html (15.1.2014).

---

[1] Quelle: CIA, The World Factbook, https://www.cia.gov/library/publications/the-world-factbook/geos/ml.html (15.1.2014).

Aufgabe 30 Im Zusammenhang mit Entwicklungsländern, auch im Beispiel Mali, wird immer wieder von der Kolonialisierung gesprochen. Meist spricht man nur von negativen Folgen der Kolonialisierung. Es gibt jedoch durchaus auch positive. Vervollständigen Sie dazu die nachstehende Tabelle.

Einflüsse der Kolonialmacht	Positive Punkte	Negative Punkte
Politisch		
Wirtschaftlich		
Gesellschaftlich		

Aufgabe 31 Studieren Sie die Atlaskarte der Bodennutzung (SWA, S. 102 unten bzw. DWA, S. 125). Erkennen Sie für Mali problematische Nutzungen, die der Desertifikation Vorschub leisten könnten?

5 Merkmale der Stadt

Lernziele Nach der Bearbeitung dieses Kapitels können Sie …

- erklären, was Städte mit Geografie zu tun haben.
- darlegen, was eine europäische Stadt zur Stadt macht.
- das Phänomen Stadt aus verschiedenen Perspektiven betrachten und analysieren – in historischer, formaler, funktionaler und ökologischer Hinsicht.
- die verschiedenen Grössenordnungen städtischer Siedlungen nennen und erklären.

Schlüsselbegriffe Agglomeration, Megalopolis, Megastadt, Metropole, Stadt, Stadtgeografie, Weltstadt

Städte haben Namen und können damit klar bezeichnet werden. Auch Sie haben einen Namen, der Ihnen Individualität verleiht. Gleichzeitig unterscheiden Sie sich als Mensch von anderen Lebewesen. Dies trifft auch auf die Städte zu. Alle haben einen individuellen Namen: Aarau, Rom, Budapest, Sydney, London, Dakar, Buenos Aires oder Bern.

Was haben nun all diese beliebig ausgewählten Orte als Städte gemeinsam? Wie kann die Stadt grundsätzlich von anderen Siedlungsformen wie einem Dorf oder einem einzelnen Bauernhof unterschieden werden?

Merkmale der Stadt Welche Merkmale kennzeichnen eine Stadt und unterscheiden sie von anderen Siedlungsformen? Nachfolgend finden Sie eine Liste mit formalen, funktionalen und ökologischen Merkmalen, die eine Stadt prägen.

- Kompakter baulicher Siedlungskörper über eine grössere flächenhafte Ausdehnung.
- Hohe Dichte an Wohn- und Arbeitsplätzen.
- Hoher Anteil an Berufen des sekundären und des tertiären Sektors.
- Dienstleistungen, die in der Stadt angeboten werden, werden von Personen aus einem grossen, z. T. sogar aus einem globalen Einzugsbereich in Anspruch genommen.
- In Städten sind Einpersonenhaushalte über- und Familien untervertreten.
- Städte haben einen hohen Grad künstlicher Umweltgestaltung.
- Das Stadtklima zeichnet sich durch eine höhere Temperatur gegenüber dem Umland aus.

Bitte beachten Sie: Der Begriff Stadt ist uns aus dem Alltag geläufig und wir verwenden ihn oft. Neben der Geografie findet sich der Begriff Stadt auch im Wortschatz anderer Fachbereiche, etwa der Geschichte, der Architektur sowie der Literatur. Es gibt deshalb eine grosse Zahl von Definitionen, die in Aufbau und Inhalt voneinander abweichen. Keine dieser Definitionen gilt als «offizielle» Definition für den Stadtbegriff, weder in den allgemeinen Lexika noch in der Disziplin der Stadtgeografie. Häufig beeinflusst eine konkrete Verwendungsabsicht den Aufbau und Inhalt einer Definition.

Fokus **Griechen und Römer inszenierten das öffentliche Leben**

Die Griechen und Römer haben Städte gebaut, die als Inbegriff einer mächtigen Stadtkultur gelten. Viele Bauten dieser Kulturen können wir noch heute in Athen oder Rom besichtigen.

Die Griechen prägten für ihre Städte den Begriff der Polis. Dieser umfasste nicht nur die physische Stadtgestalt, sondern auch die Gemeinschaft der freien Stadtbewohnerinnen und Stadtbewohner. Öffentliche Gebäude wurden an gut sichtbaren Orten gebaut. Typisch für diese Gebäude ist die Säulenarchitektur, die den Bauwerken eine grosse Offenheit verleiht. Das bekannteste Beispiel dafür ist der Tempel der Akropolis (griech. für «Haupt der Stadt») in Athen.

[Abb. 5-1]   Akropolis

Die Akropolis mit dem Parthenon-Tempel überragt die Stadt Athen. Bild: © Dimitrios – Fotolia.com

Wichtiges Element der griechischen Stadt war neben den Tempeln die Agora, die als Marktplatz diente und Zentrum des öffentlichen Lebens war. Die griechische Stadt hatte einen Schachbrettgrundriss.

Auch die Römer bauten schachbrettartig und perfektionierten dieses formale System. Als Decumanus bezeichnen die Archäologinnen und Archäologen eine von West nach Ost verlaufende Strasse einer römischen Siedlung und als Decumanus maximus eine Hauptstrasse mit diesem Richtungsverlauf.

Nicht nur in der Stadt, sondern auch über Land wurde das römische Strassennetz nach strengen strategischen Überlegungen angelegt. Neben dem Zentrum mit der Kreuzung der Hauptachsen lag das Forum, das wie die Agora der Griechen den Römern als Marktplatz oder als Platz für Repräsentationszwecke diente.

Im Mittelalter erhielten viele Städte in Europa Privilegien, die ihnen in zahlreichen Belangen einen autonomen Status verliehen. Dazu zählen das Marktrecht und die Gerichtsbarkeit. Dadurch konnten nach eigenem Ermessen Märkte abgehalten und Rechtsprechungen vorgenommen werden.

«Stadtluft macht frei»

An vielen Orten übernahmen Zünfte die Organisation in den Städten, wozu auch die bereits erwähnte Rechtsprechung gehörte. Die nach Berufszweigen gegliederten Zünfte wurden zu einem wichtigen Element in der Entwicklung vieler Städte. Sie traten an die Stelle des Adels, der allmählich an Bedeutung einbüsste und seine Macht den Zünften und damit dem Bürgertum abtreten musste (vgl. Fokus: Bürger und Bauer trennt die Mauer, S. 70).

5.1   Form, Funktion und Ökologie städtischer Räume

Auf Bildern oder beim Reisen nehmen Sie Städte durch die grosse Konzentration von Häusern wahr und unterscheiden sie dadurch vom offenen Land oder von einem Dorf. Die vielen Häuser bilden einen kompakten Siedlungskörper auf einer grossen Fläche. Wir sprechen dabei von einem formalen Definitionsmerkmal, d. h., wir sehen eine v. a. für die Stadt typische Bauform.

Hier ist zu berücksichtigen, dass die Bebauungsdichte von Stadt zu Stadt und auch innerhalb einer Stadt sehr unterschiedlich sein kann. Los Angeles hat im Zentrum einen Kern von Hochhäusern und auch auf Distanz kann man diese Hochhäuser als Skyline gut erkennen. In den peripheren Wohnquartieren herrschen frei stehende Einfamilienhäuser im Bungalowstil mit breiten Erschliessungsstrassen vor. Die Bebauung ist hier locker und hat einen ganz anderen Charakter als im Stadtzentrum.

Städte zeigen eine hohe räumliche Differenzierung

In einer Stadt wohnen und arbeiten viele Menschen. Es entsteht dadurch eine hohe Wohn- und Arbeitsplatzdichte. Die Zahl sowie die Struktur der Bevölkerung und der Arbeitsplätze sind wichtige Instrumente für die Charakterisierung von Städten. Beispielsweise sind alleinstehende Menschen in einer Stadt besonders stark vertreten, während Familien untervertreten sind. Die Arbeitsteilung ist typisch für das Wesen einer Stadt. In der Stadt ist die Spezialisierung in Gewerbe und Industrie (sekundärer Wirtschaftssektor) sowie im Dienstleistungsbereich (tertiärer Wirtschaftssektor) sehr weit fortgeschritten. Die Spezialisierung führt zu einer räumlichen Differenzierung der Stadt, indem z. B. in einzelnen Vierteln vor allem gewohnt in anderen dagegen vor allem gearbeitet wird.

Zentrumsfunktion der Stadt

Die Waren und Dienstleistungen, die in einer Stadt angeboten werden, versorgen i. d. R. ein grosses Umland. Dadurch entsteht ein Bedeutungsüberschuss, den die Stadt gegenüber dem Umland auszeichnet. Die Stadt nimmt eine Zentrumsfunktion für eine grosse Region wahr. Wir finden in ihr z. B. Regierungssitze, Spitäler, Hochschulen oder grosse Warenhäuser.

Eine Stadt unterscheidet sich klar von einer natürlichen Landschaft. Grund und Boden sind grossflächig überbaut, was viele natürliche Prozesse verunmöglicht. Diese Versiegelung des Bodens beeinträchtigt u. a. den Oberflächen- und Grundwasserhaushalt.

Stadtklima

Die starke Bebauung mit z. T. sehr breiten und hohen Gebäuden beeinflusst die Luftzirkulation. Wegen der Barrierewirkung von Gebäudekörpern kann der Luftaustausch eingeschränkt werden oder in engen Strassen kann ein Düseneffekt entstehen. Flüsse in Stadtgebieten sind meist kanalisiert. All diese Eingriffe in die natürlichen Kreisläufe von Luft und Wasser führen zu einem typischen Stadtklima. In Städten ist es wärmer als im Umland. Dies rührt von den zahlreichen versiegelten Flächen, wie Strassenbelägen sowie Hausdächern und -fassaden, her. Natürlicher, d. h. nicht versiegelter, Boden kann die Wärme besser ins Erdreich ableiten.

Fokus

«Bürger und Bauer trennt die Mauer»

Die Stadtmauer war – neben dem Stadtrecht – ein wichtiges Stadtkriterium im Mittelalter. Die Stadtmauer stellte eine klare und für alle gut wahrnehmbare Grenze zwischen der Stadt und dem Umland dar. Die Mauer hat damit auch zwischen städtischer und ländlicher Bevölkerung unterschieden. Der Bau einer Mauer zur Verteidigung einer Stadt war eine grosse Aufgabe. War sie einmal gebaut, musste der Raum innerhalb der Mauer haushälterisch genutzt werden. Die Häuser wurden schmal und hoch gebaut. Die Gassen wurden eng angelegt, Plätze meist auf das notwendige Mass für das Abhalten des Markts beschränkt.

In Städten mit Flüssen wurden zuweilen auch die Brücken mit Häusern bebaut. Heute kennen wir dies noch von Florenz, aber auch London hatte im Mittelalter eine mit Häusern bebaute Brücke. Während die ländliche Bevölkerung vorwiegend in der Landwirtschaft tätig war, hat in der Stadt schon früh eine starke Arbeitsteilung eingesetzt. Handwerker und Händler spezialisierten sich in eigenen Quartieren auf einzelne Produkte und Dienstleistungen.

[Abb. 5-2]   Historische Stadtansicht von Paris

Plan der Stadt Paris von Braun und Hogenberg, entstanden um 1530, erschienen 1572. Deutlich erkennbar sind die Stadtmauer, die dichte Bebauung und die wenigen unbebauten Flächen innerhalb der Mauer.
Bild: Wikimedia Commons

Zusammenfassung   Die funktionale Einheit «Stadt» wurde im Mittelalter durch ein formales Element, die Stadtmauer, klar fassbar. Innerhalb dieser Stadtmauer fand eine Differenzierung in Quartiere mit unterschiedlichen Funktionen statt. Durch die hohe Spezialisierung gewinnen Dienstleistungen weit über die Stadtgrenzen hinaus an Bedeutung.

Aufgabe 32   Es gibt keine Definition, die allen Kriterien einer Stadt gerecht werden kann. Formulieren Sie deshalb mit eigenen Worten eine Definition, die formale und funktionale Kriterien enthält.

Aufgabe 33   Weshalb ist Bern eine Stadt? Beantworten Sie diese Frage!

5.2   Von der Urbanisierung zur Bildung von Agglomerationen

Der starke Zustrom ländlicher Bevölkerung führte während der Industrialisierung, insbesondere in der zweiten Hälfte des 19. Jahrhunderts, zu einem explosionsartigen Wachstum der Städte. In kurzer Zeit entstanden Arbeiterquartiere am Rande der Altstädte. Diese hatten noch oft eine Ausdehnung, die wenig grösser war als im Mittelalter. Auch zu Beginn des 20. Jahrhunderts ging die Urbanisierung weiter, obschon sie nicht mehr mit dem Boom der Industrialisierung zu vergleichen war.

Die Städte begannen sich ins Umland auszudehnen und mit den ebenfalls gewachsenen Umlandgemeinden, meist ehemaligen Bauerndörfern, zu verschmelzen. Aus Städten wurden Agglomerationen, die aus zahlreichen Gemeinden bestanden. Diese Entwicklung prägt auch unsere Zeit, und so stellt sich mehr denn je die Frage, bis wo eine Agglomeration reicht und wo sie mit benachbarten Agglomerationen zu einer Grossagglomeration verschmilzt.

Beispiele für das Agglomerationswachstum in Abhängigkeit der Zeit finden Sie im Atlas für Zürich (SWA, S. 33), Genf (SWA, S. 34) und Paris (SWA, S. 35). Alle drei Karten sind auch in der interaktiven Version zu finden: http://schweizerweltatlas.ch/.

Ein weiteres Beispiel zeigt Ihnen die Aufgabe AdS4. Viele der in den folgenden Kapiteln behandelten Themen sind eng mit dem Thema der Agglomeration und ihrem Wachstum verknüpft.

Megastadt

Wenn Grossagglomerationen eine Bevölkerung von mehr als 10 Mio. Einwohnern umfassen, spricht man von Megastädten. Besonders in den Entwicklungsländern wachsen die Megastädte stark an. Aber auch in Europa ist die Urbanisierung in den letzten Jahrzehnten fortgeschritten. Die folgende Tabelle listet die grössten 20 Agglomerationen Europas auf.

[Tab. 5-1] Die grössten 20 Agglomerationen Europas (Stand 2011)[1]

Agglomeration	Land	Bevölkerung in Mio.
Moskau	Russland	11.6
Istanbul	Türkei	11.3
Paris	Frankreich	10.6
London	Grossbritannien	9.0
Madrid	Spanien	6.6
Barcelona	Spanien	5.6
St. Petersburg	Russland	4.9
Ruhrgebiet	Deutschland	4.5*
Berlin	Deutschland	3.5
Athen	Griechenland	3.4
Rom	Italien	3.3
Mailand	Italien	2.9
Lissabon	Portugal	2.8
Kiew	Ukraine	2.8
Neapel	Italien	2.4
Birmingham	Grossbritannien	2.3
Manchester	Grossbritannien	2.2
Bukarest	Rumänien	1.9
Minsk	Weissrussland	1.9
Hamburg	Deutschland	1.8

* Stand 2011, Quelle: Citypopulation, http://www.citypopulation.de/php/germany-agglo_d.php (14.8.2013)

[1] Quelle: United Nations Population Division, Urban Agglomerations 2011, urban wallchart 2011.

Stadt und Agglomeration in der Schweizer Statistik

Definition Agglomeration

Die Statistik braucht für die Abgrenzung von Stadt und Agglomeration klare Kriterien. In der Schweiz gelten folgende Definitionen (BfS[1], 2000):

- Eine Gemeinde mit mehr als 10 000 Bewohnerinnen und Bewohnern ist eine Stadt. Dieser Wert wird als statistischer Stadtbegriff bezeichnet. Der hierfür festgelegte Wert unterscheidet sich von Land zu Land erheblich. In Japan z. B. gilt erst eine Siedlung mit 50 000 Einwohnern als Stadt, in Island hingegen genügen bereits 200 Einwohner.
- Eine Agglomeration ist ein zusammenhängendes Gebiet mehrerer Gemeinden mit mindestens 20 000 Einwohnern.

Merkmale einer Agglomerationsgemeinde

Für die Zuteilung einer Gemeinde zu einer Agglomeration verwendet die Statistik fünf Kriterien. Wenn von diesen fünf Kriterien drei erfüllt sind, wird eine Gemeinde einer Agglomeration zugeteilt. Folgende fünf Kriterien kommen zur Anwendung:

- Baulicher Zusammenhang im städtischen Siedlungsgebiet
- Hohe kombinierte Bevölkerungs- und Arbeitsplatzdichte
- Überdurchschnittliche Bevölkerungsentwicklung (grösser als der gesamtschweizerische Durchschnitt)
- Tiefer Landwirtschaftsanteil
- Starke Pendlerverflechtung mit der Kernzone der Agglomeration

[Abb. 5-3] Agglomerationen der Schweiz

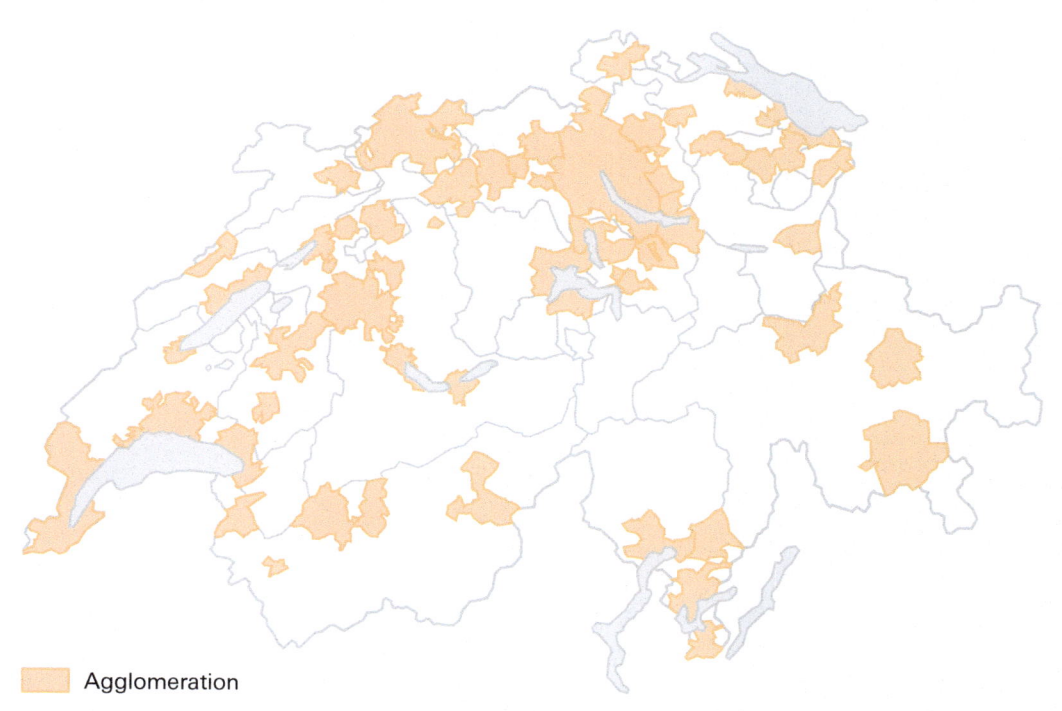

Beachten Sie, wie im Mittelland die Agglomerationen eng beieinanderliegen. Nehmen Sie den Atlas zur Hand und bestimmen Sie die einzelnen Agglomerationen in der Nähe Ihres Wohnorts. Quelle: nach Regionalplanung Zürich und Umgebung (RZU), 2011, verändert. http://www.rzu.ch/gebiet/metropolitanraum-zuerich (14.8.2013).

Durch die immer stärkeren Pendlerverflechtungen auch zwischen den Agglomerationen gerät die Vorstellung der Kernstadt und «ihrer» Agglomeration immer mehr ins Wanken. Die Abgrenzung der Agglomerationen (Anzahl Gemeinden) wird deshalb gegenwärtig durch das Bundesamt für Statistik überarbeitet.

[1] Bundesamt für Statistik.

[Tab. 5-2] Die grössten Schweizer Städte mit ihren Agglomerationen

	Bevölkerung der Kernstadt (Stadtgemeinde, 2011)	Bevölkerung der Agglomeration (2011)	Anzahl Gemeinden (2000)
Zürich	377 000	1 204 000	131
Genf	188 200	530 700	73
Basel	164 500	500 600	73
Bern	125 700	355 600	42
Lausanne	129 400	342 200	69

Bei Genf und Basel beziehen sich die Angaben nur auf die schweizerischen Gebiete der Agglomerationen.
Quelle: Bundesamt für Statistik, 2011. http://www.bfs.admin.ch/bfs/portal/de/index/themen/01/02/blank/key/raeumliche_verteilung/agglomerationen.html (14.8.2013).

Zusammenfassung Die Industrialisierung brachte vielen Städten einen enormen Bevölkerungszustrom. Neue Quartiere entstanden und stadtnahe Dörfer begannen mit der Kernstadt baulich zu verschmelzen. Aus Städten wurden Agglomerationen. Auch in der Schweiz sind längst die meisten Städte Bestandteil einer Agglomeration.

Aufgabe 34 Je grösser eine Stadt, desto grösser ist ihre medizinische Zentrumsfunktion und damit verbunden die Spezialisierung. Suchen Sie in einem elektronischen Telefonverzeichnis die Standorte von Herzzentren in der deutschsprachigen Schweiz.

5.3 Megastädte und urbane Korridore

Wenn Sie von Städten lesen, stossen Sie immer wieder auf Begriffe wie Megastadt, Weltstadt, Metropole oder Megalopolis. Welche Bezeichnung passt, darüber entscheiden sowohl die Grösse als auch der Einfluss einer Stadt.

Nach einer Definition der UNO hat eine Megastadt mehr als 10 Mio. Einwohner. Sie wird also lediglich über ihre Grösse, nicht aber über ihren Einfluss im internationalen Wirtschafts- und Machtgefüge definiert.

Global Cities

Global Cities (Weltstädte) sind die Zentren eines internationalen Netzes des global agierenden Kapitals. Diese hoch entwickelten Finanz- und Dienstleistungskomplexe haben Lenkungs- und Leitungsfunktionen, während die eigentlichen Produktionsstätten in unbedeutendere Städte ausgelagert sind. Die Gesamtbevölkerungszahl ist hier, anders als bei den Megastädten, kein Kriterium mehr. Zürich ist denn auch eine Weltstadt, wenngleich seine Agglomeration nur rund 1.2 Mio. Einwohnerinnen und Einwohner zählt.

Metropolen

Die Metropole geht auf das griechische Metropolis zurück. Die Griechen verstanden darunter eine «Mutterstadt» im Gegensatz zu den von ihr ausgehenden «Tochter»- bzw. Kolonialstädten. Bei den Römern wurde der Begriff für Hauptstädte eines Lands oder einer Provinz gebraucht. Heute dient der Begriff für die Bezeichnung von grossen und wirtschaftlich dominierenden Städten. In der Schweiz wird deshalb dieser Begriff eher im Zusammenhang mit der Wirtschaftsmetropole Zürich als mit der Landeshauptstadt Bern in Verbindung gebracht. Zuweilen dient der Begriff Metropole auch für die Bezeichnung von Städten, die auf einem Gebiet ausserhalb der Wirtschaft wichtig sind. Am häufigsten begegnet uns dabei der Begriff der Kulturmetropole.

Megalopolis

Als Megalopolis (dt.: «grosse Stadt») wird seit den späten 1950er-Jahren der Grossraum New York, Philadelphia, Baltimore und Washington bezeichnet. Millionenstädte, Finanzzentren, Industrieballungen und ein dichtes Netz von Schnellstrassen kennzeichnen diesen Raum. In Anlehnung an diese Grossstadtregion im Osten der USA wird der Begriff Megalopolis auch für andere Stadtagglomerationen verwendet, die aus verschiedenen Grossstädten zusammengewachsen sind.

Urbane Korridore

Gerade in Schwellen- und Entwicklungsländern finden heute ähnliche Prozesse der Verschmelzung von Grossstadtregionen statt. Man spricht dabei von urbanen Korridoren (urban corridors) oder Megaregionen. Beispiele dafür sind das Siedlungsband in China von Hongkong über Shenzen nach Guangzhou mit etwa 120 Mio. Bewohnern oder São Paulo bis Rio de Janeiro in Brasilien mit etwa 43 Mio. Bewohnern. Auch in Afrika bildet sich zwischen Ibadan, Lagos und Accra ein solcher Korridor heraus, der um die 600 km lang ist und sich über die Länder Nigeria, Benin, Togo und Ghana erstreckt und in dem ca. 25 Mio. Menschen leben.

Zusammenfassung

Die Einflusssphäre grosser Städte endet nicht an deren politischer Grenze, sie ragt bis weit ins Umland, in die Agglomeration hinein. Die Agglomeration ist der zusammenhängende, städtisch geprägte, gut erschlossene Siedlungskörper, der die Stadt umgibt und Wohn- und Erwerbsraum bietet, wenn die Stadt grösser wird.

Aufgabe 35 Nehmen Sie eine Zeitung oder eine Zeitschrift und studieren Sie die Werbung. Gliedern Sie die Anzeigeninserate nach solchen, die eher städtische Merkmale, und nach solchen, die eher ländliche Inhalte vermitteln.

Aufgabe 36 Beschreiben Sie eine mittelalterliche Stadt mit formalen Merkmalen.

Aufgabe 37 Notieren Sie je drei Merkmale Ihres Wohnorts, die Sie eher ländlich oder eher städtisch empfinden.

6 Stadtstrukturen: Modelle und Theorien

Lernziele Nach der Bearbeitung dieses Kapitels können Sie …

- erklären, mit welchen Modellvorstellungen die Stadtgeografie versucht, räumliche Ordnung ins komplexe System Stadt zu bringen.
- darlegen, weshalb europäische und amerikanische Städte unterschiedlich aufgebaut sind.
- den städtischen Raum gemäss seiner Funktion gliedern und das Konzept der Daseinsgrundfunktionen erläutern.
- aufzeigen, wie sich die räumliche und funktionale Gliederung der Stadt im Laufe der Jahrhunderte bis zur heutigen Ordnung verändert hat.
- erklären, wie Städte wachsen, sich ins Umland ausweiten und dabei ihre innere Struktur drastisch verändern.
- darlegen, wie immer wieder versucht wird, die ideale Anlage einer Stadt zu finden.

Schlüsselbegriffe CBD, City, Daseinsgrundfunktionen, funktionale Differenzierung, Gentrification, Reurbanisierung, Stadtmodelle, Suburbanisierung, Urbanisierung

Von der Stadtdefinition kennen wir die Vielfalt an Strukturmerkmalen, die in einer Stadt vorhanden sind: Bewohner, Häuser, Verkehrsinfrastruktur, Freizeiteinrichtungen. All diese Merkmale haben spezifische Verteilungsmuster im Raum.

Funktionale Differenzierung Unterschiedliche Räume erfüllen unterschiedliche Funktionen, man spricht von der funktionalen Differenzierung[1] des städtischen Raums. In der Stadtgeografie gibt es Modelle, um diese Merkmale zu ordnen und um in der Anordnung der räumlichen Struktur Regelhaftigkeiten zu entdecken und zu erklären. Es sind aber nicht nur die Städte, die nach Modellvorstellungen räumlich gegliedert werden können. Auch ganze Agglomerationen und Regionen können mithilfe solcher Modelle strukturiert werden.

6.1 Kreise, Sektoren und Kerne

Stadtmodelle Im Folgenden werden drei Stadtmodelle beschrieben, das Kreis-Modell, das Sektoren-Modell und das Mehr-Kerne-Modell.

[Abb. 6-1] Kreis-Modell, Sektoren-Modell und Mehr-Kerne-Modell

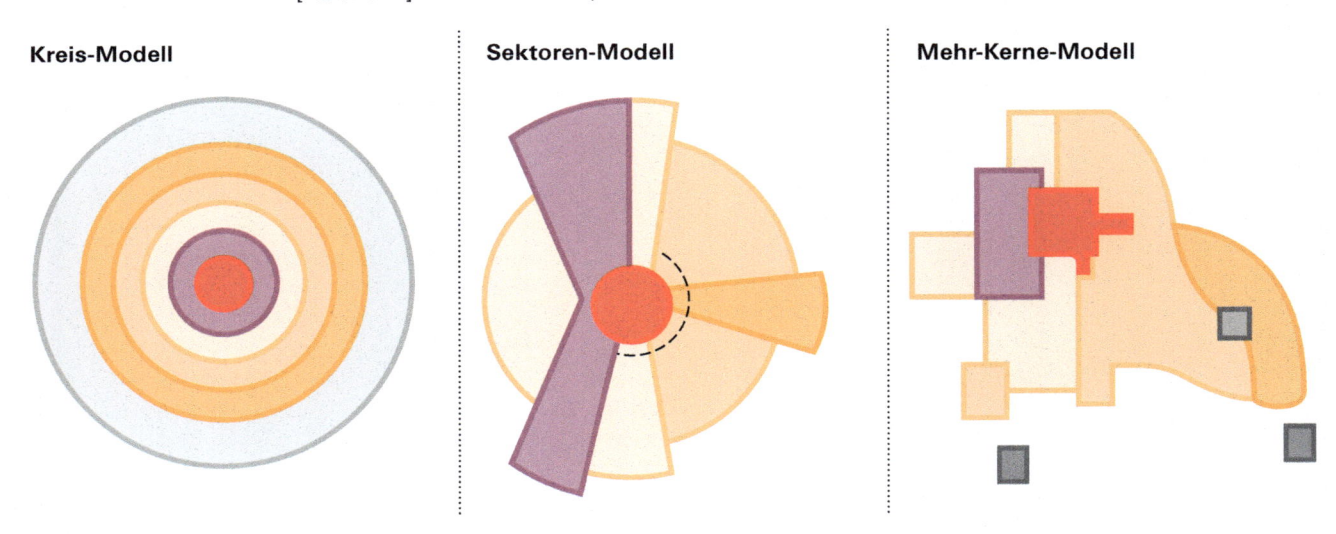

Kreis-Modell **Sektoren-Modell** **Mehr-Kerne-Modell**

---

[1] Lat. *differentia* «Verschiedenheit».

76 Bevölkerung und Raum

6.1.1 Kreis-Modell

Zonen wie Zwiebelschalen

Das Kreis-Modell ist nach dem Zwiebelschalen-Prinzip aufgebaut. Dieses Modell geht davon aus, dass sich Zonen verschiedener formaler und funktionaler Nutzung zwiebelschalenartig aneinanderreihen bzw. dass sich ein Stadtmerkmal vom Zentrum zur Peripherie hin verändert

City und CBD

Ein Beispiel dazu ist die Geschosszahl in amerikanischen Städten. Diese erkennen wir an ihrer eigenwilligen Skyline. Hochhäuser, eigentliche Wolkenkratzer, gruppieren sich im Stadtzentrum. Es ist das Geschäftszentrum der Stadt und wird als Central Business District (CBD) bezeichnet (vgl. nachfolgenden Fokus). Nach aussen hin nimmt die Geschosszahl der Gebäude auf kurze Distanz ab und geht allmählich in einen Einfamilienhausteppich über. Eng verknüpft mit der formalen Gestalt der Stadt ist die funktionale Differenzierung. Im CBD dominiert die Büronutzung, also die Funktion Arbeiten. CBD-nahe Gebiete sind Wohngebiete mit unterdurchschnittlichem Familienanteil. Dieser ist in den zentrumsfernen Einfamilienhausquartieren deutlich höher.

Fokus

Citybildung und Central Business District

Die starke Konzentration von Büro- und Verwaltungsgebäuden im Stadtzentrum wird als Citybildung bezeichnet. Dieser Begriff wird abgeleitet von der City of Westminster in London. Dort hat schon im Mittelalter durch Parlament und Kirche eine starke Ballung von Verwaltungstätigkeiten stattgefunden, die noch heute für Westminster typisch ist. Allgemein versteht man unter der Citybildung neben der Konzentration an Verwaltungseinrichtungen und Büros auch eine grosse Dichte an Einkaufsgeschäften und Warenhäusern.

Eine Folge der Citybildung ist die Ausbildung eines charakteristischen Geschäftszentrums in Grossstädten. Für dieses Zentrum hat sich die englische Bezeichnung Central Business District eingebürgert. Häufig wird für diesen zentralen Stadtbereich nur die Abkürzung des englischen Begriffs verwendet: CBD. Der CBD zeichnet sich durch hohe Gebäude, eine extrem grosse Tagesbevölkerung und eine hohe Verkehrsdichte aus. Auch die Bodenpreise sind im CBD sehr hoch. Sie nehmen nach aussen auf kurze Distanz stark ab. Ansteigen können die Bodenpreise neben dem Zentrum auch an guten Wohnlagen nahe der Innenstadt und an Kreuzungen wichtiger Ausfall- und Ringstrassen.

In den amerikanischen, australischen und in vielen asiatischen Städten finden wir im CBD die charakteristische Konzentration von Wolkenkratzern. Diese Hochhäuser ergeben die typische Skyline dieser Städte. In den europäischen Städten, die häufig über eine historische Altstadt verfügen, präsentiert sich der CBD hingegen städtebaulich nicht so auffällig wie in Amerika und in Asien. Hochhäuser konnten oft nur ausserhalb der historischen Altstadt in verschiedenen Stadtgebieten gebaut werden (vgl. Kap. 7, S. 85).

[Abb. 6-2] Downtown Sydney

Die Wolkenkratzer konzentrieren sich fast ausschliesslich im CBD hinter der berühmten Oper, zur Peripherie hin folgen weite Gebiete mit ein-, höchstens zweistöckigen Häusern.
Bild: © Explorer Media Pty Ltd Sport The Library – Dreamstime.com

6.1.2 Sektoren-Modell

Blicken wir auf den Stadtplan von Luzern (vgl. Abb. 6-3), so nimmt der See mit seiner für den Tourismus grossen Bedeutung einen Platz ein wie ein Kuchenstück auf einem Teller. Die Einrichtungen für die Personenschifffahrt am Ufer verdeutlichen diesen Sachverhalt. Ein angrenzendes Kuchenstück ist der Hotelsektor entlang des Sees. Aus funktionaler Sicht gehören die Hotels zum Tourismus. Es folgt ein Stück Altstadt mit heute vielen Einkaufsgeschäften. Die Kuchenstücke Neustadt und Hirschmatt sind Quartiere mit hohem Wohnanteil, die aus der Zeit der zweiten Hälfte des 19. Jahrhunderts und der ersten Jahrzehnte des 20. Jahrhunderts stammen und durch Blockrandbebauungen[1] gekennzeichnet sind. Der Bahnhof mit seiner Verkehrsfunktion ist zusammen mit dem Gleisareal ein weiteres Kuchenstück. Gegen den See hin folgt ein Segment, das vom Kultur- und Kongresszentrum sowie von den Hochschulen geprägt wird.

[Abb. 6-3]   Sektoren-Modell der Stadt Luzern

Völlig unterschiedlich geprägte «Kuchenstücke» gruppieren sich in der Stadt Luzern um Fluss und See. Jeder Sektor hat eine eigene funktionale und formale Identität.
Quelle Hintergrundkarte: Wikimedia Commons, Tschubby

Sektoren wie Tortenstücke

Sektoren-Modelle sind häufig in Zusammenhang mit Bevölkerungs- und Wirtschaftsstrukturen anzutreffen. Ein Beispiel dazu führt uns in nordamerikanische Grossstädte. Die ethnischen Gruppen wie Mexikaner oder Afroamerikaner sind in diesen Städten sektorenartig verteilt.

Dies hängt zum einen mit dem Bedürfnis der Angehörigen dieser ethnischen Gruppen zusammen, unter ihresgleichen zu leben. Wer neu aus Mexiko in die USA auswandert, sucht in der neuen und noch unbekannten Gegend die Unterstützung von Menschen mit gleicher Erfahrung und gleichem Hintergrund. Wer sich in einer neuen Umgebung behaupten muss, schätzt die Nähe zu Landsleuten, die sich bereits etabliert haben.

Zum andern werden viele Einwandererquartiere und auch die Quartiere der Afroamerikaner von einer wirtschaftlich schwächeren Bevölkerung geprägt. So ist das Sektoren-Modell oft auch Ausdruck des wirtschaftlichen Status der Bewohnerinnen und Bewohner.

Slums und Gettos

Kommt es zu einer wirtschaftlicher Depression, können ganze Quartiere verwahrlosen. Es entstehen innerstädtische Slums oder Gettos (engl. *ghetto*). Gegenwärtig ist die Stadt Detroit durch den Niedergang der dort ansässigen Automobilindustrie von einer starken Gettobildung geprägt.

---

[1] Eine Gruppierung von städtischen Wohngebäuden in geschlossener Bauweise um einen gemeinsamen Hof.

Der Begriff Getto geht auf das Wort Giesserei zurück. In der Umgebung einer Giesserei in Venedig wurden die jüdischen Bewohner per Dekret im 16. Jahrhundert zusammengefasst. Der Begriff bezieht sich somit primär auf jüdische Gettos, die danach in vielen Städten eingerichtet wurden. Etwas allgemeiner ausgedrückt sind Gettos Wohnquartiere, in denen die Bewohnerinnen und Bewohner kaum die Wahl haben, anderswo zu leben. Während es bei den jüdischen Gettos religiöse Gründe waren, sind es heute wirtschaftliche und soziale Gründe, die zu städtischen Gettos führen.

6.1.3 Durch Überlagerung zum Mehr-Kerne-Modell

Überlagerung von Zwiebelschalen und Tortenstücken

Durch die Überlagerung verschiedener Strukturmerkmale einer Stadt entsteht ein Muster, das man durch die Kombination des Kreis- und des Sektoren-Modells erklären kann. Die Abbildung 6-4 leitet dies am Beispiel mexikanischer Bewohnerinnen und Bewohner nordamerikanischer Städte her. Die Mexikaner leben, wie schon erwähnt, in einem bestimmten Segment einer Stadt, wodurch ein Sektor mit einem hohen Anteil mexikanischer Bevölkerung entsteht. Generell gilt die Gliederung nach Familienstatus mit einem geringeren Familienanteil im Zentrum der Städte zu einem höheren Familienanteil gegen die Peripherie zu. Der Ort mit einem höheren Anteil mexikanischer Familien ist demnach einem Kern gleich gegen die Peripherie dieses Segments zu finden.

[Abb. 6-4] Entwicklung des Mehr-Kerne-Modells

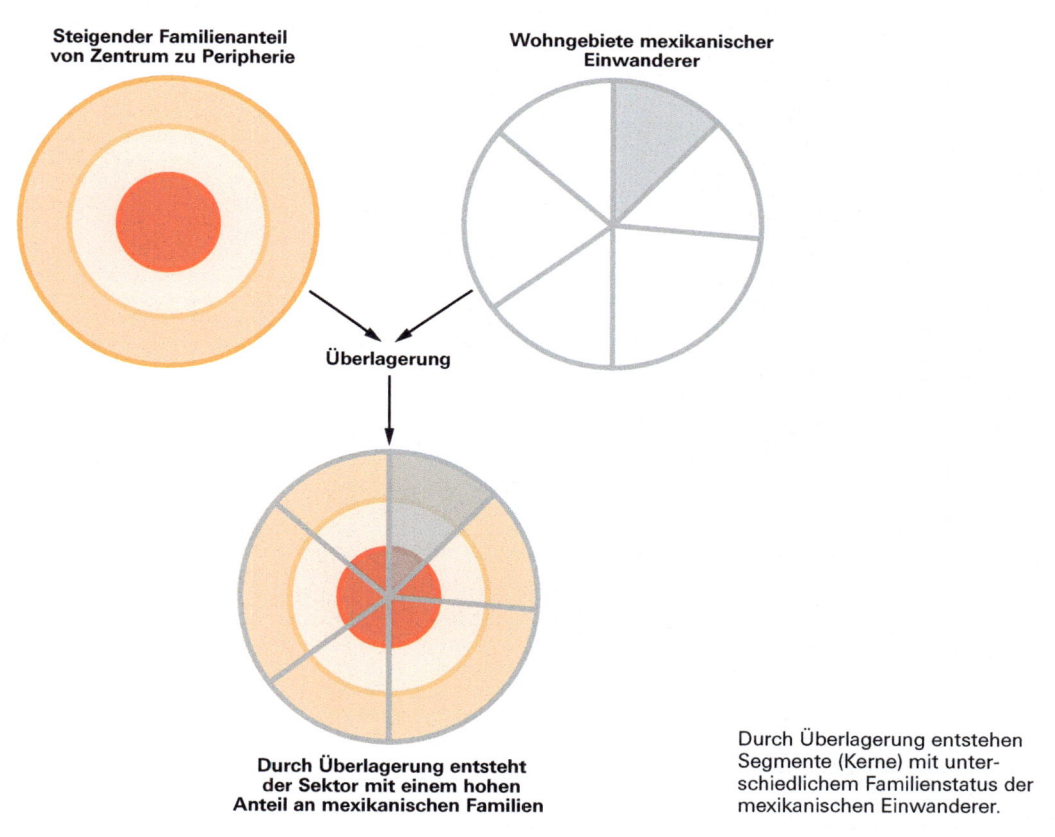

Durch Überlagerung entsteht der Sektor mit einem hohen Anteil an mexikanischen Familien

Durch Überlagerung entstehen Segmente (Kerne) mit unterschiedlichem Familienstatus der mexikanischen Einwanderer.

Definitionen

Dynamische Städte – Urbanisierung, Suburbanisierung und Reurbanisierung

Städte sind sehr dynamische Gebilde und deshalb ständigem Wandel unterworfen. Hier die wichtigsten in diesem Zusammenhang gebrauchten Begriffe:

Urbanisierung (Verstädterung)

Zunahme der Stadtbevölkerung, v. a. durch Zuwanderung der Landbevölkerung. Dieser Prozess prägt die europäischen Städte ausserordentlich stark während der Industrialisierung. Heute ist dieses Phänomen in vielen Städten der Entwicklungsländer dominierend. Die Begriffe Urbanisierung[1] und Verstädterung können gleichwertig benutzt werden.

Suburbanisierung (Suburbia[2])

Zuwanderer aus dem ländlichen Raum ziehen nicht mehr in die Kernstadt, sondern an deren Peripherie in neu entstandene Wohnquartiere. Diese Entwicklung beobachtete man in den europäischen und nordamerikanischen Städten seit Beginn des 20. Jahrhunderts und verstärkt seit den 1950er-Jahren. Auch die Bewohnerinnen und Bewohner der Kernstädte und der Arbeiterquartiere des 19. Jahrhunderts wollten den Traum vom Einfamilienhaus im Grünen realisieren. Durch die Suburbanisierung entstanden aus den Städten grossflächige Agglomerationen.

Reurbanisierung

Prozess der Wiederbelebung der Innenstädte, Wiederbesiedlung zentraler Stadtviertel im Zuge von gezielten Stadterneuerungsmassnahmen. Reurbanisierung geht häufig einher mit dem Vorgang der Gentrification.

Gentrification

Ersatz einkommensschwacher Bevölkerungsgruppen durch besser Verdienende nach der Wohnraumaufwertung durch Sanierung und Modernisierung. Gentrification beginnt oft in zentrumsnahen ehemaligen Gewerbe- und Industrievierteln oder etwas heruntergekommenen Wohnvierteln nach gezielter Wohnumfeldverbesserung (engl. *gentry* «Adel»).

[Abb. 6-5]   Dynamik der urbanen Bevölkerung

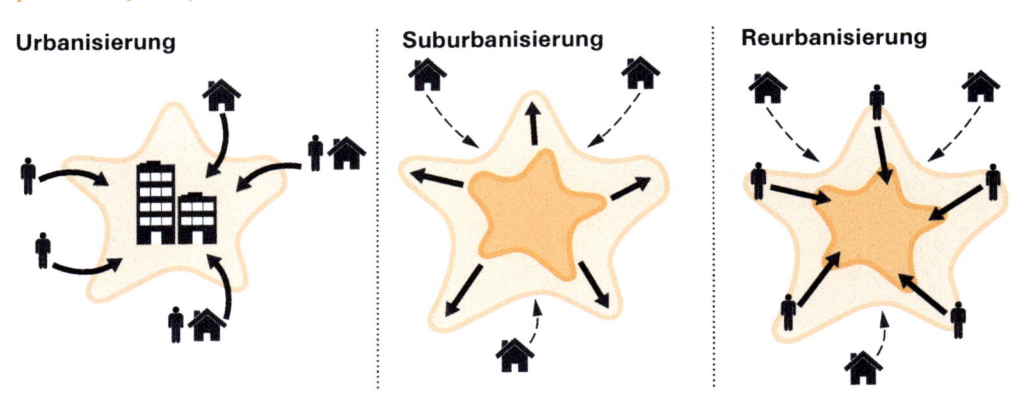

→ Hauptrichtung der Bevölkerungsbewegung.
--→ Bei der Suburbanisierung und der Reurbanisierung geht die Zuwanderung von der Peripherie her in kleinem Umfang weiter.

Zusammenfassung   Stadtmodelle beschreiben und erklären die räumliche Organisation und die funktionale Differenzierung von Städten. Im einfachen Kreis-Modell ordnen sich die Zonen gleicher Nutzung in mehr oder weniger konzentrischen (Zwiebel)ringen um das Stadtzentrum. Das Sektoren-Modell bevorzugt tortenstückförmige Zonen. Während die beiden erstgenannten Modelle stark vereinfachend sind, erklärt das Mehr-Kerne-Modell als deren Kombination die Realität am besten.

---

[1] Lat. *urbanus, urbs* «Stadt».
[2] Lat. *sub* «nahe», «bei» und lat. *urbanus, urbs* «Stadt».

Aufgabe 38 Analysieren Sie mit dem Schweizer Weltatlas (S. 153) die Verteilung der ethnischen Gruppen von Chicago.

Aufgabe 39 Nach der Reurbanisierung zeigt sich eine neue Tendenz der Abwanderung aus den Städten. Was sind Gründe, die zu einer Abwanderung führen können? Analysieren Sie dazu Medienberichte und Vermietungs-/Kaufportale für Immobilien.

6.2 Daseinsgrundfunktionen

Untersuchen Sie Ihren Tagesablauf auf räumliche und zeitliche Regelmässigkeiten. Leicht werden Sie feststellen, dass Sie viele Tätigkeiten nur in ganz bestimmten Räumen und zu ganz bestimmten Zeiten ausführen. Sie werden beispielsweise nach mehr oder weniger geordneten Arbeitszeiten Ihren Arbeitsort oder Schulort verlassen und den Feierabend an einem anderen Ort, im Fitnesscenter oder zu Hause verbringen. Die Sozialgeografie untersucht diese Verflechtungen und Differenzierungen menschlicher Lebensbereiche. Das Ziel solcher Untersuchungen ist es, durch planerische Eingriffe in die Stadtentwicklung in ausgewogenem Masse Flächen zur Befriedigung der Grundbedürfnisse zu schaffen.

Daseinsgrundfunktionen sind ein Katalog von raumwirksamen Tätigkeiten zur Befriedigung der grundlegenden menschlichen Bedürfnisse:

- Wohnen
- Arbeiten
- Sich-Bilden
- Sich-Versorgen
- Sich-Erholen
- Am-Verkehr-Teilnehmen, Kommunizieren

So kann jedes Gebäude und jede nicht überbaute Fläche, die von Menschen genutzt werden, mindestens einer dieser Funktionen zugeordnet werden. Andererseits können auch die Tätigkeiten der Menschen diesen Funktionen zugeordnet werden. So finden sich sicher auch in Ihrem Tagesablauf Zeitfenster, die eher der einen oder der anderen Funktion zuzuordnen sind.

Diese funktionale Aufteilung eignet sich sehr gut, um die Gliederung einer Stadt zu beschreiben, unabhängig davon, ob man vom Raum oder von den Tätigkeiten der Menschen ausgeht. Einen besonderen Stellenwert nimmt die Funktion Verkehr / Kommunikation ein. Es handelt sich dabei um den täglichen Verkehr von Menschen und Waren, der in Städten eine besondere Konzentration erfährt. Zudem beinhaltet diese Funktion auch den Austausch von Informationen. Gerade diese Funktion erlebt gegenwärtig einen gewaltigen technischen Umbruch, wenn wir an Technologien wie das Internet denken. Die Verfügbarkeit von Informationen ist heute für viele Wirtschaftszweige von existenzieller Bedeutung.

In-Gemeinschaft-Sein

Als verbindendes Element wird von vielen Fachleuten zusätzlich die Funktion In-Gemeinschaft-Sein genannt. Diese Funktion steht zwischen den eigentlichen Daseinsgrundfunktionen. Sie besagt, dass der Mensch ein Bedürfnis hat, die Daseinsgrundfunktionen mit anderen Menschen zusammen wahrzunehmen. Die Vorteile, die eine räumliche Konzentration bietet, liegen auf der Hand: Arbeiten, sich bilden und einkaufen fällt viel leichter, wenn alles beieinander ist, sich erholen macht zusammen viel mehr Spass als alleine. Daneben gibt es auch psychologische Phänomene, die Menschen zur Gemeinschaftsbildung anregen. Dieses Bedürfnis nach Gemeinschaft kann als Grundlage für die Entstehung von Siedlungen angesehen werden.

Zusammenfassung	Mit den Daseinsgrundfunktionen werden jene menschlichen Aktivitäten definiert, die bei ihrer Ausübung den Raum prägen.

Aufgabe 40	Nennen Sie die Daseinsgrundfunktionen.
Aufgabe 41	Wie werden die Räume in Ihrer Umgebung, wo Sie sich jetzt gerade befinden, genutzt? Ordnen Sie die Räume den Daseinsgrundfunktionen zu!
Aufgabe 42	Protokollieren Sie die Tätigkeiten, die Sie während eines Tags ausüben. Schreiben Sie jede halbe Stunde die Tätigkeiten auf, denen Sie in dieser Zeiteinheit nachgegangen sind, und ordnen Sie sie einer der Daseinsgrundfunktionen zu.

6.3 Vom Funktionenmix zur regionalen Ordnung

Die Geschichte, wie sich die Daseinsgrundfunktionen in der räumlichen Struktur der Stadt niedergeschlagen haben, erzählt viel von der Entwicklung der Städte. In der mittelalterlichen Stadt hat kaum eine Trennung zwischen Wohnen und Arbeiten stattgefunden. Im Erdgeschoss der Häuser wurde gearbeitet. In den oberen Stockwerken wohnte der Meister mit seiner Familie und unter dem Dach waren die Kammern, wo die Angestellten hausten. Die Funktionen «Wohnen» und «Arbeiten» waren somit kaum getrennt und fanden sogar unter dem gleichen Dach statt.

Dagegen fand schon früh eine Gliederung nach Gewerbearten statt. Die Handwerker, die das gleiche Gewerbe ausübten, hatten ihre Häuser nahe beieinander und waren in Zünften zusammengeschlossen. Die räumliche Konzentration ähnlicher Betriebe hatte seinen Ursprung oft in der branchenspezifischen Anforderung an den Standort. Die Bearbeitung von Leder (Gerberei) und das Färben von Stoffen benötigten viel Wasser und waren nur an einem Flusslauf oder an einem Kanal möglich.

Fabrikareale und Arbeitersiedlungen

Im Zeitalter der Industrialisierung wurde aus dem mittelalterlichen Übereinander von Wohnen und Arbeiten ein grossflächiges Nebeneinander. Die Wohngebiete der Arbeiter lagen unmittelbar neben den Fabrikarealen. Die starken Emissionen der Industrie und eine zunehmende bauliche Verdichtung führten zu einer starken Umweltbelastung, unter der die Bewohnerinnen und Bewohner zu leiden hatten. In solchen Quartieren herrschte zuweilen auch grosses soziales Elend. Die Leute litten unter Mangel- und Fehlernährung und unter misslichsten Wohnbedingungen – viele hausten auf engem Raum in dunklen und feuchten Wohnungen. Diese Verhältnisse haben Marx und Engels in ihren sozialkritischen Schriften im 19. Jahrhundert beschrieben und kritisiert.

Escher-Wyss-Areal In Zürich ist diese Entwicklung gut nachvollziehbar. Im Industrieviertel entstanden zwischen Josefswiese und Escher-Wyss-Platz die grossen Fabriken der Maschinenindustrie. Gleich angrenzend befinden sich die Wohnquartiere der Arbeiter. Diese hatten somit einen kurzen Arbeitsweg, waren aber auch den Geruchs- und Lärmemissionen der Fabriken ausgesetzt.

Ordnung auf regionaler Ebene

In den Zwanziger- und Dreissigerjahren des 20. Jahrhunderts haben sich Planer mit der Misere der Städte befasst. Sie stellten fest, dass sich sowohl die Fabrikareale als auch die Wohnquartiere stark vergrössert und dadurch unkontrolliert ineinander verflochten hatten.

Funktionale Entmischung

Die Planer stellten deshalb die Forderung nach einer funktionalen Entmischung (auch Segregation genannt) auf (vgl. Kap. 7.1, S. 85). Entlang einer gut ausgebauten Verkehrsader sollten die einzelnen Funktionen gruppiert und durch grosszügige Grünflächen voneinander getrennt werden. Besonders Wohnen und Arbeiten wollten die Planer räumlich klar voneinander trennen. Dadurch sollten für die Industrie optimale Standortverhältnisse und für die Bevölkerung gute Wohn- und Lebensbedingungen geschaffen werden.

Diese Forderung wurde im 20. Jahrhundert allmählich umgesetzt. Städte, die nach solchen Überlegungen neu angelegt wurden, sind Brasilia (vgl. SWA, S. 164) und Chandigarh, eine Stadt in Indien. Eine der wichtigen Persönlichkeiten, die diese neue Raumordnung entwickelt hatten, war der Schweizer Le Corbusier.

Fokus

Bauhaus und das Neue Bauen

Im 19. Jahrhundert dienten den Architekten oft historische Vorbilder als Inspiration. Der Begriff Historismus bringt diese Stilausrichtung auf den Punkt. In den 1920er-Jahren begann eine Gruppe von Architekten eine neue Formensprache zu propagieren: das Neue Bauen.

In einem vergleichbaren Kontext stehen die Begriffe Neue Sachlichkeit und klassische Moderne. Das Bauhaus war in jener Zeit eine einflussreiche Architektur- und Kunstschule in Weimar in Deutschland. Walter Gropius, Mies van der Rohe, Frank Lloyd Wright und der Schweizer Le Corbusier waren wichtige Vertreter des Neuen Bauens. Dieser Baustil ist einer nüchternen Sachlichkeit verpflichtet. Angestrebt wird das optimale Funktionieren eines Gebäudes, das von den Wohn- und Freizeitbedürfnissen der Menschen ausgeht.

[Abb. 6-6]   Barcelona-Pavillon von Mies van der Rohe 1929

Für die Weltausstellung 1929 in Barcelona konzipierte Mies van der Rohe den deutschen Ausstellungspavillon nach den Grundsätzen des Neuen Bauens: schnörkellose und funktionale Gestaltung. Bild: Wikimedia Commons

Doch nicht nur das einzelne Gebäude, sondern auch ganze Städte und Regionen sollen klar gegliedert werden. Die verschiedenen Funktionen (vgl. Daseinsgrundfunktionen) werden dazu an den für sie optimalen Standorten konzentriert. Dies ist als Reaktion auf die Industrialisierung zu verstehen, die in vielen Städten zu einer hohen baulichen Verdichtung und oft zu einer unkontrollierten Durchmischung von Wohnen und Arbeiten ohne Grünflächen geführt hatte. In der Hochkonjunktur der 1960er- und 1970er-Jahre wurden die Ideen des Neuen Bauens für schnelles und billiges Bauen missbraucht. Grosswohnsiedlungen in Plattenbauweise entstanden an der Peripherie vieler Städte.

Stadtflucht

Die Entwicklung des Individualverkehrs und des öffentlichen Verkehrs begünstigte die räumliche Trennung der Daseinsgrundfunktionen auf grosse Distanz. An der Peripherie der Städte entstanden reine Wohnquartiere. Diese neuen Siedlungen lockten viele Bewohnerinnen und Bewohner der Innenstädte an, die hier mehr Wohnkomfort vorfanden. Es kam zur Stadtflucht und zu einem Imageverlust der zentrumsnahen Wohnquartiere. Die Industrieareale wurden immer grösser und entstanden auf der grünen Wiese ausserhalb der Städte. Der Industriekomplex Schweizerhalle vor Basel illustriert diese Entflechtung.

Schlafstädte

Doch diese Entmischung hat grosse Nachteile. In den peripheren Wohnquartieren fehlt es vielfach an öffentlichem Leben und an Freizeiteinrichtungen. Diese Orte wurden zu reinen Schlafstädten. Gegenwärtig wird deshalb in der Raumplanung wieder eine stärkere räumliche Durchmischung der Daseinsgrundfunktionen angestrebt.

Zusammenfassung

Die Daseinsgrundfunktionen sind ein Katalog von Tätigkeiten zur Befriedigung der grundlegenden menschlichen Bedürfnisse. Neben die sechs Daseinsgrundfunktionen Wohnen, Arbeiten, Sich-Bilden, Sich-Versorgen, Sich-Erholen und Am-Verkehr-Teilnehmen / Kommunizieren tritt die verbindende Funktion In-Gemeinschaft-Sein. Stadtplanerische Massnahmen streben die Schaffung ausreichender Räume für alle Daseinsgrundfunktionen an.

Mit der Industrialisierung wurde das bis ins Mittelalter zurückreichende Muster der ineinander verwobenen Funktionen zunehmend untragbar, es war schlicht zu ungesund, im Schatten der Fabrikschlote zu wohnen. Erste Stadtplaner, z. B. der Schweizer Le Corbusier, strebten eine klare räumliche Trennung der Funktionen an. Die Entwicklung der individuellen Mobilität begünstigte diese Entwicklung zur heutigen regionalen Ordnung weiter.

Aufgabe 43

Beschreiben Sie die Ziele der Charta von Athen. Nutzen Sie dazu Quellen aus Bibliotheken oder aus dem Internet.

7 Prozesse der Stadtentwicklung

Lernziele Nach der Bearbeitung dieses Kapitels können Sie ...

- beschreiben, welche Prozesse zur räumlichen Differenzierung in der Stadt führen.
- erklären, wie und weshalb sich verschiedene Bevölkerungsgruppen räumlich getrennt im Stadtgebiet niederlassen.
- darlegen, wie gewisse Viertel nach Jahren der wirtschaftlichen und sozialen Brache plötzlich zu pulsierenden Zentren der Stadt werden können.

Schlüsselbegriffe funktionale Entmischung, Nachhaltigkeit, Working Poor

Städte sind immer in Bewegung. Ohne Veränderungen würden Städte zu Museen. Ständig finden bauliche und strukturelle Veränderungen statt. Der Siedlungsraum wird grösser. Die Bewohnerinnen und Bewohner entwickeln neue Vorstellungen, wie sie wohnen und die Freizeit verbringen wollen. Andererseits müssen sie auch auf Druck anderer Nutzungsarten ihre Wohnbedürfnisse anpassen. Die Wirtschaft entwickelt permanent neue Anforderungen an ihre Betriebs- und Verwaltungsstandorte.

In diesem Kapitel beschäftigen wir uns mit den Prozessen, die zur Ausbildung der Muster und zu deren Veränderung führen. Wie kommt es, dass in bestimmten Vierteln nur gewohnt, in anderen nur gearbeitet wird? Welche Vorgänge jubeln ein Viertel zur «boomtown» hoch und verstossen andere in die Bedeutungslosigkeit? Wie versuchen Stadtplaner gezielt, bestimmte Entwicklungen des städtischen Raums zu fördern? Dieses Kapitel durchleuchtet solche Vorgänge anhand von Fallbeispielen aus bekannten Städten.

7.1 Zusammenrücken gleicher Funktionen

Die Stadt wird in verschieden genutzte Gebiete gegliedert (vgl. Kap. 6, S. 76). Ein wichtiger Prozess, der die Nutzungsstruktur einer Stadt bestimmt, ist die funktionale Entmischung. Dieser abstrakte Begriff lässt sich in einem einfachen Beispiel anschaulich beschreiben. Nehmen Sie ein paar Reis- und Pfefferkörner sowie einige Kaffeebohnen. Nun mischen Sie diese in einem Becher und leeren danach den Inhalt auf dem Tisch aus. Sortieren Sie Bohnen und Körner, sodass alle Kaffeebohnen, Pfefferkörner und Reiskörner jeweils beisammen sind.

Übertragen wir dieses Beispiel auf die Stadt: Statt Körner und Bohnen betrachten wir die Nutzungen des Raums (Daseinsgrundfunktionen). Seit der zweiten Hälfte des 20. Jahrhunderts wird die Nutzung vieler Städte immer stärker durch monofunktional geprägte Gebiete charakterisiert. Wie auf Ihrem Tisch nach dem Sortieren alle Reiskörner beisammen liegen, finden wir Stadtviertel, wo die grossen Banken und Versicherungen ihre Firmensitze haben. In anderen Vierteln findet eine Konzentration von Freizeiteinrichtungen statt. Wiederum anders sieht es an einer Ausfallstrasse aus, wo sich grosse Einkaufszentren angesiedelt haben. In anderen Vierteln wird dagegen ausschliesslich gewohnt.

Funktionale Entmischung Diese Aufteilung der Funktionen auf einzelne Gebiete der Stadt und der Agglomeration nennen wir *funktionale Entmischung:* Aus multifunktionalen Vierteln entstehen monofunktionale Gebiete. Verdrängungs- und Konzentrationsprozesse führen zur funktionalen Entmischung von ganzen Stadtteilen.

7.1.1 Büros und Wohnungen

Die Bodenpreise haben einen entscheidenden Einfluss auf die Nutzung des Raums. Teure Bodenpreise können sich nur Firmen leisten, die ein Produkt oder eine Dienstleistung mit einer hohen Wertschöpfung anbieten. Die Wohnnutzung ist in dieser Kette das schwächste Glied und wird verdrängt (vgl. Kap. 7.2, S. 88). Im Weiteren spielen Synergieeffekte bei der Geschäftsansiedlung eine grosse Rolle. Der Slogan «Konkurrenz belebt das Geschäft» bringt es auf den Punkt. Wenn Firmen, die etwas Ähnliches anbieten, sich an einem Ort der Stadt konzentrieren, wird das Angebot für die Kundinnen und Kunden grösser. Es lohnt sich, auch von weit her dorthin zu gehen, da die Wahrscheinlichkeit gross ist, etwas Passendes zu finden.

7.1.2 Bürostadt La Défense in Paris

Typisch für amerikanische Städte sind die Central Business Districts CBD (vgl. Fokus: Citybildung und Central Business District, S. 77). Dort prägt die Bürocity mit einer Konzentration von Hochhäusern das Stadtzentrum. Auch dies ist eine Form der Entmischung. Bei den europäischen Städten mit ihren über Jahrhunderte gewachsenen Stadtkernen ist eine solche Bürokonzentration im Zentrum meist ausgeschlossen.

In Paris hat man andere Wege gefunden, um dem wachsenden Bedürfnis nach Bürofläche zu entsprechen. In Verlängerung der von den Champs-Élysées gebildeten grossen Achse wurde seit den 1960er-Jahren ein Büroviertel gebaut. Optischer Akzent sind neben den Hochhäusern die Grande Arche de La Défense, die das architektonische Thema des Triumphbogens von der Place Charles de Gaulle (Place de l'Étoile) aufnimmt.

Charakteristisch für diese Bürostadt ist die konsequente Entflechtung der verschiedenen Verkehrsmittel. Oberirdisch gehört das gesamte Areal den Fussgängerinnen und Fussgängern. Die Metrolinie, die Nahverkehrszüge und die Autostrassen verlaufen unter der Fussgängerebene. Damit wurden Ideen des Neuen Bauens aufgenommen.

In den nächsten Jahren werden die etwas heruntergekommenen Hochhäuser sukzessive durch Neubauten ersetzt. Dabei sollen auch neue architektonische Akzente gesetzt werden. Diskutiert werden Bürotürme, eigentliche Wolkenkratzer, die die bisherigen Gebäude buchstäblich in den Schatten stellen. Durch eine bessere Verkehrserschliessung wollen die Planerinnen und Politiker die Bedeutung der peripheren Bürostadt deutlich steigern und sie mit den umliegenden Quartieren vernetzen. Dadurch soll eine bessere Verbindung der Daseinsgrundfunktionen Wohnen und Arbeiten erreicht und das eher negative Image von La Défense als Büro-Retortenstadt abgebaut werden.

Eine Bürostadt wie La Défense wird auch Edge City genannt (engl. *edge* «Rand»). Während früher die höchste Dichte an Büroarbeitsplätzen im Kern der Städte zu finden war, entstehen nun reine Büroquartiere auch ausserhalb der gewachsenen Geschäftszentren, eben am Rand. Dieser Begriff wird oft auch auf regionale Verhältnisse übertragen. So bezeichnet man in der neueren Forschung z. B. das Limmattal mit seinen vielen Büroarbeitsplätzen als «Limmattalstadt» und als Edge City der Agglomeration Zürich.

[Abb. 7-1]   La Défense in Paris

Im Wolkenkratzerviertel La Défense am Pariser Westrand gehören die oberirdischen Bereiche ausschliesslich den Fussgängern. Beachten Sie ganz im Hintergrund den Triumphbogen; die Trabantenstadt La Défense liegt bewusst genau auf einer Achse mit dem Triumphbogen und dem Louvre dahinter. Bild: © Sophy Kozlova – Dreamstime.com

7.1.3   Funktionale Entmischung in der Zürcher City

Edelshopping in der obersten Liga

Die funktionale Entmischung lässt sich auch in der Zürcher Innenstadt sehr gut nachvollziehen. Im Gebiet rund um die Bahnhofstrasse sind die Bodenpreise extrem hoch. Hier finden Sie Banken, Versicherungen, teure Modeboutiquen und edle Confiserien, grosse Warenhäuser und Galerien. In den oberen Stockwerken der vornehmen Adressen haben sich Anwälte eingemietet. Eine Ausnahme bestätigt auch hier die Regel. Nicht nur mit teuren Produkten erzielt man hohe Gewinne, sondern auch mit billigen, wenn man sie in grosser Zahl absetzen kann. So können sich internationale Ketten aus dem Tief- und Mittelpreissegment wie Bata, H&M, C&A oder Vögele die Mieten in der Nähe der Bahnhofstrasse ebenfalls leisten.

Viele dieser international tätigen Firmen betreiben an solch exklusiven Standorten sog. *Flagship-Stores*, Filialen, die an dieser Geschäftslage als Werbebotschafter der Firma in Erscheinung treten. Diese Läden bieten ein besonders umfangreiches und auch exklusives Sortiment des jeweiligen «Labels» an. Statt eines Produkts wird vielmehr ein «Brand», also auch ein Lebensgefühl oder eine Identifikation beworben. Der Kleiderladen mit einem breiten Angebot an Produkten und Marken wird durch die Jeansmarke «XY» verdrängt. Nun kann man dort nur noch Jeans dieser einen Marke kaufen, aber da es sich um einen Flagship-Store handelt, vielleicht auch ein Hemd, Schuhe und eine Jacke der gleichen Firma.

Seit einigen Jahren setzt sich an diesen Lagen ein Trend zu Luxuswohnungen im Topsegment durch. In den oberen Geschossen werden äusserst luxuriöse und grosse Wohnungen angeboten. Diese richten sich an ein kaufkräftiges Publikum, das nicht auf die Vorzüge einer zentralen Wohnung verzichten möchte und bereit ist, dafür fast jeden Preis zu bezahlen.

Restaurant- und Boutiquenmeile Niederdorf

Etwas anders ist der Charakter der Läden auf der anderen Seite der Limmat im Niederdorf. Hier befindet sich eine der Einkaufsmeilen für ein junges Publikum. Wer ein neues Outfit sucht, hat hier eine grosse Auswahl und zudem die Gewissheit, dass sie oder er sich unter Gleichgesinnten befindet. Shopping und Vergnügen lassen sich optimal kombinieren. Die Auswahl an Cafés, Bars und Restaurants ist gross.

Besonders am Abend ist dieser Unterschied spürbar. Die Bahnhofstrasse ist dann fast menschenleer, während im Niederdorf das «Shoppen» nahtlos von einem pulsierenden Restaurant- und Barbetrieb abgelöst wird.

Zusammenfassung

Städte verändern sich unablässig. Bestehende Strukturen werden durch neue abgelöst. Die funktionale Entmischung führt dazu, dass gleiche Funktionen räumlich immer stärker zusammenrücken. Dadurch entstehen aus ehemals multifunktionalen Vierteln monofunktionale Gebiete (Bankenviertel, Geschäftsviertel, Wohnquartiere, Schlafdörfer).

Aufgabe 44

Suchen Sie auf local.ch je einmal mit der Suchadresse Bahnhofstrasse Zürich und einmal mit Niederdorf Zürich nach Restaurants und Kinos. Was fällt Ihnen bei den Suchergebnissen in Bezug auf das abendliche Freizeitpotenzial dieser zwei Gebiete der Stadt Zürich auf?

7.2 Stadtbevölkerung

Wohnen ist eine der raumwirksamsten Daseinsgrundfunktionen im städtischen Raum. Wer wo wohnt, ist sicher alles andere als zufällig. Betrachten Sie nur Ihre eigene Wohnlage. Sie wohnen noch bei den Eltern und beabsichtigen demnächst, eine eigene Wohnung zu finden. In welcher Gegend suchen Sie, welche Kriterien bestimmen Ihre Suche? Vielleicht wohnen Sie bereits in Ihrer eigenen Wohnung. Welche Standortüberlegungen haben Sie bewogen, Ihren Wohnsitz so zu wählen? Der Mietpreis? Gute Verkehrsanbindung? Oder die Nähe zum Erholungsraum? Am ehesten wohl eine Kombination aus diesen und anderen Faktoren.

Da bestimmte Stadtviertel auch bestimmte Menschen anziehen, verwundert es wenig, dass viele Städte eine klare räumliche Ordnung der Wohnnutzung zeigen. Eine bevorzugte Lage schlägt sich dann auch im Mietpreis nieder.

Beispiel

Mietzinsbeispiele (Stand Mai 2013) der Grossüberbauung «Europaallee» unmittelbar neben den Gleisen des Hauptbahnhofs in Zürich zeigen dies: Hier kosten 105.5 m^2 3 655 Franken und 62.7 m^2 2 370 Franken. In den Wohnhochhäusern «Hochzwei» in Luzern neben der Swissporarena kosten 108 m^2 im 28. Stock 3 925 Franken mit Südwestblick. Der Blick nach Nordwesten ist fast 300 Franken günstiger! Im Sockel des Wohnturms stehen Einkaufsläden, Sport- und Wellnessangebote zur Verfügung.

7.2.1 Familien

Das Beispiel von Zürich zeigt, wie im Stadtzentrum ein Verdrängungsprozess stattfindet. Im Zentrum konzentrieren sich Firmen und Betriebe mit einer hohen Wertschöpfung. Es bestätigt sich das Kreis-Modell – die Bodenpreise nehmen vom Zentrum zur Peripherie ab. Dadurch wird auch die Wohnnutzung immer stärker an die Peripherie gedrängt und die Hauptwohnzone verlagert sich immer stärker von der Kernstadt in die Agglomeration hinaus.

Ursachen der Stadtflucht

Doch nicht nur die Bodenpreise haben Einfluss auf das Wohnen. Bei Untersuchungen wurden folgende Gründe ermittelt, weshalb Leute von der Kernstadt immer mehr in die – z. T. auch weit von der Kernstadt entfernten – Vorortsgemeinden abwandern. Die Befragten gaben an, in der Kernstadt sei für sie die Wohnqualität unbefriedigend und sie hätten in der Stadt keine geeignete Wohnung in Bezug auf Grösse, Qualität und Preis gefunden. Häufig genannte Gründe, die die Wohnqualität in der Stadt beeinträchtigen, sind fehlende Grün- und Spielflächen, hohes Verkehrsaufkommen und hohe Kriminalität.

Pendlerströme

Durch die Entmischung können aber ganze Agglomerationsdörfer mit ihren Neubauvierteln von Pendlern bewohnt werden, die in der Kernstadt arbeiten und dort auch ihre Freizeit verbringen. Solche Orte werden *Schlafdörfer* genannt, da tagsüber dort nur noch wenige Menschen leben und es meist keine Geschäfte, Freizeiteinrichtungen und kulturelle Angebote mehr gibt.

Verstädterung als Lebenswandel

Der Wegzug vieler Familien von der Stadt auf das Land ist vielfach nur vordergründig der Beginn eines ländlichen Lebens. Zwar findet ein räumlicher Wechsel von der Kernstadt in eine periphere Agglomerationsgemeinde oder sogar eine Gemeinde ausserhalb der Agglomeration statt. Häufig wird dabei jedoch die städtische Lebensweise an den neuen Wohnort mitgenommen: Man fährt weiterhin in die Stadt zum Shopping und zum kulturellen Vergnügen. Dagegen engagiert sich nur eine Minderheit der Zuzügerinnen und Zuzüger in den ortsansässigen Vereinen oder im politischen Leben der neuen Wohnorte.

In vielen Agglomerationen grösserer Städte ist das Netz der öffentlichen Verkehrsmittel auf das Zentrum ausgerichtet. Agglomerationsgemeinden untereinander sind jedoch aufgrund fehlender Querverbindungen oft schlecht verbunden. Es zeigt sich seit einigen Jahren in fast allen Agglomerationen, dass die Verkehrsströme nicht mehr ausschliesslich auf das Zentrum gerichtet sind. Immer mehr Verkehrsbeziehungen finden einem Spinnennetz ähnlich auch zwischen peripheren Agglomerationsteilen statt. Die fehlenden Tangentialverbindungen wurden im Norden der Stadt Zürich durch den Bau der sog. Glattalbahn geschaffen.

Der Ausbau der Stadtbahn Zug ist ein weiteres Beispiel. Die Leistungsfähigkeit dieser regionalen S-Bahn ist erhöht und die Anbindung an Luzern und Zürich verbessert worden. Die Stadtbahn wird mit einer Feinerschliessung durch Busse ergänzt. Die durch dieses Verkehrssystem erschlossenen Orte sollen in ihrer Entwicklung gestärkt werden. Insbesondere an den Haltestellen der S-Bahn soll eine bauliche Verdichtung angestrebt werden. Zu grosse Industriezonen sollen in Wohnzonen umgezont werden.

7.2.2 Einpersonenhaushalte

In den letzten Jahren hat die Zahl der *Einpersonenhaushalte* stark zugenommen. Dieser Trend widerspiegelt sich auch in einem kontinuierlich steigenden Flächenbedarf pro Person beim Wohnen. Während dieser Durchschnittswert im Jahr 2000 bei 44 m^2 lag, ist er heute bei etwa 50 und dürfte sich in den nächsten Jahren gegen 55 oder 60 m^2 bewegen. Studierende oder junge Berufstätige sind zwei Gruppen von «Singles», die in der Stadt stärker vertreten sind als auf dem Land.

Eine besondere Wohnform nimmt in den Städten seit einigen Jahren ebenfalls zu: *Zweitwohnungen* von Berufstätigen, deren Familien in einer ganz anderen Gegend oder sogar im Ausland wohnen.

Einpersonenhaushalte nehmen auch deutlich in den Gürtelgemeinden der Agglomerationen zu. Dabei handelt es sich oft um Personen, die sich die teuren Wohnungen in der Kernstadt nicht mehr leisten können. Das können verwitwete Personen im Pensionsalter sein, die nach dem Tod des Partners eine kleinere Wohnung suchen, oder auch junge Ausländerinnen oder Ausländer, die in Branchen mit geringem Lohnniveau arbeiten.

[Abb. 7-2]   Haushaltsformen in der Schweiz

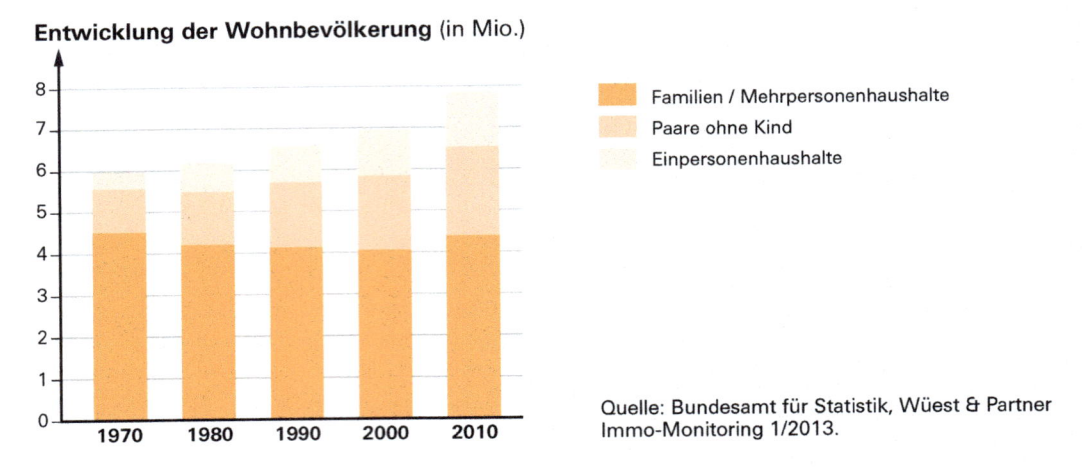

Entwicklung der Wohnbevölkerung (in Mio.)

Familien / Mehrpersonenhaushalte
Paare ohne Kind
Einpersonenhaushalte

Quelle: Bundesamt für Statistik, Wüest & Partner Immo-Monitoring 1/2013.

7.2.3   «Working Poor»

Working Poor

Die Gruppe der «Working Poor» (Übersetzung: arme Erwerbstätige) sind Menschen, die trotz einer Erwerbsarbeit an der Grenze zur Armut leben. Auch Familien, bei denen beide Elternteile arbeiten, können dazugehören. Trotz eines oder zwei Einkommen reicht es kaum, die notwendigsten Ausgaben wie Miete und Krankenversicherungen zu decken. Solche Menschen sind gezwungen, die Unterstützung der Fürsorge in Anspruch zu nehmen. Die schlechte Entlöhnung bestimmter Arbeiten, wie etwa im Verkauf, im Reinigungswesen oder im Gastgewerbe, trägt das ihre zu dieser Entwicklung bei. Ohne berufliche Qualifikation bleibt oft keine andere Wahl, als eine solche Stelle anzutreten. Die regelmässigen Diskussionen in der Politik über Mindestlöhne sind eine Folge dieser Situation.

In der Schweiz liegt der Anteil der Working Poor je nach konjunktureller Lage zwischen 3.5 und 5%.

7.2.4   Fabriken und Lagerhäuser in neuer Funktion

Durch den Wegzug der Industriebetriebe und Warenumschlagplätze aus den Städten hat eine interessante Entwicklung eingesetzt. Viele der leer stehenden Fabriken und Lagerhäuser wurden von Kulturschaffenden entdeckt. In den grossen Räumen lassen sich Künstlerateliers, Museen, Theatersäle, Ausstellungsräume und Kunstgalerien einrichten. Anfänglich wurden viele dieser Aktivitäten als Zwischennutzungen eingemietet.

Gleichzeitig hat ein junges, städtisches Publikum diese Orte aufgrund der kulturellen Aktivitäten kennen- und schätzen gelernt. Diese urbanen Menschen können sich mit einer Wohnsituation weit draussen in der Agglomeration in einer Schlafgemeinde nicht identifizieren. Sie suchen die Nähe zum kulturellen Leben in urbaner Umgebung. So kam es, dass die alten Fabriken auch zu Wohnzwecken umgebaut wurden. Helle Räume mit grossen Grundrissen und mit aussergewöhnlich grosser Höhe zeichnen diese Wohnungen aus. Sie werden als Lofts[1] bezeichnet.

---

[1]   Engl. *loft* «Speicher», «Dachboden» und engl. *lofty* «hoch(aufragend)».

[Abb. 7-3]   Lofts statt Kaffee- und Teelager – die Speicherstadt in Hamburg

Die Speicherstadt in Hamburg ist der grösste Lagerhauskomplex der Welt. Er diente der Lagerung, z. T. auch der Weiterverarbeitung, von Tee und Kaffee. Durch die Verlagerung des Warenumschlags in den Containerhafen verlor die Speicherstadt an wirtschaftlicher Bedeutung und wurde 1991 unter Denkmalschutz gestellt. Heute finden sich dort u. a. verschiedene Museen, Theater, Ateliers und Wohnungen.
Bild: © fhmedien_de – Fotolia.com

7.2.5   Wohnen im Hochhaus

Hochhäuser in der Schweiz haben eine wechselvolle Geschichte. Sie kamen international in den 1950er-Jahren in Mode, konnten sich aber in der Schweiz als Wohnform nie durchsetzen. Als Ausnahme bekannt sind etwa die Wohnhochhäuser in Spreitenbach.

Bürohochhäuser sind jedoch an vielen Orten gebaut worden. Neuerdings erlebt das Wohnhochhaus aber eine neue Beurteilung. An zentralen Standorten wie z. B. in Zürich West werden Hochhäuser nicht nur zu Bürozwecken, sondern auch zum Wohnen gebaut. Ein anderes Beispiel sind die zwei Wohntürme neben dem Luzerner Fussballstadion. Bei einigen aktuellen Beispielen wird Wohnen kombiniert mit Hotel- und Sportnutzungen.

Fokus

Umstrittene Stadterneuerung: Docklands in London

Grossflächige Stadterneuerung in bestehenden Städten ist schwierig. Einzig wenn auf grossen Arealen die angestammte Nutzung wegfällt, bietet sich die Möglichkeit, neue Strukturen und Nutzungen zu realisieren. In London bot sich in den 1980er-Jahren eine Gelegenheit dazu, die in einem engen Zusammenhang mit der Entwicklung des Hafens steht. Der Hafen ist durch die Bedürfnisse der Hochseeschifffahrt immer weiter nach Osten gewandert. Dadurch haben auf einer Länge von etwa 10 km Flächen brachgelegen. Ein grosses Stadtplanungsprojekt mit der Bezeichnung Docklands wurde in Angriff genommen.

Die Planer hatten folgende Ziele: Neue Büros sollten die Londoner City von der grossen Nachfrage nach Büroräumen entlasten. Mit Wohnungsbauten sollten den zukünftigen Bewohnerinnen und Bewohnern dank der Citynähe kurze Arbeitswege und ein attraktives Wohnumfeld geschaffen werden.

Verhaltener Start …

Die Umsetzung der Vision Docklands erwies sich zunächst als harzige Angelegenheit. Die Docklands wurden zu einem Prestigeprojekt der damaligen konservativen Regierung. Es gehörte zu jener Politik, dass staatliche Infrastrukturaufgaben so weit wie möglich abgespeckt oder an Private abgegeben wurden. Dadurch erfolgte die Erschliessung der Docklands mit öffentlichen Verkehrsmitteln völlig ungenügend. Es wurde zwar ein neuer Flughafen gebaut, der anfänglich jedoch weder an die Londoner U-Bahn noch an die neu gebaute Dockland Light Railway angebunden wurde.

Solche Planungspannen und die anfängliche Skepsis der Wirtschaft gegenüber dem neuen Standort brachten das Projekt während Jahren in die Negativschlagzeilen. Mehrere grosse Immobilienfirmen gingen wegen ihres Engagements in den Docklands pleite.

... und später Erfolg

Doch allmählich begann das Projekt Docklands an Attraktivität zu gewinnen. Paradoxerweise haben gerade die astronomisch hohen Wohnungs- und Büropreise zum späten Erfolg des Projekts beigetragen. London gehört dank seiner internationalen Anziehungskraft zu den teuersten Städten der Welt. Dies können Sie einfach nachvollziehen, wenn Sie die Hotelpreise im Internet für Städtereisen vergleichen. Wenn die Nachfrage gross ist und das Angebot knapp, gehen die Preise in die Höhe. Dies trifft für Hotelzimmer und für Wohnungen in gleicher Weise zu. Die zentrumsnahen Wohnungen in den Docklands können heute zu extrem hohen Preisen verkauft werden, sie gelten als Prestigeobjekte.

Es kommt hinzu, dass das Wohnen mit Blick auf die Themse zu einem Modetrend wurde, was die Preise zusätzlich in die Höhe trieb. Solche Trends können immer wieder wechseln. Vorübergehend haben sie einen grossen Einfluss auf die Bodenpreise.

In unmittelbarer Nachbarschaft zu den Docklands fanden 2012 die Olympischen Spiele statt. Die Nachnutzung der Sporteinrichtungen und Freiräume bedeutet auch für die angrenzenden Docklands eine Aufwertung. Dazu zählt z. B. der Queen Elizabeth Olympic Park, der als ehemaliges Wettkampfgelände ab 2013 für die Öffentlichkeit als Naherholungsgebiet zur Verfügung steht. Aus den Unterkünften für die Sportlerinnen und Sportler wurden Wohnungen. Der ehemals vernachlässigte Osten Londons wurde dadurch zu einer bevorzugten Wohngegend. Durch diese Aufwertungsmassnahmen wird allerdings die angestammte, wirtschaftlich eher schwache Bevölkerung verdrängt. Es kommt zur Gentrification.

Auch in der Londoner City tut sich einiges. Neue Hochhäuser sind entstanden und weitere werden in naher Zukunft dazukommen. Als Architektur-Ikone der City tritt nun das Hochhaus The Shard («die Scherbe», 310 m hoch) in Erscheinung. Die Londoner City und die Docklands werden wohl in naher Zukunft verstärkt zu einer funktionalen Einheit zusammenwachsen, ergänzt durch die Wohn- und Freizeitfunktion im ehemaligen Olympiagelände.

[Abb. 7-4]   The Shard in der Londoner City

Bild: © Tupungato – Dreamstime.com

Zusammenfassung

Die zentrale Frage dieses Kapitels lautet: Wer wohnt wo in der Stadt? Viele Städte zeigen auch bei der Wohnfunktion eine funktionale Entmischung. Entsprechend ihren Ansprüchen und Möglichkeiten lassen sich bestimmte Bevölkerungsgruppen in bestimmten Stadtvierteln nieder. Familien ziehen von der Kernstadt in die Agglomeration. In der Stadt finden sich überdurchschnittlich viele Einpersonenhaushalte.

Die Gruppe der «Working Poor» lebt unter der Armutsgrenze und kann sich oft nicht einmal mehr die Miete an schlechtester Wohnlage leisten.

Durch die Umnutzung brachliegender Räume kann Wohnraum für «die etwas anderen Ansprüche» geschaffen werden – wie etwa Lofts in leer stehenden Industriehallen.

Aufgabe 45 Suchen Sie im Internet (z. B. www.homegate.ch) je eine gleich grosse Wohnung (100 m^2) im Zentrum von Basel, Bern und Zürich sowie in einer Agglomerationsgemeinde der entsprechenden Stadt. Vergleichen Sie das verfügbare Angebot und die Preise. Eignen sich die angebotenen Wohnungen auch für eine Familie?

Aufgabe 46 Beschreiben Sie die Wohnbedürfnisse einer vierköpfigen Familie und eines Studierenden.

Aufgabe 47 Suchen Sie im Internet nach der Bedeutung des Worts «Expats» und begründen Sie, weshalb diese v. a. in Städten leben.

Aufgabe 48 Interpretieren Sie den folgenden Kartenausschnitt (je dicker die Pfeile, umso mehr Pendlerinnen und Pendler):

[Abb. 7-5] Ausschnitt aus der Schweizer Karte wichtigster Pendlerziele 2010

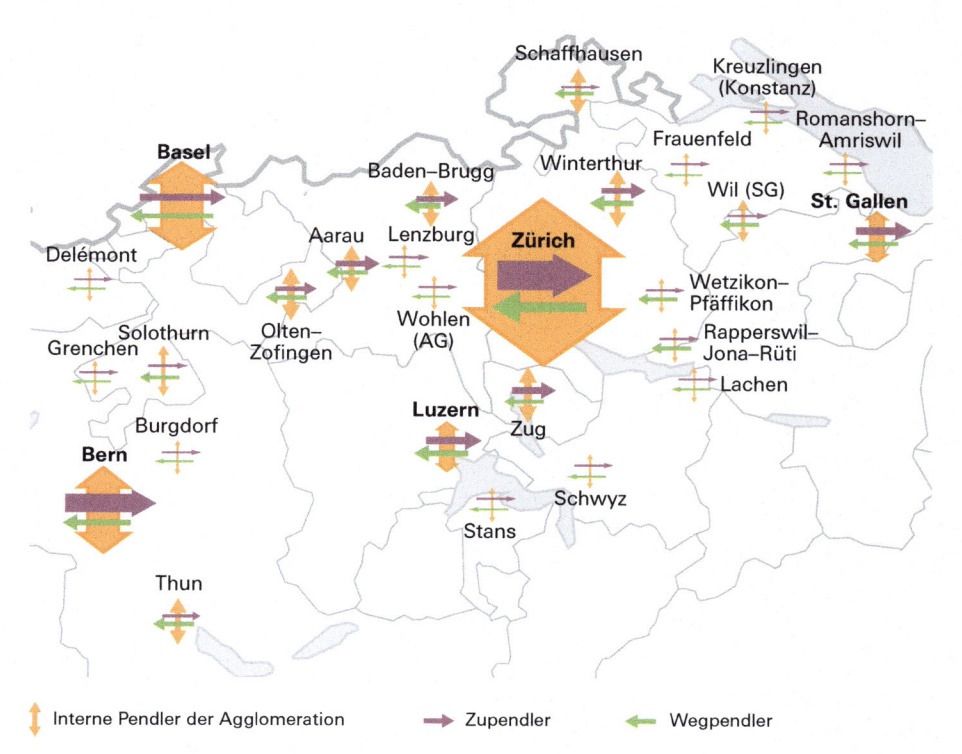

Quelle: Eidgenössisches Departement des Innern EDI, Bundesamt für Statistik BfS, 2011.

7.3 Von der Ökologie zur Nachhaltigkeit

Nachhaltige Stadtentwicklung

Die nachhaltige Stadtentwicklung ist eine Weiterentwicklung der ökologischen Stadtplanung. Sie beinhaltet neben den ökologischen Kriterien zusätzlich gesellschaftlich-kulturelle und wirtschaftliche Aspekte. Die Forderungen nach einer nachhaltigen Stadtentwicklung kamen auf, nachdem in den späten 1980er- und 1990er-Jahren viele europäische Städte in eine Krise gerieten. Die steuerkräftigen Einwohnerinnen und Einwohner und die für die Zukunft wichtigen Familien waren weggezogen.

Es wurde erkannt, dass ökologische Massnahmen alleine nicht ausreichen, um den damaligen Imageverlust der Städte und den damit verbundenen Wegzug der Bevölkerung zu bremsen. Zu den ökologischen Massnahmen traten deshalb wirtschaftliche und gesellschaftlich-kulturelle Förderungsmassnahmen.

[Abb. 7-6]   Nachhaltigkeit

Eine nachhaltige Stadtentwicklung muss die sich überschneidenden Bedürfnisse von Gesellschaft, Wirtschaft und Umwelt beachten und zusammenführen.

Urban Farming

Durch die Fortschritte der Technik können heute Gebäude mit bester Isolation und dem Einsatz von alternativen Wärmesystemen (Fotovoltaik, Wärmepumpen) gebaut werden, die nur noch wenig oder gar keine zusätzliche Energie für das Heizen benötigen. Das sind technische Lösungen zu einer nachhaltigen Siedlungsentwicklung. Der Schwerpunkt liegt dabei auf ökonomischen und ökologischen Massnahmen. Gesellschaftliche Aspekte stehen dagegen beim Urban Farming im Vordergrund. Auf städtischen Restflächen oder speziell gekennzeichneten Grünflächen werden Gemeinschaftsgärten angelegt, auf denen die Bewohner der umliegenden Quartiere Gemüse und Obst anbauen können.

Siedlungsökologie

Die Siedlungsökologie bietet Möglichkeiten, die Verarmung der Fauna und Flora sowie die Einschränkung der natürlichen Kreisläufe auch innerhalb der Ortschaften zu bremsen. Es braucht meist das Engagement interessierter Personen oder Institutionen, dass aus Ideen auch Realität wird. Es gibt kein «Bundesgesetz für die Siedlungsökologie». Im Rahmen von Bauprojekten können die Behörden jedoch siedlungsökologische Massnahmen als verbindlich erklären (z. B. Flachdachbegrünung oder die Umgebungsgestaltung mit einheimischen Sträuchern). Zahlreiche kommunale Bauvorschriften beinhalten entsprechende Vorgaben.

[Tab. 7-1]   Beispiele für siedlungsökologische Massnahmen

Bereich	Massnahmen
Förderung natürlicher Kreisläufe durch versickerungsfähige Flächen	Gestaltung von Gehwegen und Parkierungsflächen mit Mergelfläche oder Gittersteine (statt Asphalt)
Förderung standortangepasster Flora	• Aussenraumgestaltung mit einheimischen Sträuchern (statt steriler Grünflächen) • Kies auf Verkehrsinseln und sonstigen Verkehrssperrflächen (statt Asphalt oder Rasen)
Förderung vielfältiger Lebensräume	• Bau von Trockensteinmauern (Lebensraum der bedrohten Eidechse) • Freilegung eingedolter Bachläufe
Energieeffizientes Bauen	• Flachdachbegrünung (Dämmeffekt und Lebensraum für Pflanzen und Kleintiere) • Fassadenisolation • Einsatz von Solarzellen und Warmwasseraufbereitung
Natur ersetzt Technik	Badeteich statt Swimmingpool. Hier sind Pflanzen und Tiere erwünscht und sie ersetzen gleichzeitig die Kläranlage.

[Abb. 7-7]   Siedlungsökologische Raumgestaltung

Ökologische Freiraumgestaltung und Design sind kein Widerspruch: der MFO-Park in Neu-Oerlikon, Zürich Nord. Bild: Francis Rossé

Pflanzen und Tiere sterben v. a. dann aus, wenn ihr Lebensraum verschwindet und sie sich nicht an neue Lebensräume anpassen können. Kulturfolger haben die Fähigkeit, sich anzupassen und eine vom Menschen geschaffene Umwelt als Lebensraum anzunehmen. Füchse, die sich in der Stadt angesiedelt haben und von Haushaltsabfällen leben, gehören dazu. Die Entwicklung der Technik im 19. Jahrhundert und zu Beginn des 20. Jahrhundert hat zu zahlreichen Eingriffen in den Naturhaushalt geführt. Dazu gehört der Umgang mit Bächen im Siedlungsraum. Viele dieser Bäche wurden eingedolt und mit der Kanalisation zusammengelegt. Die einst sichtbaren Bäche sind damit aus den Siedlungen verschwunden.

Dies führte zu einer Verarmung der Ortsbilder und der biologischen Vielfalt sowie zu einer Beeinträchtigung des Naturhaushalts. Durch den nachträglichen Bau der Abwasserreinigungsanlagen wird zudem das gesamte Bachwasser zusammen mit den Siedlungsabwässern in die Kläranlagen geführt. Dort muss die Wassermenge unter Einsatz von Energie und Geld gereinigt werden. Es liegt auf der Hand, dass dies ökologisch und wirtschaftlich nachteilig ist. In zahlreichen Orten werden deshalb eingedolte Bachläufe wieder offen gelegt und vom Siedlungsabwasser getrennt. Dadurch sinkt die Menge des zu reinigenden

Wassers, was finanzielle Einsparungen bringt. Zudem bietet sich die Gelegenheit, mit den offen gelegten Bachläufen das Ortsbild aufzuwerten und zusätzlichen Lebensraum für Pflanzen und Tiere zu schaffen.

Ein weiterer wichtiger Faktor ist der Schutz vor Überschwemmungen. Die Abflussmenge in einem renaturierten Bach kann mit dem Bau zusätzlicher Rückhaltebecken vergrössert werden. Dadurch sinkt die Gefahr von Überschwemmungen in der unmittelbaren Umgebung.

Nachhaltige Stadtentwicklung

Wenn aus Fabriken Lofts werden, geht die Planung von den bestehenden Strukturen aus. Vorhandene Bauten werden einer neuen Nutzung zugeführt. Wenn darüber hinaus ein Nutzungsmix aus Wohnen, Arbeiten und Sich-Erholen angestrebt wird, entstehen lebendige Stadtquartiere, die der Entmischung entgegenwirken. Aus Problemquartieren, wie sie halb verfallene Industriequartiere darstellen, können pulsierende Stadtteile mit einer urbanen Bewohnerschaft, innovativen Gewerbebetrieben und einem attraktiven Kulturangebot werden.

Folgende Kriterien müssen erfüllt sein, damit ein solches Projekt als nachhaltige Stadtentwicklung bezeichnet werden kann: Das Projekt muss ökologisch sinnvoll, wirtschaftlich interessant und gesellschaftlich-kulturell aufwertend sein. In den Planungsprozessen dienen Massnahmen für eine nachhaltige Stadt- und Siedlungsentwicklung immer öfter als Ergänzung zu den Vorgaben der Raumplanung.

- Förderung der natürlichen Kreisläufe von Luft und Wasser durch Massnahmen wie Reduktion der versiegelten Fläche (Dachbegrünung, Renaturierung von Bachläufen). Viele dieser Massnahmen dienen gleichfalls der Förderung der einheimischen Flora und Fauna.
- Reduktion der Umweltbelastung durch verbesserte Technologien und umweltschonende Massnahmen (Fassadenisolation, Wärmepumpen, Solarstrom).

Zusammenfassung

Stadtbehörden bemühen sich, vielseitige Städte zu planen, zu bauen und zu unterhalten. Durch eine nachhaltige Stadtentwicklung sollen lebendige und wirtschaftlich funktionierende Stadt- und Quartierstrukturen geschaffen werden. Dies erreicht die Stadt mit ökologischen Leitsätzen und gesellschaftlich-kulturellen und wirtschaftlichen Fördermassnahmen. Ehemalige Fabrikareale, die einer neuen Nutzung zugeführt werden können, bieten dazu eine gute Chance.

Aufgabe 49

Beschreiben Sie die Pendlerströme in Südostengland und vergleichen Sie diese mit der zentrumsnahen Lage der Docklands. Verwenden Sie dazu die Karte «London, Pendler 1990» im Atlas (SWA, S. 46).

Aufgabe 50

Suchen Sie in Ihrer Umgebung ein umgenutztes Areal. Versuchen Sie herauszufinden, wie das Areal früher genutzt wurde und welche Nutzungen heute anzutreffen sind.

Aufgabe 51

Analysieren Sie Ihre Wohngemeinde im Hinblick auf siedlungsökologische Massnahmen.

Gibt es Flachdächer, die nicht begrünt sind? Hat es einen eingedolten Bach, den man offen legen könnte? Entdecken Sie Verkehrsinseln, auf denen Ruderalflächen anlegt werden könnten?

8 Entwicklungsländer und Entwicklungszusammenarbeit

Lernziele

Nach der Bearbeitung dieses Kapitels können Sie …

- die verschiedenen Methoden schildern, mit denen Entwicklung gemessen wird.
- die Merkmale von Industrie- und Entwicklungsländern beschreiben.
- zwei wichtige Entwicklungstheorien darlegen.
- einen Überblick über die Entwicklungsstrategien geben.
- die verschiedenen Formen und Arten von Entwicklungszusammenarbeit erklären.
- drei Kritikpunkte an der Entwicklungszusammenarbeit darlegen und beurteilen.

Schlüsselbegriffe

bilaterale und multilaterale Entwicklungszusammenarbeit, Entwicklungsländer, Entwicklungstheorien und -strategien, Index des menschlichen Entwicklungsstands, Kaufkraftparität, LCD und NIC, LIC, LMC, UMC und HIC

8.1 Strukturmerkmale von Industrie- und Entwicklungsländern

8.1.1 Wirtschaftliche Einteilungen

In internationalen Statistiken werden die Entwicklungsländer häufig allein aufgrund ökonomischer Kriterien von den Industrieländern abgegrenzt. Die am weitesten verbreitete Klassifizierung dieser Art ist diejenige, die dem jährlichen Weltentwicklungsbericht der Weltbank (World Development Report) zugrunde liegt. Im Bericht von 2012 werden unterschieden:[1]

LIC, LMC, UMC und HIC

- Länder mit niedrigem Einkommen (Low Income Countries, LIC): In diesen Ländern liegt das Bruttonationaleinkommen (BNE) pro Kopf unter USD 1 035. Beispiele: Afghanistan, Äthiopien, Bangladesch, Kambodscha, Mali, Niger und Uganda.
- Länder mit mittlerem Einkommen, untere Einkommenskategorie (Lower Middle Income Countries, LMC): In diesen Ländern liegt das BNE pro Kopf zwischen USD 1 036 und 4 085. Beispiele: Bolivien, Honduras, Indien, Indonesien, Kosovo, Sri Lanka, Sudan, Jemen.
- Länder mit mittlerem Einkommen, obere Einkommenskategorie (Upper Middle Income Countries, UMC): In diesen Ländern liegt das BNE pro Kopf zwischen USD 4 086 und 12 615. Beispiele: Albanien, Brasilien, Bulgarien, China, Irak, Malaysia, Mexiko, Peru, Südafrika und die Türkei.
- Länder mit hohem Einkommen (High Income Countries, HIC): In diesen Ländern liegt das BNE pro Kopf über USD 12 616. Beispiele: Chile, Frankreich, Israel, Kanada, Kuwait, Litauen, Russland, Schweiz, Singapur, Tschechische Republik, USA.

Kaufkraftparität

Eine weitere häufig verwendete Einteilung basiert auf der Kaufkraft. Die Kaufkraftparität bringt das durchschnittliche Einkommen in Beziehung zu den Preisen der Güter. Das heisst: Wie viel kann man sich für sein Geld leisten? Obwohl die Löhne, z. B. in Oman, viel tiefer sind als in der Schweiz, kann man sich in etwa die gleiche Menge Waren und Dienstleistungen kaufen, denn die Preise sind entsprechend tiefer.

---

[1] Quelle: World Bank, 2014, http://data.worldbank.org/about/country-classifications (16.1.2014).

8.1.2 Sozialökonomische Einteilung

Als Reaktion auf die grossen Unterschiede innerhalb der Entwicklungsländer (Developing Countries) hat die UNO zwei besondere Gruppen ausgeschieden. Dabei werden neben dem Einkommen sowohl weitere wirtschaftliche als auch soziale Kriterien berücksichtigt. Die beiden Ländergruppen sind:

LDC und NIC

- Am wenigsten entwickelte Länder (Least Developed Countries, LDC): Als Kriterien werden verwendet: BNE pro Kopf im Dreijahresdurchschnitt, soziale Merkmale (Gesundheit und Bildung) und Index der wirtschaftlichen Verletzlichkeit.[1] Die Kriterien lehnen sich stark an den Index des menschlichen Entwicklungsstands (vgl. Kap. 8.1.3) an. Als LDC gelten momentan rund 50 Länder. Beispiele: Bangladesch, Madagaskar, Mauretanien, Sudan.[2]
- Schwellenländer (Newly Industrialized Countries, NIC): Diese Länder haben ein überdurchschnittliches Wirtschaftswachstum (auch im Vergleich zu OECD-Staaten), eine starke Industrie (auch Investitionsgüter), hohe Produktivität bei relativ tiefem Lohnniveau und nutzen Nischen des Weltmarkts. In den letzten Jahren wurden verschiedene Listen von Schwellenländern erstellt. Am bekanntesten ist dabei die Liste der Weltbank und des internationalen Währungsfonds[3], die jeweils unterschiedlich viele Länder als Schwellenländer bezeichnen, darunter Südafrika, Mexiko, Brasilien, Malaysia, Ukraine und die Türkei.

8.1.3 Index des menschlichen Entwicklungsstands

HDI

Seit 1990 propagiert die UNO die Verwendung des Indexes des menschlichen Entwicklungsstands (Human Development Index, HDI) zur Messung von Entwicklung. Dieser gibt verlässlichere und aufschlussreichere Hinweise zur Lebenssituation der Bevölkerung eines Lands als ein einzelner Indikator wie der BNE. Der Index beinhaltet drei Komponenten der menschlichen Entwicklung:

- Lebenserwartung: ein langes und gesundes Leben, gemessen an der Lebenserwartung bei der Geburt
- Bildung: durchschnittliche Schulbesuchsdauer (Anzahl Jahre, die eine 25-jährige Person oder älter die Schule besucht hat) und voraussichtliche Schulbesuchsdauer (Anzahl Jahre, die ein 5-jähriges Kind voraussichtlich zur Schule gehen wird)
- Lebensstandard: Bruttonationaleinkommen pro Kopf in USD

[Tab. 8-1]   Höchst- und Tiefstwerte zur Berechnung des HDI

Index	Gemessen wird	Minimalwert	Maximalwert
Lebenserwartung	Lebenserwartung bei Geburt	20.5 Jahre	83.6 Jahre (Japan, 2012)
Bildung	Durchschnittliche Schulbesuchsdauer	0	13.3 Jahre (USA, 2010)
	Voraussichtliche Schulbesuchsdauer	0	18.0 Jahre (limitiert auf)
Lebensstandard	BNE pro Kopf	USD 100	USD 87 478 (Katar, 2012)

Die Daten des HDI für 2012 zeigen Norwegen an der Spitze, gefolgt von Australien und den USA. Die Schweiz steht in dieser Liste an neunter Stelle, noch vor Japan, Kanada und Südkorea. Am anderen Ende der Liste stehen Mali, Burkina Faso, Tschad, Mosambik, Demokratische Republik Kongo und Niger. Die aktuellen HDI-Werte finden Sie unter: http://de.wikipedia.org/wiki/Human_Development_Index (15.1.2014).

---

[1] Quelle: United Nations, 2014, http://unohrlls.org/about-ldcs/criteria-for-ldcs/ (16.1.2014).
[2] Quelle: United Nations, 2014, http://www.un.org/en/development/desa/policy/cdp/ldc/profile/ (16.1.2014).
[3] International Monetary Fund, http://www.imf.org/external/pubs/ft/weo/2010/02/weodata/groups.htm#cc (16.1.2014).

8.1.4 Vergleich von Industrie- und Entwicklungsländern

Meist stehen bei Vergleichen von Industrie- und Entwicklungsländern die wirtschaftlichen Aspekte im Vordergrund. Dies bringt die Lebenswirklichkeit der Menschen aber nur sehr schlecht zum Ausdruck und ist sehr selektiv. Soll eine umfassendere Sicht erfolgen, müssen auch naturgeografische, politische, kulturelle und gesellschaftliche Aspekte berücksichtigt werden. Aber auch dann kann es nur eine Annäherung bleiben, denn die Unterschiede innerhalb der Ländergruppen sind sehr gross. Folgende Merkmale können als Richtschnur gelten.

[Tab. 8-2] Merkmale von Industrie- und Entwicklungsländern

Merkmal	Industrieland	Entwicklungsland
Naturgeografisch	• Lage in günstigen klimatischen Zonen (v. a. gemässigte Breiten) • Naturkatastrophen wird mit einem gut ausgebauten Hilfsnetz begegnet	• Lage in klimatisch ungünstigen Zonen (Tropen, Subtropen) • Häufige Naturkatastrophen
Wirtschaftlich	• Landwirtschaft mit hohem Kapitalaufwand und Überproduktion • Hoher Energieverbrauch • Import von Rohstoffen, Export von Industriegütern • Stark entwickelter Dienstleistungssektor • Gut entwickelte Infrastruktur (Verkehr, Energie, Dienstleistungen) • Dominieren im Welthandel • Vorhandene Staatsverschuldung hat kaum Einfluss auf wirtschaftliche Entwicklung	• Landwirtschaft für Selbstversorgung und Export • Niedriger Energieverbrauch • Export von Rohstoffen, Abhängigkeit von importierten Industriegütern • Schwach entwickelter Dienstleistungssektor, verbreiteter informeller Sektor • Mangelhaft ausgebaute Infrastruktur • Schwache Position im Welthandel • Hohe Staatsverschuldung bremst die wirtschaftliche Entwicklung
Politisch	• Stabile politische Verhältnisse mit gut entwickelten demokratischen Strukturen • Kaum Grenzstreitigkeiten	• Unsichere politische Verhältnisse • Grenzstreitigkeiten mit Nachbarländern aufgrund umstrittener Grenzziehungen der ehemaligen Kolonialmächte
Kulturell	• Geringe Analphabetenrate • Sehr gute Ausbildungsmöglichkeiten • Geringe Unterschiede zwischen städtischen und ländlichen Regionen • Zunehmende religiöse und kulturelle Orientierungslosigkeit	• Hohe Analphabetenrate • Schlechte Ausbildungsmöglichkeiten für einen Grossteil der Bevölkerung • Grosse Unterschiede zwischen städtischen und ländlichen Regionen • Religiöse und kulturelle Verankerung
Gesellschaftlich	• Viel Freizeit und viele Ferientage • Verbot der Kinderarbeit • Zunehmende Gleichstellung der Frauen • Hohes Durchschnittseinkommen • Arbeitslosigkeit schwankt mit wirtschaftlichen Aufschwungs- und Abschwungsphasen • Geringes Bevölkerungswachstum • Kein Hunger • Gute medizinische Versorgung • Weit verbreitet gute Wohninfrastruktur • Zunehmend weniger intakte Familien • Hohe Selbstmordrate • Gesellschaftssystem auf Individuum ausgerichtet	• Wenige Ferientage, aber oft sehr viel Freizeit • Häufige Kinderarbeit • Frauen in vielen Bereichen benachteiligt • Niedriges Durchschnittseinkommen • Hoher Anteil an Arbeitslosen und Unterbeschäftigten • Hohes Bevölkerungswachstum • Verbreiteter Hunger und Mangelernährung • Schlechte medizinische Versorgung für grosse Teile der Bevölkerung • Hütten- und Marginalsiedlungen um Grossstädte • Intakte Strukturen der Grossfamilie • Tiefe Selbstmordrate • Kollektive Gesellschaftssysteme

Quelle: ftp://ftp.hoelzel.at/begleithefte/faszgeschichte3/industrie_entwicklung.pdf (24.03.09), ergänzt.

> **Zusammenfassung** Verschiedene Klassifizierungen werden angewendet, um den Entwicklungsstand eines Lands mithilfe von Indikatoren zu messen: Einkommen, Kaufkraft, menschlicher Entwicklungsstand.
>
> Vergleiche von Entwicklungs- und Industrieländern verwenden Merkmale aus folgenden Gruppen: naturgeografische, wirtschaftliche, politische, kulturelle, gesellschaftliche.

8.2 Entwicklungstheorien und -strategien

Die zwei Hauptfragen im Zusammenhang mit Entwicklung sind:

- Was sind die Ursachen für die Unterentwicklung?
- Wie können Entwicklungsdefizite beseitigt werden?

8.2.1 Endogene oder exogene Ursachen

Entwicklungstheorien

Die Entwicklungstheorien untersuchen die Ursachen für die heutige wirtschaftliche schlechte Lage und geringe Entwicklung der Entwicklungsländer. Die Vielzahl von Theorien lässt sich im Wesentlichen einteilen in endogene und exogene.

- Die endogenen Theorien vertreten die Ansicht, dass die heutige Lage der Länder hauptsächlich durch innere Gegebenheiten (wie Korruption und veraltete Strukturen) bedingt ist.
- Die exogenen Theorien hingegen gehen davon aus, dass die Gründe ausserhalb der Länder zu suchen sind, konkret in der Ausbeutung durch die Industrieländer.

Modernisierungstheorie

Geodeterminismustheorie

Die ursprünglichste der endogenen Theorien ist die Geodeterminismustheorie. Sie geht davon aus, dass die ungünstige geografische Lage (z. B. ungünstiges Klima) eines Lands Hauptursache für seine Situation ist. Man ging so weit, selbst allgemeine Charakterzüge der Individuen aus dem Klima und der Topografie ihrer Umwelt abzuleiten. Rassistisch gefärbte Ideen von einer naturgegebenen Überlegenheit bestimmter, allen voran nordischer Völker wurden insbesondere im Dritten Reich vor den Propagandakarren der Nationalsozialisten gespannt.

Modernisierungstheorie

Eine neuere Variante ist die Modernisierungstheorie, die seit den 1950er-Jahren entstand. Die Verfechter dieser Theorie gehen davon aus, dass sich die Entwicklungsländer (EL) in die gleiche Richtung wie die Industrieländer (IL) entwickeln, nur langsamer. Als Grund wird die höhere kulturelle Innovation der IL angesehen. Aus diesen Überlegungen folgt die Empfehlung, in den EL das politische und das rechtliche System zu modernisieren, das Bildungswesen zu fördern und die wirtschaftlichen Rahmenbedingungen zu verbessern. Diese Theorie war über Jahrzehnte die Grundlage für Entwicklungspolitik und Entwicklungshilfe.

Kritik

Kritiker der Modernisierungstheorie setzen an verschiedenen Stellen an:

- Einige sehen die westeuropäische Modernisierung als eine einzigartige historische Entwicklung an, die nicht universell wiederholt werden könne. Die EL befänden sich also nicht auf dem gleichen, sondern auf einem anderen Entwicklungspfad.
- Andere kritische Positionen gehen von einer Mischung aus: Es gebe sowohl eine gemeinsame Entwicklungsrichtung aller Gesellschaften hin zu technischem und wirtschaftlichem Fortschritt als auch eine relative Einzigartigkeit der Geschichte jeder Gesellschaft.
- Wieder andere Kritiker sehen Lücken in der Erklärung: Die Modernisierungstheorien böten keinen Erklärungsversuch für die grössere Entwicklungsgeschwindigkeit der IL, deren kulturelle Innovationen einfach vorausgesetzt würden.

Dependenztheorie

Imperialismustheorie

Die erste exogene Theorie entstand Anfang des 20. Jahrhunderts. Diese Imperialismustheorie sieht die Ursachen der Unterentwicklung u. a. in der internationalen Arbeitsteilung, die die Rohstoffbeschaffung und Massenproduktion in die EL auslagert, die modernen Technologien mit der hohen Wertschöpfung aber in den IL belässt. Dadurch entsteht ein ungleicher Tausch (Terms of Trade[1]), der die Entwicklung der EL bremst.

Dependenztheorie

In den 1960er-Jahren wurden die Gedanken der Imperialismustheorie wiederbelebt und modifiziert: die Dependenztheorie entstand. Diese Theorie wurde zuerst in Lateinamerika vertreten, als sich das Scheitern der klassischen Entwicklungspolitik abzeichnete. Der Name leitet sich vom spanischen Wort für Abhängigkeit «dependencia» ab. Die Vertreter dieser Theorie sind der Ansicht, die Abhängigkeit der EI von den IL sei die Ursache für die Unterentwicklung. Sie bezeichnen das heutige Welthandelssystem als neokolonialistisch, weil es die EL arm hält und es nur einer kleinen, urbanen Elite in den EL ermöglicht, einen Lebensstandard vergleichbar mit demjenigen der IL zu pflegen. Die Differenz zur restlichen Bevölkerungsmehrheit wächst dabei.

Kritik

Kritik an der Dependenztheorie:

- Die Kritik richtet sich u. a. auf ein unzureichendes Erklärungsangebot: Die Abhängigkeitstheorien böten keine (ausreichende) Erklärung dafür an, warum die IL überhaupt die EL unterwerfen konnten. So, wie die Modernisierungstheoretiker das Machtgefälle und die Abhängigkeiten zwischen Zentren und Peripherien verharmlosten, würden umgekehrt die Abhängigkeitstheoretiker den Entwicklungsvorsprung der IL nicht zureichend beschreiben und erklären.
- Ein weiterer Kritikpunkt besteht in der Ausklammerung endogener Entwicklungshindernisse. Da die Ursachen der Unterentwicklung als gänzlich exogen angesehen werden, werden interne Missstände in den EL selbst ausser Acht gelassen wie z. B. sich selbst bereichernde Diktatoren oder Korruption.

Fazit

Die Ausführungen dieses Kapitels zeigen deutlich, dass zur Erklärung von Entwicklungsproblemen monokausale[2] Ansätze nicht geeignet sind.

8.2.2 Integration oder Abkopplung

Entwicklungsstrategien

Die verschiedenen Entwicklungsstrategien verfolgen alle das Ziel, die Entwicklungsdefizite der EL zu beseitigen. Dies tun sie aber auf ganz unterschiedlichen Wegen. In Anlehnung an Strahm[3] lassen sich die Strategien folgendermassen charakterisieren:

Wachstum durch Integration in die liberale Weltwirtschaft

Diese Strategie will die EL durch die Ausweitung des Handels, durch Privatinvestitionen und Entwicklungskredite in die Weltwirtschaft integrieren und dadurch die Entwicklung in den EL voranbringen. Diese Strategie wird v. a. von den politischen und wirtschaftlichen Entscheidungsträgern der IL, den westlich orientierten Eliten der EL, international tätigen Banken und multilateralen Finanzinstitutionen (Weltbank, IWF) und den transnationalen Unternehmen verfolgt.

---

[1] Unter dem Begriff Terms of Trade wird das Austauschverhältnis zwischen den exportierten und den importierten Gütern eines Lands verstanden. Da EL meist (billige) Rohstoffe und Massengüter verkaufen und von den IL (teure) Spezialgüter kaufen, ist der Tausch ungleich.

[2] Auf nur eine Ursache zurückgehend, sich auf nur eine Grundlage stützend, von griech. *monos* «allein, einzeln, einzig» und lat. *causa* «Grund, Ursache».

[3] Strahm, Rudolf (1986): Warum sie so arm sind. Arbeitsbuch zur Entwicklung der Unterentwicklung in der Dritten Welt mit Schaubildern und Kommentaren, Wuppertal.

Neue Weltwirtschaftsordnung

Die Strategie der «Neuen Weltwirtschaftsordnung» wurde nach den Ölkrisen der 1970er-Jahre insbesondere von den Regierungen der EL entwickelt. Obwohl diese Strategie (langfristig) auch eine Integration der EL in die Weltwirtschaft anstrebt, kritisiert sie gleichzeitig aber die heutige Weltwirtschaft und verlangt mehr Regelungen und Rechte für die EL. Forderungen sind: Kontrolle transnationaler Unternehmen, Recht auf Verstaatlichung ausländischen Besitzes, nationale Verfügung über die natürlichen Ressourcen, bessere Mitbestimmung in internationalen Organisationen.

Eigenständige Entwicklung

Die dritte Strategie will durch nationale Eigenständigkeit (engl. self-reliance) bzw. kollektive Eigenständigkeit zwischen den EL (engl. collective self-reliance) die Entwicklung vorantreiben. Dies soll zunächst bzw. zeitweise durch eine selektive Abkopplung von der Weltwirtschaft geschehen. Verschiedene historische Beispiele (USA Ende des 18. Jahrhunderts, Japan bis Anfang des 20. Jahrhunderts, China von 1950–1980) sollen den möglichen Erfolg einer solchen Strategie belegen.

Aktuelle Entwicklungsstrategie von OECD und UNO

1996 wurde von der OECD eine Entwicklungsstrategie für das 21. Jahrhundert vorgelegt mit dem Ziel, bis zum Jahr 2015 den Anteil der extrem armen Menschen in der Welt zu halbieren. Dieses Ziel bildete die Grundlage für die im September 2000 von der UN-Generalversammlung verabschiedeten acht Millennium-Entwicklungsziele[1], die bis 2015 erreicht werden sollen:

1. Extreme Armut und Hunger beseitigen:
   - Die Zahl der Menschen, die von weniger als 1 US-Dollar pro Tag leben, soll um die Hälfte gesenkt werden.
   - Der Anteil der Menschen, die unter Hunger leiden, soll um die Hälfte gesenkt werden.
2. Grundschulausbildung für alle Kinder gewährleisten: Alle Jungen und Mädchen sollen eine vollständige Grundschulausbildung erhalten.
3. Gleichstellung und grösseren Einfluss der Frauen fördern: In der Grund- und Mittelschulausbildung soll bis zum Jahr 2005 und auf allen Ausbildungsstufen bis zum Jahr 2015 jede unterschiedliche Behandlung der Geschlechter beseitigt werden.
4. Kindersterblichkeit senken: Die Sterblichkeit von Kindern unter 5 Jahren soll um zwei Drittel gesenkt werden.
5. Gesundheit der Mütter verbessern: Die Müttersterblichkeit soll um drei Viertel gesenkt werden.
6. HIV / Aids, Malaria und andere Krankheiten bekämpfen:
   - Die Ausbreitung von HIV / Aids soll zum Stillstand gebracht und das Virus zum Rückzug gezwungen werden.
   - Der Ausbruch von Malaria und anderer schwerer Krankheiten soll unterbunden und zurückgedrängt werden.
7. Eine nachhaltige Umwelt gewährleisten:
   - Die Grundsätze der nachhaltigen Entwicklung sollen in der nationalen Politik übernommen werden; dem Verlust von Umweltressourcen soll Einhalt geboten werden.
   - Die Zahl der Menschen, die über keinen nachhaltigen Zugang zu gesundem Trinkwasser verfügen, soll um die Hälfte gesenkt werden.
   - Bis zum Jahr 2020 sollen wesentliche Verbesserungen in den Lebensbedingungen von zumindest 100 Mio. Slumbewohnern erzielt werden.

---

[1] Quelle: http://www.unric.org/html/german/mdg/index.html (16.1.2014).

8. Eine globale Partnerschaft im Dienst der Entwicklung schaffen:
   - Ein offenes Handels- und Finanzsystem, das auf festen Regeln beruht, vorhersehbar ist und nicht diskriminierend wirkt, soll weiter ausgebaut werden. Dies schliesst eine Verpflichtung zu guter Staatsführung, zur Entwicklung und zur Beseitigung der Armut sowohl auf nationaler wie auf internationaler Ebene ein.
   - Auf die besonderen Bedürfnisse der am wenigsten entwickelten Länder muss entsprechend eingegangen werden. Dazu gehören der zoll- und quotenfreie Marktzugang für die Exporte dieser Länder; die verstärkte Schuldenerleichterung für die hoch verschuldeten armen Länder; die Streichung aller bilateralen öffentlichen Schulden dieser Länder sowie eine grosszügigere Entwicklungshilfe für Länder, die wirkliche Anstrengungen zur Senkung der Armut unternehmen.
   - Auf die besonderen Bedürfnisse der Binnenstaaten und der kleinen Inselentwicklungsländer muss entsprechend eingegangen werden.
   - Die Schuldenprobleme der EL mit niedrigen und mittleren Einkommen müssen durch Massnahmen auf nationaler und internationaler Ebene umfassend und wirksam angegangen werden, damit ihre Schulden auf lange Sicht tragbar werden.
   - In Zusammenarbeit mit den EL soll für die Schaffung menschenwürdiger und produktiver Arbeitsplätze für junge Menschen gesorgt werden.
   - In Zusammenarbeit mit der pharmazeutischen Industrie sollen lebenswichtige Medikamente in den EL zu erschwinglichen Preisen verfügbar gemacht werden.
   - In Zusammenarbeit mit dem Privatsektor sollen die Vorteile der neuen Technologien, insbesondere der Informations- und Kommunikationstechnologien, verfügbar gemacht werden.

Zusammenfassung

Entwicklungstheorien gehen entweder von endogenen oder exogenen Ursachen für die heutigen Probleme aus. Wichtige Entwicklungstheorien sind: Modernisierungstheorie, Dependenztheorie.

Verschiedene Entwicklungsstrategien versuchen, einen Weg aus der Unterentwicklung zu weisen: Wachstum durch Integration in die liberale Weltwirtschaft, Neue Weltwirtschaftsordnung, eigenständige Entwicklung (selektive Abkopplung), Entwicklungsstrategie von OECD und UNO (Millennium-Entwicklungsziele).

8.3 Entwicklungszusammenarbeit

Warum Entwicklungszusammenarbeit?

Als Entwicklungszusammenarbeit (früher auch Entwicklungshilfe genannt) bezeichnet man die gemeinsamen Bemühungen von IL und EL, die globalen Unterschiede in der wirtschaftlichen Entwicklung und den allgemeinen Lebensbedingungen abzubauen. Die Bedingungen sollen dabei dauerhaft und nachhaltig verbessert werden.

Der bis in die 1990er-Jahre hinein verwendete Begriff der Entwicklungshilfe geht auf das Jahr 1961 zurück, als die Organisation für internationale Zusammenarbeit und Entwicklung (OECD) gegründet wurde. Sie machte es sich zu ihrer Aufgabe, die Entwicklungshilfe international zu koordinieren und unter den Mitgliedsländern besser abzustimmen. Bis zu diesem Zeitpunkt hatte es nur die finanzielle Hilfe an ehemalige Kolonien gegeben, die in die Unabhängigkeit entlassen worden waren.

Die frühe Entwicklungshilfe der 1960er- bis 1980er-Jahre war nicht von Partnerschaftlichkeit geprägt, sondern widerspiegelte die dominierende Rolle der IL in Know-how und finanzieller Kraft. Seit den 1990er-Jahren hat sich die Hilfe zur Entwicklungszusammenarbeit gewandelt, der Meinung der EL-Vertreter wird bedeutend mehr Gehör geschenkt.

8.3.1 Formen und Arten der Entwicklungszusammenarbeit

Bilaterale und multilaterale Entwicklungszusammenarbeit

Generell unterscheidet man drei Formen der Entwicklungszusammenarbeit:

- Multilaterale Entwicklungszusammenarbeit: Dabei unterstützt eine Gruppe von Ländern mehrere EL.
- Bilaterale Entwicklungszusammenarbeit: Dabei unterstützt ein Land ein anderes Land ganz gezielt.
- Private Entwicklungszusammenarbeit: Hierbei unterstützen private Organisationen Projekte in EL. Sie arbeiten unabhängig von Regierungsstellen und werden deshalb nichtstaatliche Organisationen genannt.[1]

Bei der Art der Entwicklungszusammenarbeit geht es um die Art der Unterstützung. Dabei ist die Entwicklungszusammenarbeit, die eine längerfristige Aufbauarbeit verfolgt, klar von der kurzfristigen humanitären Hilfe zu unterscheiden, die bei Naturkatastrophen und Kriegen zum Zuge kommt, wenn z. B. Hunger droht. Die wichtigsten Arten der Entwicklungszusammenarbeit sind:

- Medizinische Hilfe und Gesundheitsvorsorge
- Schul- und Berufsbildung
- Wasserversorgung
- Abwasserentsorgung
- Entwicklung der Landwirtschaft

Multilaterale Entwicklungszusammenarbeit

Bei der multilateralen Entwicklungszusammenarbeit leisten die IL Zahlungen an überstaatliche internationale Organisationen, die diese Gelder verwalten und dann an verschiedene EL für eine Vielzahl von Projekten auszahlen. Beispiele solcher Organisationen sind verschiedene Sonderorganisationen der UNO wie das UNDP (UN-Entwicklungsprogramm), das UNEP (UN-Umweltprogramm), die WHO (UN-Weltgesundheitsorganisation), der UNFPA (UN-Bevölkerungsfonds) und das WFP (UN-Welternährungsprogramm). Weitere Organisationen, die sich in der multilateralen Entwicklungszusammenarbeit engagieren, sind die Weltbankgruppe (UN-Sonderorganisation) und der GFATM (Organisation zur Bekämpfung von Aids, Tuberkulose und Malaria).

8.3.2 Bilaterale Entwicklungszusammenarbeit am Beispiel der Schweiz

Die bilaterale Entwicklungszusammenarbeit der Schweiz ist international abgestützt, indem die Schweiz als eines der 27 Geberländer im Komitee für Entwicklungszusammenarbeit (Development Assistance Committee, CAD) der OECD vertreten ist und dort alle drei Jahre einen Bericht über ihre öffentliche Entwicklungszusammenarbeit abgibt.

DEZA und SECO

Zuständig für die staatliche Entwicklungszusammenarbeit der Schweiz ist die Direktion für Entwicklung und Zusammenarbeit (DEZA), die Teil des Eidgenössischen Departements für auswärtige Angelegenheiten (EDA) ist. Die DEZA ist neben der Entwicklungszusammenarbeit auch in der humanitären Hilfe (Katastrophenhilfe) und der Zusammenarbeit mit Osteuropa (Transitionshilfe) tätig.

Die DEZA arbeitet mit rund 550 Schweizer Mitarbeitenden im In- und Ausland sowie rund 900 lokalen Angestellten und einem Jahresbudget von 1.87 Mia. Franken (Stand 2012). Sie arbeitet in eigenen direkten Aktionen, unterstützt Programme multilateraler Organisationen und finanziert Programme schweizerischer und internationaler privater Hilfswerke mit.

---

[1] Mehr über diese Organisationen erfahren Sie im Compendio-Lehrmittel «Wirtschaft, Umwelt und Raum».

Der Bereich wirtschaftliche Zusammenarbeit und Entwicklung ist im Staatssekretariat für Wirtschaft (SECO) angesiedelt, das zum Eidgenössischen Volkswirtschaftsdepartement (EVD) gehört. Die Aufgabe dieses Bereichs ist, den Einbezug der Partnerländer in die Weltwirtschaft und ein nachhaltiges Wirtschaftswachstum zu fördern.

Ziel der Entwicklungszusammenarbeit

Das Hauptziel der DEZA ist die Armutsreduktion in ihren Partnerländern im Sinne der Hilfe zur Selbsthilfe. Dies tut sie durch:

- Förderung der wirtschaftlichen und staatlichen Eigenständigkeit
- Beitrag zur Verbesserung der Produktionsbedingungen
- Hilfe bei der Bewältigung von Umweltproblemen
- Verbesserung des Zugangs zu Bildung und Grundversorgung für die am meisten benachteiligten Bevölkerungsgruppen

Um seine Mittel gezielter einsetzen zu können, arbeitet das DEZA im Bereich «bilaterale Entwicklungszusammenarbeit» in 20 Schwerpunktländern und -regionen. Zurzeit (2014) sind bei der DEZA etwa 570 Projekte und Programme in Arbeit.[1] Sie werden im Rahmen mehrjähriger Programme zusammen mit lokalen Partnern geplant und umgesetzt. Dies sind neben staatlichen Stellen i. d. R. auch Verbände, nichtstaatliche Organisationen, die Privatwirtschaft und lokale Basisgruppen. Die Durchführung der Projekte obliegt je nach Verfügbarkeit der erforderlichen Fachkompetenz entweder der DEZA selbst, schweizerischen und internationalen bzw. lokalen Hilfswerken, beauftragten Firmen oder internationalen Organisationen.

Projektbeispiel

Häusliche Gewalt ist in Bolivien weitverbreitet. Die Opfer leiden nicht nur unter schweren körperlichen und psychischen Folgen, sondern auch der Demokratisierungsprozess und die Armutsbekämpfung werden durch die Benachteiligung und Misshandlung von Frauen behindert. Die DEZA engagiert sich gegen die Gewalt an Frauen.

In Bolivien leiden 7 von 10 Frauen unter einer Form von häuslicher Gewalt. Gemäss einem Bericht von UN-Women ist Bolivien eines der Länder, in denen Frauen bezüglich Bildung und Zugang zu Gesundheitsdiensten am stärksten benachteiligt sind. In diesen Bereichen muss deshalb besonders viel für die Verringerung der Ungleichheiten zwischen Männern und Frauen getan werden.[2]

Die Inhalte der Zusammenarbeit der DEZA richten sich nach den fünf Grundsätzen:

- Konfliktprävention und -bewältigung (Stärkung des Staats und des Demokratisierungsprozesses)
- Gute Regierungsführung (Rechtsstaatlichkeit, Einhaltung der Menschenrechte, Gleichstellung von Frau und Mann, ausgewogene Machtverteilung, wirtschaftliche Stabilität)
- Einkommensförderung und Beschäftigung (Schaffung von Arbeitsplätzen im privaten Sektor durch geeignete staatliche Rahmenbedingungen)
- Erhöhung der sozialen Gerechtigkeit (Kampf der wachsenden Kluft zwischen armen und reichen Bevölkerungsgruppen innerhalb der Länder)
- Nachhaltige Nutzung der natürlichen Ressourcen (Unterstützung der Bauern und Bäuerinnen in der landwirtschaftlichen Produktion und Vermarktung sowie im nachhaltigen Umgang mit den natürlichen Ressourcen)

---

[1] Quelle: Direktion für Entwicklung und Zusammenarbeit DEZA, http://www.deza.admin.ch/de/Home/Projekte?&full=1#form2 (15.1.2014).

[2] Quelle: Direktion für Entwicklung und Zusammenarbeit DEZA, http://www.deza.admin.ch/de/Home/Projekte/Ausgewaehlte_Projekte/Haeusliche_Gewalt_ein_Hindernis_fuer_die_Demokratisierung (15.1.2014).

8.3.3 Kritik an der Entwicklungszusammenarbeit

Aus ganz unterschiedlichen Richtungen wird die Entwicklungszusammenarbeit kritisiert:

- Linke Kritiker bemängeln, dass sich die Entwicklungshilfe der IL an der kapitalistischen Produktionsweise orientiere und dadurch die politische Souveränität der Empfängerländer durch Vorgaben der Geberländer untergraben würde. Dem wird (auch vonseiten regierungsunabhängiger Fachleute aus EL wie z. B. dem ghanaischen Ökonomen George Ayittey) entgegengehalten, dass in vielen EL korrupte Eliten an der Macht seien, die kaum im Interesse der breiten Bevölkerung handelten.
- Globalisierungskritiker und auch einige Ökonomen (wie z. B. der oben schon erwähnte George Ayittey) kritisieren, dass bei der Entwicklungszusammenarbeit ein zu grosser Fokus auf die industrielle und urbane Entwicklung gelegt würde und die agrarische Entwicklung und der ländliche Raum zu wenig Beachtung fänden.
- Im Weiteren wird immer wieder geäussert, dass die EL netto gar keine Entwicklungshilfe erhalten würden, weil die Schuldentilgungen grösser wären als die Hilfe. Dass dies nicht der Fall ist, belegen sowohl Zahlen der OECD und der UNO also auch Untersuchungen unabhängiger Wissenschaftlerinnen und Wissenschaftler.
- Zudem wird manchmal argumentiert, dass Entwicklungshilfe oft nur eine Hilfe für die eigene Wirtschaft sei. Dies hat insofern etwas für sich, als in einigen Ländern (z. B. Deutschland) tatsächlich mit dem Argument für die Entwicklungszusammenarbeit geworben wird, dass sie die deutsche Wirtschaft mit ankurbeln würde.
- Aus liberaler Sicht gibt es eine radikale Kritik an der Entwicklungshilfe, die v. a. vom britischen Ökonomen Peter Bauer und von seinem kenianischen Kollegen James Shikwati geäussert wird: Sie sind der Ansicht, dass die heutigen Probleme Afrikas durch die Entwicklungshilfe der letzten Jahrzehnte noch verstärkt wurden, und fordern eine völlige Einstellung der Entwicklungshilfe. Sie sind der Meinung, dass die Entwicklungshilfe den Warenaustausch zwischen den EL und die Entstehung einer privaten Wirtschaft in diesen Ländern behindert hat. James Shikwati kritisiert die Entwicklungshilfe als ein Mittel, um afrikanische Länder an westliche Kapitalgeber zu binden und somit eine einseitige wirtschaftliche und politische Abhängigkeit zu erzeugen.
- Eine politische Kritik will die Entwicklungszusammenarbeit mit der Frage nach demokratischen Strukturen in den Empfängerländern und ihrem für das Gemeinwohl sinnvollen Einsatz des Staatshaushalts verknüpft sehen. In beiden Punkten haben die meisten Länder Afrikas Defizite. George Ayittey kritisiert z. B., dass ein grosser Teil der Entwicklungshilfe, die über die Jahrzehnte in afrikanische Länder floss, von den korrupten Eliten missbraucht wurde und dazu diente, diese an der Macht zu halten.
- 1970 formulierte die UNO das Ziel, dass die IL 0.7% ihres BNP für öffentliche Entwicklungshilfe aufwenden sollten. Nur wenige Länder erfüllen bis anhin diese Vorgabe.

Zusammenfassung Bei der Entwicklungszusammenarbeit (früher: Entwicklungshilfe) werden drei Formen unterschieden: multilateral, bilateral, privat. Die staatliche Entwicklungszusammenarbeit in der Schweiz ist Sache der DEZA und des SECO. Die Entwicklungszusammenarbeit wird aus ganz unterschiedlichen politischen Richtungen kritisiert: Die einen wollen viel mehr, die anderen wollen die Entwicklungszusammenarbeit ganz abschaffen.

Aufgabe 52 Verschiedene private Hilfsorganisationen in der Schweiz (z. B. Brot für alle, Caritas, Fastenopfer, HEKS, Helvetas, MISEREOR, Swissaid) engagieren sich in der Entwicklungszusammenarbeit. Informieren Sie sich mithilfe des Internets über eine dieser Organisationen, indem Sie folgende Punkte berücksichtigen: Gründer, Gründungsjahr, Geschäftssitz, Ziele, Finanzierung und Projekte.

9 Das Leben in Megastädten

Lernziele	Nach der Bearbeitung dieses Kapitels können Sie ... <ul><li>erklären, weshalb Grossstädte auf die Landbevölkerung eine fast magische Anziehungskraft ausüben.</li><li>Landflucht und Städtewachstum in vielen Ländern miteinander in enge Beziehung setzen.</li><li>die grossen Umweltbelastungen und -risiken, denen die Bevölkerung in Megastädten ausgesetzt ist, nennen.</li><li>darlegen, wie desolat die Ver- und Entsorgungslage in vielen Megastädten ist und mit welchen Massnahmen u. a. das lokale Kleingewerbe versucht, diesen Missständen zu begegnen.</li></ul>
Schlüsselbegriffe	informeller Sektor, Push- und Pull-Faktoren, Megastadt, Schattenwirtschaft, Slums

Um 1900 lebte etwa jeder zehnte Mensch in einer Stadt. Heute ist bereits jeder zweite in einer Stadt oder in einer städtischen Agglomeration zu Hause. Nach Schätzungen der UNO werden im Jahr 2025 zwei Drittel der Weltbevölkerung in Städten leben. Die globale Verstädterung schreitet unaufhaltsam voran. Auch die Zahl der Megastädte, d. h. Städte mit mehr als 10 Mio. Einwohnerinnen und Einwohnern, wird in den kommenden Jahren deutlich ansteigen. Drei Viertel dieser Megastädte werden in Schwellen- und Entwicklungsländern sein. Besonders viele asiatische Orte werden sich zu Megastädten entwickeln.

Dieses rasante Wachstum erzeugt grosse Umweltprobleme. Auch soziale Missstände, unter denen besonders Kinder leiden, gehören zum Alltag der Megastädte. Durch den grossen Bevölkerungszustrom entstehen gravierende Wohnungsprobleme. Viele Zuwanderer müssen sich mit einer behelfsmässigen Behausung in einer Armensiedlung begnügen. Besonders in den südamerikanischen Städten liegen sie oft an ungünstigen Lagen an steilem Gelände. Der aus Brasilien stammende Begriff Favelas ist zum Inbegriff für diese unprivilegierte und oft auch gefährliche Siedlungsform geworden.

Hat die Problematik der Megastädte tatsächlich etwas mit den Schwellen- und Entwicklungsländern zu tun? Nur bedingt! Jede Stadt mit einem gewaltigen Bevölkerungswachstum hat Probleme, in kürzester Zeit genügend Wohnraum und Infrastruktur für die zuströmenden Bevölkerungsmassen zur Verfügung zu stellen. Vor 150 Jahren war dies durch die Industrialisierung in Europa ganz ähnlich. Die Bevölkerungszahl verdoppelte sich oft in wenigen Jahren. Viele Zuzüger lebten in mehrfach belegten Zimmern in Häusern ohne sanitäre Einrichtungen.

9.1 Wachstum der Städte

Suchen Sie z. B. verlässliche Bevölkerungszahlen der grössten Städte der Welt, werden Sie in den Statistiken abweichende Zahlen über die aktuelle Situation finden. Dies hängt mit der Bezugsfläche zusammen. Megastädte bestehen aus zahlreichen administrativen Einheiten und ohne genaue räumliche Begrenzung der Stadtregion. Meist handelt es sich bei Grossagglomerationen um Schätzungen.

Viele Länder kennen keine präzise Einwohnerkontrolle, wie sie bei uns existiert und wodurch Gemeindezahlen zu Agglomerationsdaten zusammengezählt werden können. Bereits in den USA und in Grossbritannien ist dies anders. Kulturelle Unterschiede führen dort zu einer weniger strikten statistischen Erfassung der Bevölkerung. In Entwicklungsländern fehlen zudem die administrativen Strukturen, um die Bevölkerung zu erfassen. Zudem kann sich die Bevölkerungszahl einer 10-Millionen-Stadt von Monat zu Monat durch die Zuwanderung stark verändern.

Definitionen

Slums

Der Begriff stammt aus England, wo durch die frühe Industrialisierung die ersten Slums entstanden waren. Heute definiert UN-Habitat (vgl. unten) den Begriff Slum als «Siedlung, in der mehr als die Hälfte der Einwohner in unzumutbaren Unterkünften ohne grundlegende Versorgungseinrichtungen leben». Kennzeichnend für Slums sind also der informelle Wohnungssektor und eine unzureichende Infrastruktur (Versorgung, Entsorgung, öffentlicher Verkehr).

Die Megastädte in den Entwicklungsländern haben gegenwärtig global die höchsten Anteile an Slums. Oft beginnen die Slums in unmittelbarer Nachbarschaft zu privilegierten Siedlungsgebieten. Slums liegen jedoch vielfach an gefährlichen Lagen (an rutschgefährdeten Hängen oder in überschwemmungsgefährdeten Senken). Sie dehnen sich häufig in weit entlegene Agglomerationsbereiche aus, von wo das Erreichen der Kernstadt fast unmöglich wird. Diese meist illegalen Siedlungen der Zuwanderer in Entwicklungsländern werden auch als Hüttensiedlungen oder Marginalsiedlungen bezeichnet.

Favelas

Begriff für die Slums in Brasilien.

Barrios

Begriff für die Slums in Venezuela.

Informeller Sektor

Lokal verankerte Gewerbeform, die aus kleinen Geschäftseinheiten besteht. Arbeitet von den Steuerbehörden unerfasst.

Gated Community

Abgeriegelte und bewachte Siedlung für wohlhabende Bewohnerinnen und Bewohner. Durch die Bewachung sollen die Bewohner vor Einbrüchen und Raubüberfällen geschützt werden. Der Zugang wird von privatem Sicherheitspersonal kontrolliert. Meist ist die Siedlung eingezäunt und wird durch Kameraeinsatz überwacht.

Metropolisierung

Bevölkerungskonzentration in wenigen führenden städtischen Agglomerationen, oft identisch mit der Hauptstadt eines Lands.

UN-Habitat

UNO-Organisation für das Siedlungs- und Wohnungswesen (http://www.unhabitat.org).

Zusammenfassung Immer mehr Menschen wohnen in Städten. Gegenwärtig findet dieser Urbanisierungsschub v. a. in Entwicklungs- und Schwellenländern statt. Dort wachsen spezifische Siedlungsformen wie Slums oder deren regionale Form in Brasilien, die Favelas, ins Uferlose. In hoch entwickelten Staaten wie Japan stagnieren die Bevölkerungszahlen der Megastädte auf hohem Niveau.

Aufgabe 53 Suchen Sie in Medienportalen im Internet Berichte über die Lebensverhältnisse in brasilianischen Slums!

9.2 Mexico City

Betrachten wir als Beispiel für die Entstehung einer Megastadt die Hauptstadt des mittelamerikanischen Staats Mexiko. Mexico City ist im 20. Jahrhundert explosionsartig angewachsen. Zahlreiche Medienberichte haben die Schwierigkeiten, die mit diesem Wachstum verbunden sind, einer breiten Öffentlichkeit nähergebracht. Dadurch ist Mexico City zum Symbol einer boomenden Megastadt der Entwicklungsländer geworden. Daher wird sie in diesem Kapitel vorgestellt werden. Heute aber verzeichnen andere Städte die stärksten Wachstumsraten (vgl. Kap. 9.3, S. 112).

Mexico City ist somit ein Beispiel, das sich inzwischen an viele europäische und nordamerikanische angleicht. Die Boomphase ist vorbei, es kommt die Phase der Konsolidierung, die allmählich zu einer Verbesserung der Infrastruktur führen wird.

Aztekenstadt Tenochtitlán

Mexico City liegt auf einer abflusslosen Hochebene auf 2 250 m ü. M. Bergketten und Vulkane mit Gipfeln auf über 5 000 m ü. M. rahmen die Hochebene ein. Hier gründeten die Azteken 1345 die Siedlung Tenochtitlán auf einer Insel des Texcoco-Sees (vgl. SWA, S. 155, DWA, S. 151). Diesen Ort bauten sie zu einer eindrucksvollen Hauptstadt aus, in der im 16. Jahrhundert über 60 000 Einwohner und Einwohnerinnen lebten. Dadurch war Mexiko zu der Zeit eine gegenüber den meisten europäischen Städten riesige Grossstadt.

[Abb. 9-1] Mexico City

Bild: © trekandshoot – Dreamstime.com

1521 verwüsteten die spanischen Eroberer die Stadt und eigneten sich den Ort an. Sie passten den Grundriss der Azteken (ein Achsenkreuz, das die Stadt in vier regelmässige Viertel aufteilte) an ein Schachbrettmuster an und bauten die Stadt auf dieser Grundlage aus. Als Zeichen der Macht wurden die Regierungsgebäude im Stadtzentrum auf den Ruinen der aztekischen Kultbauten errichtet. Die Ausbeutung der Silberminen im Hinterland führte zu einer wirtschaftlichen Blüte. Um 1900 wurde der grosse Abwasserkanal gebaut, der das abflusslose Becken entwässerte und dadurch vor den bis anhin häufigen Überschwemmungen schützte.

Gravierende Umweltprobleme

Die Umweltfolgen dieser Massnahmen waren jedoch gravierend. Mit dem Grundwasser verliess auch die Festigkeit den Untergrund, einzelne Gebäude senkten sich um mehrere Meter ab. Wie das Erdbeben von 1985 zeigte, kann sich der unsichere Baugrund bei Erdbeben verheerend auswirken. Damals kamen 4500 Menschen ums Leben und über 5000 Gebäude wurden zerstört.

Push- und Pull-Faktoren

Viele Vororte von Mexico City haben im 20. Jahrhundert eine gewaltige Bevölkerungsexplosion erlebt. Während die Hoffnung auf Arbeit, Bildung und bessere Versorgung die Menschen in die Stadt zieht (Pull-Faktoren), vertreiben sie mangelnder Grundbesitz, fehlendes Einkommen und schlechte gesundheitliche Versorgung aus dem ländlichen Raum (Push-Faktoren).

Wuchernde Vororte

Nezahualcóyotl ist der am stärksten angewachsene Vorort von Mexico City. 1958 wohnten dort 12000 Menschen, heute sind es weit über 1 Mio. Viele dieser Besiedlungen entstanden durch Landbesetzungen. Trotz Illegalität stellen die Behörden mit Tankwagen Wasser für den dringendsten Bedarf zur Verfügung. Am Anfang bauen sich die Neuankömmlinge ihre Behausungen meist aus Abfallmaterial. Aber allmählich entstehen durch ständiges Weiter- und Umbauen feste Häuser. Viele der illegalen Siedlungen werden nicht von Zuzügern vom Land, sondern von Stadtbewohnern bevölkert, die aus den beengten Lebensbedingungen der City-Randgebiete wegziehen.

Verkehrskollaps

Eines der grössten Probleme der Bevölkerungsexplosion ist der Verkehr. Trotz der Eröffnung der ersten Metrolinie 1969 und einem Ausbau auf über 200 km hat der Strassenverkehr nach wie vor eine dominierende Position. Es kommt zu regelmässigen Verkehrszusammenbrüchen. Eng verknüpft damit ist die schlechte Luftqualität. Durch die Kessellage der Stadt entsteht während langer Schönwetterperioden eine Inversionslage, die zu einer massiven Smogbildung führt.

Mittlerweile sind die schlechten Lebensbedingungen in der Metropole landesweit bekannt, Mexico City hat seine starke Anziehungskraft für die Landbevölkerung eingebüsst. Auch die wirtschaftliche Bedeutung ist massiv zurückgegangen. Seit den Neunzigerjahren des letzten Jahrhunderts sind im Dienstleistungsbereich Hunderttausende von Arbeitsplätzen verloren gegangen. Dagegen sind Kleingewerbe und Strassenhandel stark angestiegen.

[Tab. 9-1] Bevölkerungsentwicklung von Mexico City

Jahr	Bevölkerung in Mio. gerundet
1900	0.4
1930	1.0
1950	3.1
1970	9.2
1990	15.3
2011	20.4
Prognose 2025	24.6

Quellen: Gormsen 1994 und United Nations Department of Economic and Social Affairs / Population Division, World Urbanization Prospects: The 2011 Revision.

[Abb. 9-2]   Mexico City

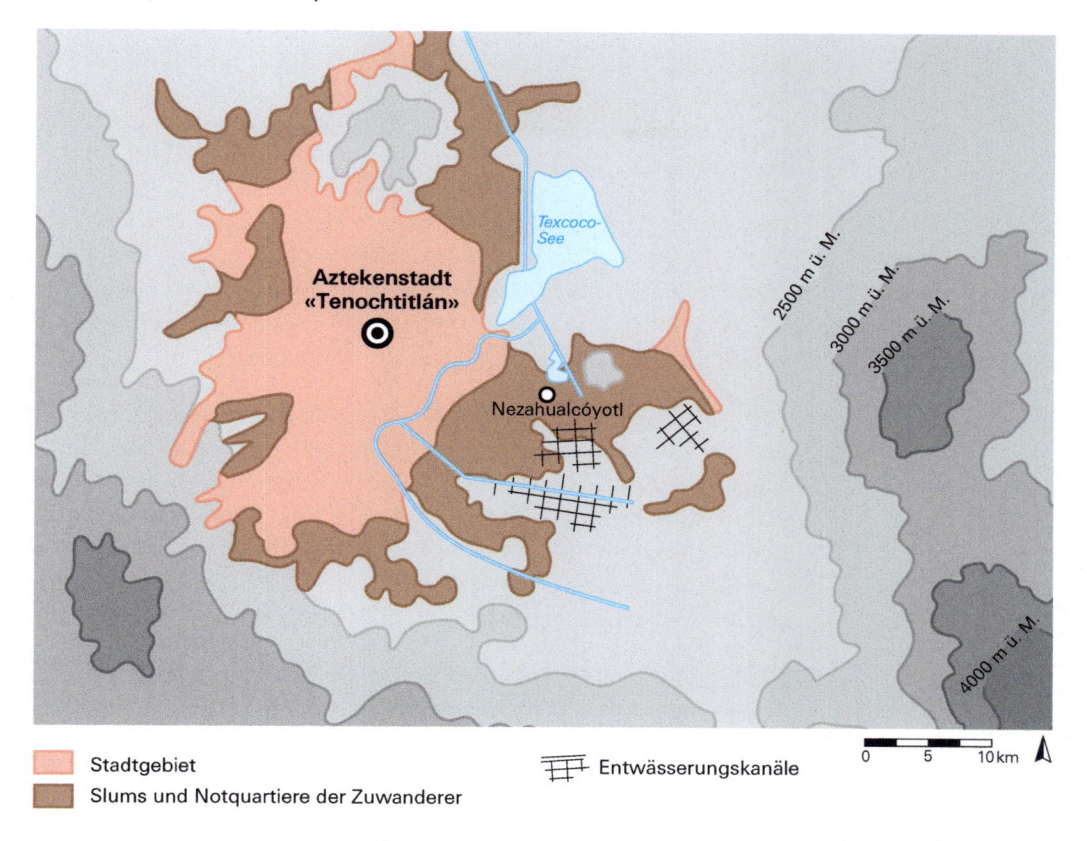

- Stadtgebiet
- Slums und Notquartiere der Zuwanderer
- Entwässerungskanäle

Mexico City umfasst eine Siedlungsfläche von etwa 4 600 km². Das sind 11% der Landesfläche der Schweiz. Die verstädterten Zonen von New York und Paris sind mehr als doppelt so gross. Quelle: Diercke Weltatlas Schweiz, 3., aktualisierte Auflage 2008; vereinfacht.

Zusammenfassung Mexico City ist ein Beispiel für eine Megastadt, die nach einer starken Boomphase in einen Zustand der Konsolidierung übergegangen ist. Zwischen 1950 und 1970 verdreifachte sich die Bevölkerung. Bis 2025 wird sie dagegen nur noch um etwa einen Viertel wachsen. Die Stadt ist aber nach wie vor damit beschäftigt, die Auswirkungen der Boomphase zu verarbeiten.

Aufgabe 54 Übertragen Sie die Bevölkerungszahlen von Mexico City in ein Kurvendiagramm.

9.3 Lagos

Mexico City zeigt exemplarisch den Wandel von der Boom- zur Stagnationsphase auf. Eine Stadt, die gegenwärtig die problematische Boomphase durchlebt, ist die afrikanische Stadt Lagos. Blicken wir zuerst auf die Geschichte der Stadt, die von der Bevölkerungsmigration geprägt wurde.

Vom Zentrum des Sklavenhandels zur Kolonialstadt

Lagos ist keine koloniale Gründung, sondern geht auf eine Fischersiedlung des Königreichs Benin zurück. An der Westküste Afrikas gelegen (vgl. SWA, S. 102 oder DWA, S. 126), erlebte die Stadt ein frühes Wachstum durch den Sklavenhandel mit Amerika am Ende des 18. Jahrhunderts. Als der Sklavenhandel von Frankreich und Grossbritannien verboten wurde, begann er in Lagos erst recht zu boomen.

1861 annektierten die Briten die Stadt und machten sie zum Stützpunkt für die koloniale Erschliessung der ganzen Region. Die Stadt war damals aber längst nicht die grösste Stadt Nigerias. Andere Städte im Land waren bedeutend grösser. Die Sumpfgebiete um Lagos waren während langer Zeit eine Behinderung für die Stadtentwicklung und mussten zuerst trockengelegt werden. Die Stadt vergrösserte sich dann sukzessive von lediglich 4 km^2 im Jahr 1866 auf 265 km^2 im Jahr 1988, was einer 66-fachen Vergrösserung der Fläche entspricht! Und diese Vergrösserung geht ungebremst weiter.

Bevölkerungsexplosion führt zur Metropolisierung

Nach dem Zweiten Weltkrieg setzte ein gewaltiger Bevölkerungsanstieg ein und heute sind es bereits über 11 Mio. Menschen. Die Fläche der gesamten Stadtregion beträgt etwa 15 000 km^2, was etwa zweimal der Fläche des Kantons Graubünden entspricht. Die Bevölkerungsdichte ist enorm. Bis zu 30 000 Menschen leben auf 1 km^2. Bis 2025 wird Lagos zu den grössten Megastädten gehören. Diese Bevölkerungskonzentration in einer Stadt des Lands ist ein generelles Phänomen der Urbanisierung und für Entwicklungsländer besonders typisch. Man nennt diesen Prozess Metropolisierung. Häufig handelt es sich dabei auch um die jeweilige Hauptstadt des Lands.

[Tab. 9-2] Bevölkerungsentwicklung von Lagos

Jahr	Bevölkerung in Mio. gerundet
1950	0.3
1970	1.4
1990	4.8
2011	11.2
Prognose 2025	18.9

Quellen: Uno and United Nations Department of Economic and Social Affairs / Population Division, World Urbanization Prospects: The 2011 Revision.

Verwaltungs- und Hafenstadt

Nach der Unabhängigkeit des Lands 1960 wurde Lagos Hauptstadt. Dadurch wurden zahlreiche Arbeitsplätze in der Verwaltung geschaffen. Diese neuen Arbeitsplätze lösten eine gewaltige Sogwirkung auf die Arbeit suchende Bevölkerung der ländlichen Gebiete aus. Doch nur wenige fanden tatsächlich eine der begehrten Verwaltungsstellen. Und so führte der Umzug nach Lagos für viele in die Arbeitslosigkeit. Diese Situation wurde noch verschärft, als 1991 die Hauptstadt ins Landesinnere nach Abuja verlegt wurde. Diese geplante Stadt liegt zentraler im Land und leidet nicht gleichermassen unter unzureichender Infrastruktur wie Lagos.

Während die Bedeutung der Verwaltung abgenommen hat, ist der traditionsreiche Hafen von Lagos ein zunehmend wichtiger Arbeitgeber. Der Hafen hat für die Versorgung des Lands und den Export der landwirtschaftlichen Produkte eine grosse Bedeutung. Im Zusammenhang mit dem Hafen und dem riesigen Arbeitskräfteangebot der Stadt konnten neue Branchen die wie Maschinen-, die Nahrungsmittel- und die Textilindustrie angesiedelt werden.

[Abb. 9-3] Makoko-Slums in Lagos

Die sog. Makoko-Slums sind auf Holzpfählen und mit Wellblech auf Wasser gebaut. Die Slums entwickelten sich ursprünglich aus einem Fischerdorf, das im 18. Jahrhundert an der Lagune von Lagos entstand. Heute leben über 85 000 Menschen dort. Die Regierung beginnt nun, Teile der Slums abzureissen und die Bewohner zu vertreiben, weil das Küstengebiet von Lagos zunehmend zu begehrtem Bauland wird. Bild: © Wany0003 – Dreamstime.com

Wohnungen und Infrastruktur

Genauso dramatisch wie die Bevölkerungsentwicklung ist die Wohnsituation. Die Behörden sind überfordert, das Wachstum der Stadt planerisch zu ordnen. Gelegentlich werden illegale Siedlungen dem Erdboden gleichgemacht. Dies ist ein Vorgehen, das in vielen afrikanischen Städten zu beobachten ist. Die Verhältnisse in den Slums sind gerade nach Regenfällen dramatisch. Das Wasser steigt an und überflutet ganze Quartiere, sodass das Wasser (man muss eher von einer übel riechenden Brühe sprechen) in viele Häuser eindringt.

Hoffnung auf ein besseres Leben

Wie lässt sich diese dramatische Bevölkerungsexplosion von Lagos verstehen? Die geringen Erwerbsmöglichkeiten der ländlichen Bevölkerung sind der Hauptfaktor für den Umzug in die Grossstadt (Push-Faktor). Dort erhoffen sich viele, in einer der zahlreichen wirtschaftlichen Nischen einen Platz zu finden (Pull-Faktor).

Es ist aber auch die Sehnsucht nach einem besseren Leben. Stadtluft macht frei. Dieser Satz hat seine Gültigkeit nicht verloren, zumindest beflügelt er die Sehnsucht von Millionen, wenn nicht gar Milliarden von Menschen. Die Medien tun das ihre dazu. Gesellschaftlicher Erfolg findet am Fernseher fast ausnahmslos in Städten statt, ob beim Wirtschaftstreffen oder in der TV-Serie. Und so wird auch die Mentalmap[1] der Zuschauer beeinflusst. Ein Leben in der Stadt verspricht eher die Chance, individuelle Freiheit und wirtschaftlichen Aufstieg erleben zu können, als das Leben und Verbleiben in ländlich-agrarischen Strukturen. Die globale Verstädterung, wie wir sie nun seit 200 Jahren beobachten, belegt diese Einschätzung.

[1] Mentalmap: gedankliche Vorstellung eines geografischen Raums.

[Abb. 9-4] Das räumliche Wachstum von Lagos

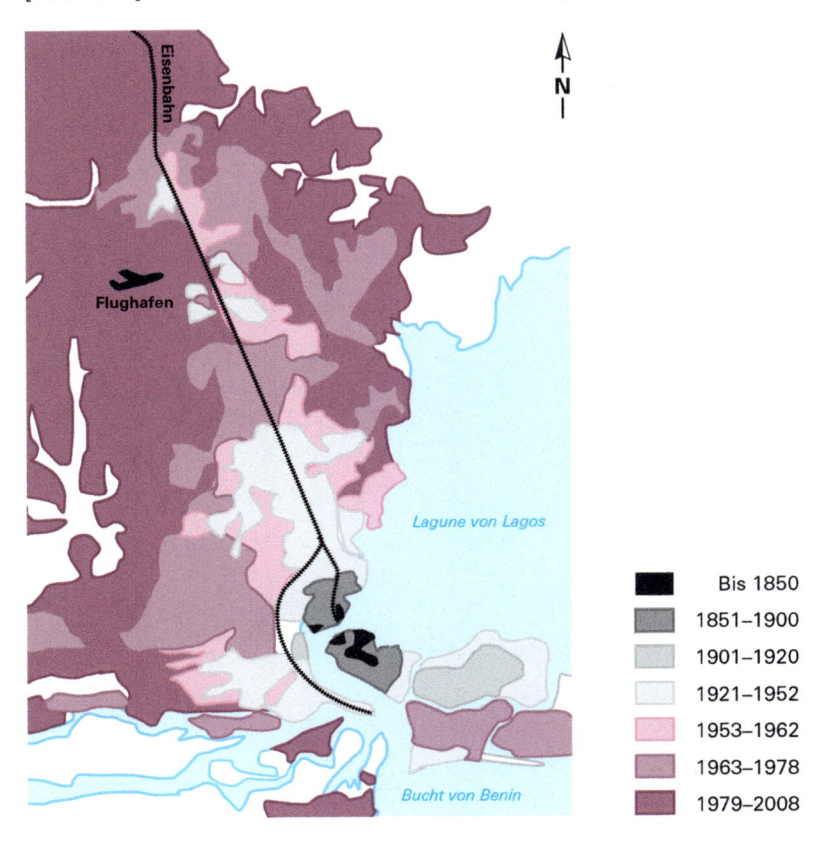

■	Bis 1850
■	1851–1900
■	1901–1920
▫	1921–1952
▫	1953–1962
▪	1963–1978
▪	1979–2008

Quelle: Andreas Eckert, Lagos im 20. Jahrhundert, Informalität als urbanes Prinzip, S. 245. In: Megastädte im 20. Jahrhundert, Hrsg. v. Wolfgang Schwentker, Vandenhoek & Ruprecht, Göttingen 2006, ergänzt mit Satellitenbild aus Google Earth 2008.

Zusammenfassung — Durch den ununterbrochenen Zuzug der ländlichen Bevölkerung wachsen viele grossstädtische Agglomerationen über alle Masse, es entstehen Megastädte. Die grosse Konzentration der Bevölkerung überfordert viele Städte, es ergeben sich – insbesondere in den Entwicklungsländern – Probleme in der Wohn-, Arbeits- und Verkehrssituation sowie im Umweltbereich. Ein Ende dieses globalen Trends ist nicht in Sicht.

Aufgabe 55 — Übertragen Sie die Bevölkerungszahlen von Lagos in ein Kurvendiagramm und vergleichen Sie es mit jenem von Mexico City.

9.4 Funktionieren im Alltag

Das schnelle Wachstum der Städte hat zahlreiche negative Konsequenzen. Insbesondere die Planung der Siedlungen und deren Infrastruktur können mit dem Wachstumstempo nicht Schritt halten. Die Erschliessung mit Verkehrsmitteln, Trinkwasser, Elektrizität und Telefonverbindungen und die Entsorgung des Abwassers und des Abfalls sind häufig nur provisorisch eingerichtet und entsprechend mit Mängeln behaftet.

9.4.1 Verkehr

Der Verkehr verursacht in allen Megastädten grosse Schwierigkeiten, sowohl in Entwicklungsländern als auch in den Industriestaaten. In der Trendstadt London klagen die Einwohnerinnen und Einwohner trotz Road Pricing (Congestion Charge) über die tägliche Mühsal mit dem Verkehr: überfüllte und verspätete Busse, immer wieder Streiks, wegen Reparaturen geschlossene Eisenbahn- und U-Bahn-Stationen.

In den Entwicklungsländern wird zudem durch ein mangelndes Angebot und verhältnismässig hohe Kosten die Mobilität ganzer Bevölkerungsgruppen massiv eingeschränkt. Alle einkommensschwachen Gruppen müssen darunter leiden. Aber auch die Oberschicht ist in ihrer Mobilität oft eingeschränkt. Aus Furcht vor kriminellen Übergriffen müssen grosse Sicherheitsvorkehrungen, wie die permanente Begleitung durch Bodyguards, getroffen werden. In dieser Situation ist die Mittelschicht am mobilsten. Sie hat genügend materielle Mittel für ein eigenes Auto oder die Kosten der öffentlichen Transportmittel und ist weniger von Sicherheitsproblemen betroffen. In den Entwicklungsländern ist diese Mittelschicht jedoch anteilsmässig eine kleine Gruppe.

9.4.2 Wasser

Eines der wichtigsten Elemente für das menschliche Leben ist Wasser. Trinkwasser brauchen wir täglich. Werden wir in Zukunft noch genügend haben? Schon heute sichern sich grosse Nahrungsmittelkonzerne die Rechte an den verschiedensten Mineralwasserquellen. Das Geschäft mit dem Trinkwasser von edel klingenden Quellen scheint ein zukunftsträchtiger Markt zu sein.

[Abb. 9-5] Mangelware Trinkwasser

Der Zugang zum Trinkwasser ist ungleich verteilt. In Entwicklungsländern ist Trinkwasser oft Mangelware.
Bild: © Djembe – Dreamstime.com

Überschwemmungen und Schlammlawinen

Viele Menschen in den Entwicklungsländern müssen sich mit wenig Trinkwasser oder Trinkwasser schlechter Qualität begnügen. Auch ein Zuviel an Wasser kann gefährlich werden. Sintflutartige Regenfälle bedrohen besonders in den Monsungebieten das Leben vieler Slumbewohnerinnen und -bewohner, die sich beim Ausufern der Stadt auf unsicherem Baugrund niederliessen. Durch den starken Regen werden die Hänge aufgeweicht und können dadurch abrutschen und die auf ihnen erbauten Behausungen mitsamt ihren Menschen in die Tiefe reissen. Immer wieder berichten die Medien von solchen Katastrophen. Ursache dieser Ereignisse sind eine fehlende Siedlungsplanung und der starke Bevölkerungsdruck, der zur Besiedlung gefährdeter Gebiet führt.

Trinkwasser – ein rares Gut

Gemäss Schätzungen der UNO leiden 20% der Weltbevölkerung unter Wassermangel. Das Grundwasser ist zu einem globalen Sorgenkind geworden. Technische Eingriffe in den natürlichen Wasserkreislauf können nur beschränkt helfen.

Trinkwasser ist auch in vielen Städten ein rares Gut. Eine zunehmende Verschmutzung und ein ständig sinkender Grundwasserspiegel beeinträchtigen vielerorts die Trinkwasserversorgung. Für Johannesburg wird das Wasser von den 600 km entfernten Bergen Lesothos zugeführt. Das Grundwasser in Bangkok wird durch Salzwasser verseucht. In Mexico City ist der Grundwasserspiegel mehr als 10 m tiefer als vor 70 Jahren. Auch in grossen Teilen Chinas ist der Grundwasserpegel dramatisch abgesunken. In Orten, wo man vor 50 Jahren schon nach 5 m auf Grundwasser stiess, findet man es heute erst in einer Tiefe von mehreren Dutzend Metern.

Für die Landwirtschaft werden enorme Wassermengen aus den Flüssen und aus dem Boden gepumpt, was zu einem dramatischen Absinken des Grundwasserspiegels führt. Wird dem Untergrund Wasser entnommen, verliert er an Volumen. Als Folge davon kann die Erdoberfläche grossflächig absinken. Geschieht dies im Siedlungsgebiet, können ganze Stadtlandschaften absinken, wie Sie bereits bei Mexico City gesehen haben. Auch die Stadt Shanghai sinkt: fast 1 cm pro Jahr.

9.4.3 Abfallbewirtschaftung

Wo viele Menschen leben, entsteht viel Abfall. Während wir in der Schweiz lediglich unsere Abfallsäcke am entsprechenden Wochentag vor die Haustür stellen können, ist die Abfallentsorgung ausufernder Megastädte oft ein ungelöstes Problem.

Basis für den informellen Sektor

Der informelle Sektor bezeichnet eine Gewerbeform, die lokal verankert ist und aus kleinen Geschäftseinheiten besteht. Klein meint hier häufig Einzelpersonen, die Strassenhandel betreiben oder mit lokal verfügbaren Materialien Gebrauchsgegenstände herstellen. Auch Dienstleistungen wie der Warentransport oder in unserem Beispiel die Abfallsammlung gehören dazu. Der informelle Sektor arbeitet oft, ohne von der Steuerbehörde erfasst zu werden, und ist auch sonst gesetzlich kaum geregelt. Daher wird er auch Schattenwirtschaft genannt.

Für viele Entwicklungsländer stellt der informelle Sektor eine Zukunftsperspektive dar, da er auf lokalen Strukturen aufbaut und ohne den Einsatz hoch entwickelter technischer Hilfsmittel auskommt. Er ist dadurch kostengünstig und wenig störungsanfällig. Es darf aber nicht verschwiegen werden, dass im informellen Sektor oft schlechte Arbeitsbedingungen und Kinderarbeit angetroffen werden. Ausserdem gibt es keine Krankenkasse und keine Altersvorsorge für die Menschen im informellen Sektor.

Das Adjektiv «informell» bedeutet so viel wie «ohne formalen Auftrag, nicht offiziell, sich spontan bildend». Der informelle Sektor erweitert die Sektorentheorie aus den Wirtschaftswissenschaften. Er steht neben dem primären (Land- und Forstwirtschaft), dem sekundären (Industrie und Gewerbe) und dem tertiären Sektor (Dienstleistungen).

Häufig kümmern sich die Behörden wenig um die Abfallprobleme der boomenden Armensiedlungen an den Rändern der grossen Städte. Die Bewohnerinnen und Bewohner kippen deshalb mangels Alternative ihre Abfälle auf die Strassen oder in die Flüsse. Eine andere Möglichkeit besteht darin, den Abfall zu verbrennen. All diese Möglichkeiten sind unbefriedigend, ja sogar gefährlich. Durch das Verbrennen entstehen Rauch und Gestank und die Flüsse werden durch die Abfallentsorgung verunreinigt.

[Abb. 9-6] Menschen auf Müllhalde in Mosambik

Viele Menschen in Entwicklungsländern müssen für ihr Auskommen unter grossen Gesundheitsgefahren im Abfall nach Wiederverwertbarem suchen.
Bild: © Djembe – Dreamstime.com

Sensibilisierung für die Abfallproblematik

Welche Lösungsansätze gibt es in dieser Situation? Oft braucht es zuerst eine Sensibilisierung der Bevölkerung für die Abfallproblematik. Abfallbewirtschaftung hat in der Bevölkerung meist einen geringen Stellenwert und wird als weit unbedeutender eingestuft als die Abwasserfrage, die schon genug Probleme verursacht. Neben der Sensibilisierung sind technische Massnahmen gefragt, die einfach und kostengünstig sind und die lokalen Gegebenheiten (z. B. schmale Gassen) berücksichtigen.

Eine einfache Lösung sind Schubkarren, die in den Quartieren angefertigt werden können. Wenn die Abfälle mit solchen Karren eingesammelt werden, können sie auf eine Sammelstelle gebracht werden. Von dort müssen die Abfälle vom übergeordneten Abfalldienst abgeholt werden. Dies ist eine wichtige, oft aber auch problematische Schnittstelle, da nichtoffizielle Organisationen der Quartiere mit den offiziellen Diensten der Stadt zusammenarbeiten müssen.

Recycling im informellen Sektor

Einen zentralen Stellenwert im Abfallmanagement nimmt das Recycling ein. Für die organischen Abfälle bieten sich zahlreiche Möglichkeiten, diese in lokale Kreisläufe einzubauen. Aber auch sonst gibt es eine Fülle von Wiederverwertungsmöglichkeiten. Gerade der informelle Sektor kann hier eine wichtige Funktion übernehmen. Ein bekanntes Beispiel ist die Verarbeitung leerer Aludosen zu Gebrauchsgegenständen, Spielzeug und eigenwilligen Kunstwerken, die es auch bei uns zu kaufen gibt. In verschiedenen Städten der Entwicklungsländer gibt es Menschen, die von den grossen Abfallhaufen leben und die verschiedensten Dinge herstellen und verkaufen.

Zusammenfassung

Bei der lebenswichtigen Wasserversorgung bestehen in vielen Megastädten zwei Hauptprobleme: Einerseits hinkt die Trinkwasserversorgung oft weit den grundlegendsten Bedürfnissen hinterher, andererseits bilden durch Unwetter ausgelöste Hochwasser und Erdrutsche eine tödliche Gefahr für improvisierte Armensiedlungen. Unzureichende Abwasserklärung und unkontrollierte Ablagerung von Abfällen führen bei der Entsorgung zu enormen Belastungen wiederum der ärmsten Bevölkerungsschichten.

Hinter statistischen Kennwerten stecken immer Einzelschicksale. Die Hoffnungen der Zuzüger auf ein besseres Leben zerschlagen sich oft in einem Daseinskampf voller Entbehrungen und ohne Perspektive. Kinderarbeit, Kriminalität und Drogenprobleme sind die traurigen Begleiterscheinungen der sozioökonomischen Misere unkontrolliert wachsender Megastädte.

Die Schattenwirtschaft bzw. der informelle Sektor springt vielerorts in die Lücken der staatlichen Infrastruktur und übernimmt Aufgaben der Ver- und Entsorgung.

Aufgabe 56 Gibt es in Ihrem Lebensumfeld Beispiele für wirtschaftliche Aktivitäten im informellen Sektor?

Aufgabe 57 Beobachten Sie während eines Tags Ihren persönlichen Wasserbedarf und protokollieren Sie diesen (Toilettenspülung, Baden, Duschen, Kochen, Trinken, Geschirrspülen, Waschmaschine).

Gesamtzusammenfassung

1 Berechnungen zur Bevölkerungsentwicklung

1.1 Messung der Bevölkerungsentwicklung

Als Teilgebiet der Demografie untersucht die Bevölkerungsgeografie die räumlichen Unterschiede in Dichte und Aufbau der Bevölkerung. Die Gesamtbevölkerung eines Gebiets ist abhängig von der natürlichen Bevölkerungsentwicklung und der Migration. Geburten und Sterbefälle bestimmen die natürliche Bevölkerungsentwicklung, Ein- und Auswanderer die Migration. Die Kinderzahl pro Frau (Fertilitätsrate) einer Bevölkerung gibt an, wie viele Kinder pro Frau geboren werden. Liegt die Kinderzahl pro Frau bei 2.13, so wird langfristig jedes Paar durch eine neues ersetzt, die Bevölkerung pflanzt sich auf dem Ersatzniveau der Fertilität fort.

1.2 Gesetzmässigkeiten des Bevölkerungswachstums

Die Differenz aus Geburtenziffer und Sterbeziffer heisst Wachstumsrate. Sie bezeichnet den prozentualen jährlichen Anstieg der Bevölkerung. Industrieländer haben tiefe oder gar negative Wachstumsraten, in Entwicklungsländern sind die Werte hoch.

Lineares Wachstum zeichnet sich aus durch eine stetige lineare Zunahme. Beim exponentiellen Wachstum hingegen ist die Wachstumskurve anfänglich flach und steigt erst mit der Zeit, dann aber immer stärker an.

Die Wachstumsrate einer Bevölkerung wirkt sich direkt auf deren Verdopplungszeit aus: je höher die Wachstumsrate, desto kürzer die Verdopplungszeit.

1.3 Prognosen zur Welternährung

Die umstrittene These des englischen Demografen Malthus besagt, dass die Bevölkerung exponentiell zunehme, die Nahrungsmittelversorgung aber nur linear nachziehen könne. Ab dem unvermeidlichen Schnittpunkt der Kurven würde die Bevölkerung durch Hunger, Seuchen und Krieg wieder vermindert. Dieser Idee entspricht das s-förmige Wachstum, bei dem sich die Wachstumskurve nach anfänglich exponentieller Phase dem Sättigungsniveau der Bevölkerung annähert und die Grenze der Tragfähigkeit erreicht. Von Überbevölkerung ist dann die Rede, wenn ein Raum seine Bevölkerung nicht mehr versorgen kann.

2 Bevölkerungsstruktur

Die Alters- und Geschlechterstruktur der Bevölkerung ist von Ort zu Ort und von Gesellschaft zu Gesellschaft verschieden. In armen Ländern mit kinderreichen Familien überwiegt die Jugend, die Industriestaaten stehen vor einer Alterung der Gesellschaft.

Ereignisse wie Kriege oder Völkerwanderungen können das Gleichgewicht zwischen den Geschlechtern verschieben.

Die grafische Darstellung der Altersstruktur veranschaulicht den Aufbau der Bevölkerung nach Alter und Geschlecht (Bevölkerungspyramide). Die Grundformen heissen Dreieck, Dreieck mit breiter Basis, Zwiebel, Bienenkorb und Urne.

3 Weltbevölkerung gestern, heute und morgen

3.1 Bevölkerungsverteilung

Bevölkerungszahlen ohne Angaben zur räumlichen Verteilung sagen wenig aus. Deshalb wird die Bevölkerungsdichte, das Verhältnis zwischen Bevölkerung und Fläche, zu verschiedenen Bezugsflächen gebildet: Die arithmetische Dichte bezieht sich auf die Gesamtfläche, die physiologische Dichte auf die landwirtschaftlich produktive Fläche einer Region. Die vier am dichtesten besiedelten Ballungsräume der Erde liegen in Süd- und Ostasien, in Westeuropa und im Nordosten der USA.

3.2 Bevölkerungsexplosion

Die Bevölkerungsexplosion der Industriestaaten im 19. Jahrhundert verlief nach den fünf Phasen des demografischen Übergangs. Der Übergang besteht aus einer Senkung sowohl der Sterbe- als auch der Geburtenziffer von einem hohen auf ein tiefes Niveau. Durch das zeitliche Nachhinken des Geburtenzifferabfalls stieg die Bevölkerung explosionsartig an. Seit ca. 1970 liegt die Geburtenziffer in vielen Industriestaaten sogar unter der Sterbeziffer, was zu einer Bevölkerungsschrumpfung führt.

Die gesellschaftlichen, wirtschaftlichen und politischen Rahmenbedingungen in den Entwicklungsländern sind grundsätzlich verschieden von den Zuständen in Europa zur Jahrhundertwende. Insbesondere die Bevölkerungsschere öffnet sich weit stärker als jemals in Europa. Die Bevölkerungsentwicklung in den Entwicklungsländern folgt nicht dem klassischen Modell des demografischen Übergangs, sondern gehorcht z. T. eigenen Gesetzen. Die zukünftige Entwicklung wird bestimmt von der enorm zahlreichen Jugend, die erst noch ins fortpflanzungsfähige Alter kommt. Daher wird die Bevölkerung der Entwicklungsländer träge weiterwachsen, selbst wenn die Wachstumsursachen erfolgreich bekämpft werden können.

Sowohl die Zuwachsraten als auch die Fertilitätsraten sind erfreulicherweise seit den 1980er-Jahren weltweit sinkend. Szenarios der Fertilitätsentwicklung zeigen, wie sich diese Trendwende auf das Weltbevölkerungswachstum auswirken wird. Bei hohen Kinderzahlen pro Frau steigt die Weltbevölkerung weiterhin bedrohlich an, bei tiefen Werten könnte sie sogar sinken. Der Einfluss der Krankheit Aids auf die Weltbevölkerung ist noch nicht sicher absehbar. Regional wirkt die Krankheit heute verheerend.

3.3 Bewältigung der Bevölkerungskrise

Die Familiengrösse ist abhängig vom kulturellen, wirtschaftlichen und politischen Umfeld einer Gesellschaft sowie von der Einsicht und den Verhaltensweisen des Einzelnen. Die Reduktion des Bevölkerungswachstums ist somit keine technische, sondern eine kulturelle Aufgabe. Heute baut man auf zwei Pfeiler zur Verminderung des Bevölkerungswachstums:

- Empowerment der Frau: Die Gleichberechtigung und Gleichstellung der Frau innerhalb der Gesellschaft und die Durchsetzung des Menschenrechts auf reproduktive Gesundheit führt zu selbstständigen Frauen, die weniger Kinder wollen.
- Familienplanung: Die sexuelle Aufklärung und die Verfügbarkeit von Verhütungsmitteln sind die Eckpfeiler effizienter Familienplanung.

4 Disparitäten und Migration

4.1 Disparitäten

Disparitäten, also Ungleichheiten, gibt es in Bezug auf verschiedene Aspekte:

- Soziale, z. B. Bildungsunterschiede innerhalb der Bevölkerung
- Wirtschaftliche, z. B. informelle gegenüber formeller Beschäftigung
- Räumliche, z. B. Entwicklungsunterschiede zwischen den Regionen eines Lands

Räumliche Disparitäten sind die Ursache für Migration.

4.2 Migration – ein Phänomen mit vielen Gesichtern

Der räumlichen Mobilität stellt man die soziale Mobilität gegenüber, die vertikale Bewegung in der Gesellschaft. Beide stehen in engem Zusammenhang und bedingen sich oft gegenseitig. Die einzelnen Migrationsarten lassen sich nach Motivation, räumlicher und zeitlicher Dimension und Umfang in Gruppen einteilen.

4.3 Gründe der Migration

Die Beweggründe zur Migration sind so zahlreich wie die Migranten selbst. Während in den Anfängen der Menschheit v. a. natürliche Veränderungen der Umwelt zur Abwanderung nötigten, dominieren heute Beweggründe aus dem wirtschaftlichen und dem sozialen Bereich. In den letzten Jahren traten vermehrt Flüchtlingsströme in den Vordergrund.

Nach einer einfachen Modellvorstellung fallen Migrationsentscheide durch ein Abwägen von Push- und Pull-Faktoren. Die Gewichtung der einzelnen Gesichtspunkte folgt vielfach nicht objektiven, rationalen Überlegungen, sondern vielmehr idealisierten Wunschvorstellungen vom Zielgebiet. Migration folgt vielfach über Generationen bestehenden Verbindungen zwischen Abwanderungs- und Zielgebieten. Diese «Sicherheitsnetze» erleichtern den Aufbruchswilligen den Aufbruch und bieten erste Haltepunkte in der Fremde.

4.4 Geografische Bedeutung der europäischen Ausbreitung nach Übersee

Der demografische Übergang in Europa war untrennbar mit enormen Abwanderungsströmen verbunden. Dabei verliessen Millionen Europäerinnen und Europäer in mehreren Wellen ihre Heimat und besiedelten weite Teile des Globus. Das kulturelle und politische Erbe dieser Völkerwanderung ist heute im politischen und kulturellen Mosaik der Völker, Sprachen und Religionen erkennbar.

4.5 Nomaden

Nomaden sind Dauerwanderer. Ihre Siedlungs- und Wirtschaftsform ist die Wanderviehwirtschaft. Die dafür notwendigen, weiträumigen Lebensräume werden immer knapper.

4.6 Landflucht und Verstädterung

Weltweit konzentrieren sich die Menschen in städtischen Siedlungen. Die dazu führenden Prozesse sind die Landflucht bzw. die Verstädterung. Als Ursachen sind die Push- und Pull-Faktoren zu nennen. Die Push-Faktoren stehen für abstossende Kräfte der Herkunftsregion, die Pull-Faktoren für anziehende Momente des Zielgebiets. Die Folgen der Abwanderung üben oft eine verstärkende Wirkung auf die Landflucht aus, sie sind positiv rückgekoppelt mit der Abwanderung.

4.7 Flüchtlinge

Machtkämpfe um politische und wirtschaftliche Stellung führen zu Krieg und Elend. Die Folge sind Flüchtlingsströme, die unterschiedliche Gründe haben.

4.8 Trends und Prognosen

Die internationale Migration wird auch in Zukunft in den schon bestehenden Bahnen verlaufen. Infolge der unterschiedlichen Entwicklung der Entwicklungsländer werden sich die Wanderungsströme innerhalb dieser Regionen noch verstärken. Genaue Prognosen sind infolge der komplexen Natur des Phänomens Migration nicht möglich.

4.9 Mali – traditionelle Landwirtschaft versus Marktfruchtanbau

Das Land Mali liegt in einem klimatisch schwierigen Gebiet: der Wüste Sahara und der Sahelzone. Entsprechend liegt ein grosser Teil der Landfläche im Bereich der tropischen Trocken- oder Wüstenklimate mit unregelmässigen Niederschlägen und einer wiederkehrenden Dürregefahr.

Wanderhackbau und Nomadismus sind die traditionellen Bewirtschaftungsmethoden dieser Klimazone. Durch die Kolonialisierung wurde jedoch der Anbau von Marktfrüchten für den Export, v. a. Baumwolle, vorangetrieben. Auch versuchte man, den knappen Wasservorräten durch das Anlegen von Tiefenbrunnen zu begegnen. Die Nomaden, z. B. die Tuareg, hiessen diese ganzjährigen Wasserstellen willkommen und blieben in ihrer Nähe. Dadurch übernutzen ihre Herden die dünne Grasnarbe.

Das starke Bevölkerungswachstum (Kinderreichtum ist ein wichtiger Faktor für den Bestand der Familie), der Bewässerungsfeldbau, die Überweidung sind der Grund für die weitere Ausbreitung der Wüste.

Heute ist wird das Land durch einen schweren Bürgerkrieg erschüttert, der auf dem Unabhängigkeitskampf der Tuareg und den islamistischen Angriffen gegen die Regierungen beruht.

5 Merkmale der Stadt

5.1 Form, Funktion und Ökologie städtischer Räume

Die funktionale Einheit «Stadt» wurde im Mittelalter durch ein formales Element, die Stadtmauer, klar fassbar. Innerhalb dieser Stadtmauer fand eine Differenzierung in Quartiere mit unterschiedlichen Funktionen statt. Durch die hohe Spezialisierung gewinnen Dienstleistungen weit über die Stadtgrenzen hinaus an Bedeutung.

5.2 Von der Urbanisierung zur Bildung von Agglomerationen

Die Industrialisierung brachte vielen Städten einen enormen Bevölkerungszustrom. Neue Quartiere entstanden und stadtnahe Dörfer begannen mit der Kernstadt baulich zu verschmelzen. Aus Städten wurden Agglomerationen. Auch in der Schweiz sind längst die meisten Städte Bestandteil einer Agglomeration.

5.3 Megastädte und urbane Korridore

Die Einflusssphäre grosser Städte endet nicht an deren politischer Grenze, sie ragt bis weit ins Umland, in die Agglomeration hinein. Die Agglomeration ist der zusammenhängende, städtisch geprägte, gut erschlossene Siedlungskörper, der die Stadt umgibt und Wohn- und Erwerbsraum bietet, wenn die Stadt grösser wird.

6 Stadtstrukturen: Modelle und Theorien

6.1 Kreise, Sektoren und Kerne

Stadtmodelle beschreiben und erklären die räumliche Organisation und die funktionale Differenzierung von Städten. Im einfachen Kreis-Modell ordnen sich die Zonen gleicher Nutzung in mehr oder weniger konzentrischen (Zwiebel)ringen um das Stadtzentrum. Das Sektoren-Modell bevorzugt tortenstückförmige Zonen. Während die beiden erstgenannten Modelle stark vereinfachend sind, erklärt das Mehr-Kerne-Modell als deren Kombination die Realität am besten.

6.2 Daseinsgrundfunktionen

Mit den Daseinsgrundfunktionen werden jene menschlichen Aktivitäten definiert, die bei ihrer Ausübung den Raum prägen.

6.3 Vom Funktionenmix zur regionalen Ordnung

Die Daseinsgrundfunktionen sind ein Katalog von Tätigkeiten zur Befriedigung der grundlegenden menschlichen Bedürfnisse. Neben die sechs Daseinsgrundfunktionen Wohnen, Arbeiten, Sich-Bilden, Sich-Versorgen, Sich-Erholen und Am-Verkehr-Teilnehmen / Kommunizieren tritt die verbindende Funktion In-Gemeinschaft-Sein. Stadtplanerische Massnahmen streben die Schaffung ausreichender Räume für alle Daseinsgrundfunktionen an.

Mit der Industrialisierung wurde das bis ins Mittelalter zurückreichende Muster der ineinander verwobenen Funktionen zunehmend untragbar, es war schlicht zu ungesund, im Schatten der Fabrikschlote zu wohnen. Erste Stadtplaner, z. B. der Schweizer Le Corbusier, strebten eine klare räumliche Trennung der Funktionen an. Die Entwicklung der individuellen Mobilität begünstigte diese Entwicklung zur heutigen regionalen Ordnung weiter.

7 Prozesse der Stadtentwicklung

7.1 Zusammenrücken gleicher Funktionen

Städte verändern sich unablässig. Bestehende Strukturen werden durch neue abgelöst. Die funktionale Entmischung führt dazu, dass gleiche Funktionen räumlich immer stärker zusammenrücken. Dadurch entstehen aus ehemals multifunktionalen Vierteln monofunktionale Gebiete (Bankenviertel, Geschäftsviertel, Wohnquartiere, Schlafdörfer).

7.2 Stadtbevölkerung

Wer wohnt wo in der Stadt? Viele Städte zeigen auch bei der Wohnfunktion eine funktionale Entmischung. Entsprechend ihren Ansprüchen und Möglichkeiten lassen sich bestimmte Bevölkerungsgruppen in bestimmten Stadtvierteln nieder. Familien ziehen von der Kernstadt in die Agglomeration. In der Stadt finden sich überdurchschnittlich viele Einpersonenhaushalte.

Die Gruppe der «Working Poor» lebt unter der Armutsgrenze und kann sich oft nicht einmal mehr die Miete an schlechtester Wohnlage leisten. Durch die Umnutzung brachliegender Räume kann Wohnraum für «die etwas anderen Ansprüche» geschaffen werden – wie etwa Lofts in leer stehenden Industriehallen.

7.3 Von der Ökologie zur Nachhaltigkeit

Stadtbehörden bemühen sich, vielseitige Städte zu planen, zu bauen und zu unterhalten. Durch eine nachhaltige Stadtentwicklung sollen lebendige und wirtschaftlich funktionierende Stadt- und Quartierstrukturen geschaffen werden. Dies erreicht die Stadt mit ökologischen Leitsätzen und gesellschaftlich-kulturellen und wirtschaftlichen Fördermassnahmen. Ehemalige Fabrikareale, die einer neuen Nutzung zugeführt werden können, bieten dazu eine gute Chance.

8 Entwicklungsländer und Entwicklungszusammenarbeit

Verschiedene Klassifizierungen werden angewendet, um den Entwicklungsstand eines Lands mithilfe von Indikatoren zu messen: Einkommen, Kaufkraft, menschlicher Entwicklungsstand. Vergleiche von Entwicklungs- und Industrieländern verwenden Merkmale aus folgenden Gruppen: naturgeografische, wirtschaftliche, politische, kulturelle, gesellschaftliche.

Entwicklungstheorien gehen entweder von endogenen oder exogenen Ursachen für die heutigen Probleme aus. Wichtige Entwicklungstheorien sind: Modernisierungstheorie, Dependenztheorie. Verschiedene Entwicklungsstrategien versuchen, einen Weg aus der Unterentwicklung zu weisen: Wachstum durch Integration in die liberale Weltwirtschaft, neue Weltwirtschaftsordnung, eigenständige Entwicklung (selektive Abkopplung), Entwicklungsstrategie von OECD und UNO (Millennium-Entwicklungsziele).

Bei der Entwicklungszusammenarbeit (früher: Entwicklungshilfe) werden drei Formen unterschieden: multilateral, bilateral, privat. Die staatliche Entwicklungszusammenarbeit in der Schweiz ist Sache der DEZA und des SECO. Die Entwicklungszusammenarbeit wird aus ganz unterschiedlichen politischen Richtungen kritisiert: Die einen wollen viel mehr, die anderen wollen die Entwicklungszusammenarbeit ganz abschaffen.

9 Das Leben in Megastädten

9.1 Wachstum der Städte

Immer mehr Menschen wohnen in Städten. Gegenwärtig findet dieser Urbanisierungsschub v. a. in Entwicklungs- und Schwellenländern statt. Dort wachsen spezifische Siedlungsformen wie Slums oder deren regionale Form in Brasilien, die Favelas, ins Uferlose. In hoch entwickelten Staaten wie Japan stagnieren die Bevölkerungszahlen der Megastädte auf hohem Niveau.

9.2 Mexico City

Mexico City ist ein Beispiel für eine Megastadt, die nach einer starken Boomphase in einen Zustand der Konsolidierung übergegangen ist. Zwischen 1950 und 1970 verdreifachte sich die Bevölkerung. Bis 2025 wird sie dagegen nur noch um etwa einen Viertel wachsen. Die Stadt ist aber nach wie vor damit beschäftigt, die Auswirkungen der Boomphase zu verarbeiten.

9.3 Lagos

Durch den ununterbrochenen Zuzug der ländlichen Bevölkerung wachsen viele grossstädtische Agglomerationen über alle Masse, es entstehen Megastädte. Die grosse Konzentration der Bevölkerung überfordert viele Städte, es ergeben sich – insbesondere in den Entwicklungsländern – Probleme in der Wohn-, Arbeits- und Verkehrssituation sowie im Umweltbereich. Ein Ende dieses globalen Trends ist nicht in Sicht.

9.4 Funktionieren im Alltag

Bei der lebenswichtigen Wasserversorgung bestehen in vielen Megastädten zwei Hauptprobleme: Einerseits hinkt die Trinkwasserversorgung oft weit den grundlegendsten Bedürfnissen hinterher, andererseits bilden durch Unwetter ausgelöste Hochwasser und Erdrutsche eine tödliche Gefahr für improvisierte Armensiedlungen. Unzureichende Abwasserklärung und unkontrollierte Ablagerung von Abfällen führen bei der Entsorgung zu enormen Belastungen wiederum der ärmsten Bevölkerungsschichten.

Hinter statistischen Kennwerten stecken immer Einzelschicksale. Die Hoffnungen der Zuzüger auf ein besseres Leben zerschlagen sich oft in einem Daseinskampf voller Entbehrungen und ohne Perspektive. Kinderarbeit, Kriminalität und Drogenprobleme sind die traurigen Begleiterscheinungen der sozioökonomischen Misere unkontrolliert wachsender Megastädte. Die Schattenwirtschaft bzw. der informelle Sektor springt vielerorts in die Lücken der staatlichen Infrastruktur und übernimmt Aufgaben der Ver- und Entsorgung.

Lösungen zu den Aufgaben

1 Seite 10 — 10.2‰ Geburtenziffer bedeutet 10.2 Geburten pro 1 000 Einwohnerinnen und Einwohnern. Bei 7.95 Mio. gab es (theoretisch) 81 090 Geburten.

2 Seite 10 — Die Zahl der Einwanderer ist sehr gross. Die Gesamtbevölkerung ist nicht nur eine Funktion der natürlichen Bevölkerungsentwicklung, sondern auch der Migration, in diesem Fall der Einwanderung.

3 Seite 10 — Die Werte sind zu vergleichen mit dem Ersatzniveau der Fertilität von 2.13. Italien liegt deutlich unter dem Wert für das Nullwachstum, es droht ein Rückgang der Bevölkerung. In Burkina Faso ist die Kinderzahl dreimal so gross wie die auf dem Ersatzniveau. Schätzungen der UNO sagen Burkina Faso einen Bevölkerungsanstieg von 15.5 Mio. im Jahr 2010 (Quelle http://esa.un.org/unpd/wpp/Excel-Data/population.htm, 8.10.2013) auf 25.6 Mio. Einwohner und Einwohnerinnen im Jahr 2025 voraus (Quelle: Stiftung Weltbevölkerung, 2013).

4 Seite 15 — Lineares Wachstum: Der Wasserstand in Ihrer Badewanne wächst bei offenem Hahn linear. Wenn Sie immer ungefähr gleich schnell lesen, wächst die Anzahl der von Ihnen gelesenen Seiten eines Buchs linear.

Exponentielles Wachstum: Die Anzahl der betroffenen Computer wächst bei einem E-Mail-Virus exponentiell – mindestens in einer ersten Phase. Die Anzahl betroffener Atome bei der Kettenreaktion im Reaktor eines Kernkraftwerks wächst exponentiell.

5 Seite 15 — Bei einem Richtwert von 2.5% Zins ergibt sich eine Verdopplungszeit von 28 Jahren. Was für Bevölkerungen verheerend schnell ist, ist in finanziellen Belangen doch eher schleppend. Es ist immerhin tröstlich zu wissen, dass es für die Verdopplungszeit keine Rolle spielt, ob sie bei 100 oder 100 000 Franken beginnen.

6 Seite 15 — Das Muster auf den beiden Karten gleicht sich sehr. Der Grund liegt auf der Hand – in Gebieten mit hohen Kinderzahlen ist auch die Wachstumsrate hoch.

7 Seite 18 — Zunächst breitet sich der Pilz frei nach allen Seiten aus, der Zuwachs der von Pilz bedeckten Fläche verläuft exponentiell. Die Fläche, auf der der Schimmelpilz wachsen kann, ist allerdings beschränkt. Sobald der Rand des Konfitürenglases erreicht ist, kann sich der Pilz nicht mehr weiter ausbreiten. Der Pilz kann nicht über das Sättigungsniveau der gesamten Oberfläche auf der Konfitüre hinauswachsen.

8 Seite 18 — A] Falsch, es ist genau umgekehrt: Geburten minus Sterbeziffer.

B] Falsch, die Wachstumsrate wird in Prozent angegeben.

C] Richtig

D] Falsch, solange sich die Geburtenziffer und die Sterbeziffer nicht genau aufheben, wird die Bevölkerung wachsen oder schrumpfen.

E] Richtig

F] Falsch, die Verdopplungszeit wächst ständig. Bei exponentiellem Wachstum ist die Verdopplungszeit konstant.

9 Seite 20   In Entwicklungsländern überwiegen die Jahrgänge der Heranwachsenden, die Eltern der nächsten Jahre. Allein ihre grosse Zahl wird zu einem Bevölkerungsanstieg führen. Industrieländer stehen hingegen vor einer Alterung. Immer weniger Erwerbstätige müssen u. a. für den Unterhalt von immer mehr Pensionierten sorgen.

10 Seite 23   Die Grenzen zwischen den einzelnen Phasen sind nicht einfach einzuzeichnen. Auch unsere Lösung ist nur ein Vorschlag.

Altersaufbau der Schweiz in Tausend

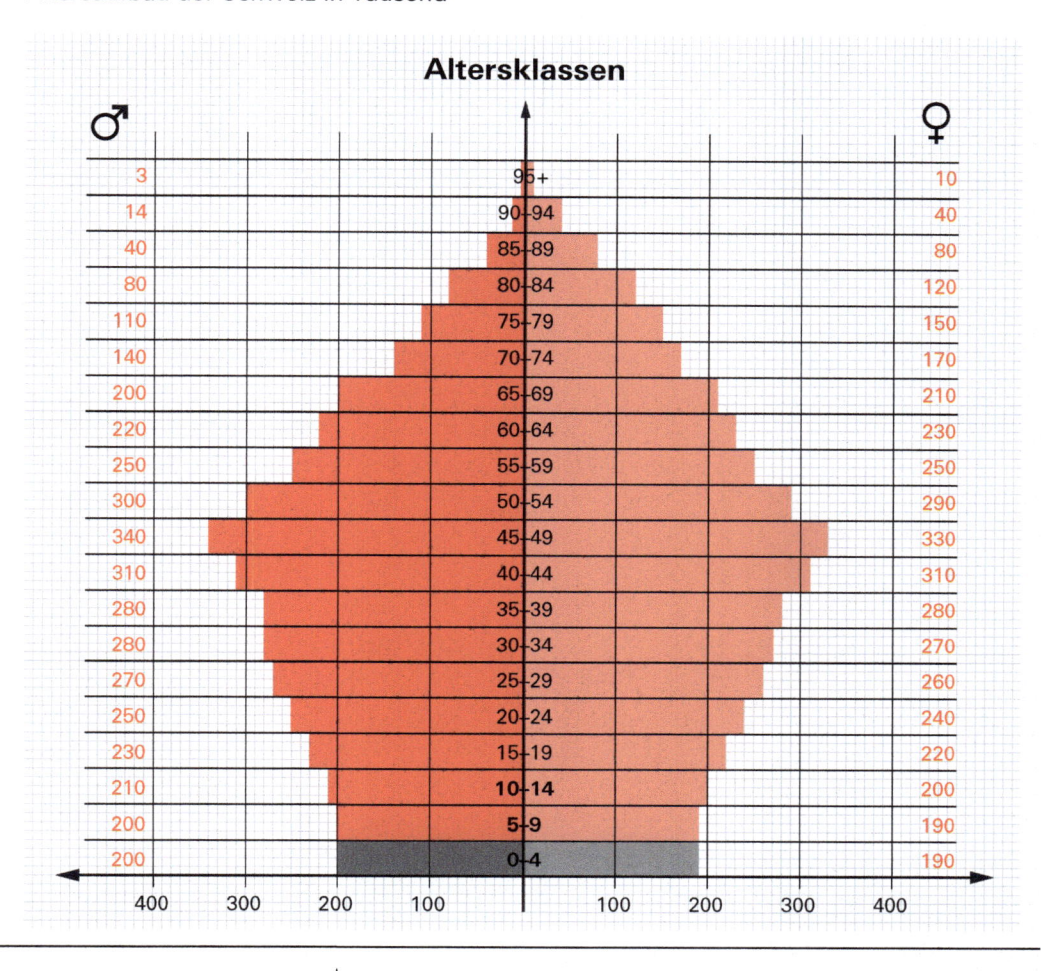

♂	Altersklassen	♀
3	95+	10
14	90–94	40
40	85–89	80
80	80–84	120
110	75–79	150
140	70–74	170
200	65–69	210
220	60–64	230
250	55–59	250
300	50–54	290
340	45–49	330
310	40–44	310
280	35–39	280
280	30–34	270
270	25–29	260
250	20–24	240
230	15–19	220
210	10–14	200
200	5–9	190
200	0–4	190

11 Seite 24

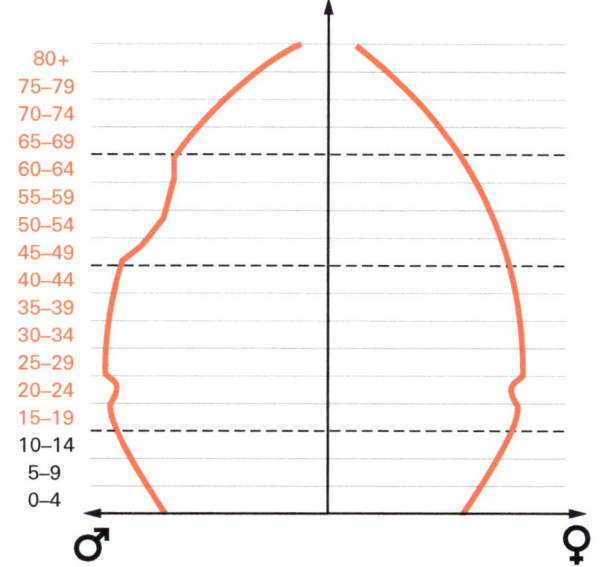

12	Seite 29	A] Richtig. Da die landwirtschaftlich produktive Fläche eines Lands ein Teil der Gesamtfläche ist, wird bei der Berechnung der physiologischen Bevölkerungsdichte stets durch eine kleinere Zahl dividiert. B] Falsch. Die Behauptung bringt die Tragfähigkeit des Bodens ins Spiel. Die physiologische Bevölkerungsdichte gibt nur an, wie viele Menschen in einem Land durchschnittlich auf 1 km² landwirtschaftlich produktiven Bodens leben.
13	Seite 29	Gegenden mit über 200 Einw./km²: Küstengebiete Indiens, Java (Indonesien), Osten Chinas, Nigeria, Ghana, Ostküste Nordamerikas etc.
14	Seite 37	In der frühen Gleichgewichtsphase liegen die Geburten- und die Sterbeziffer sehr hoch, in der späten hingegen tief.
15	Seite 37	Phasen des demografischen Übergangs im Land XY

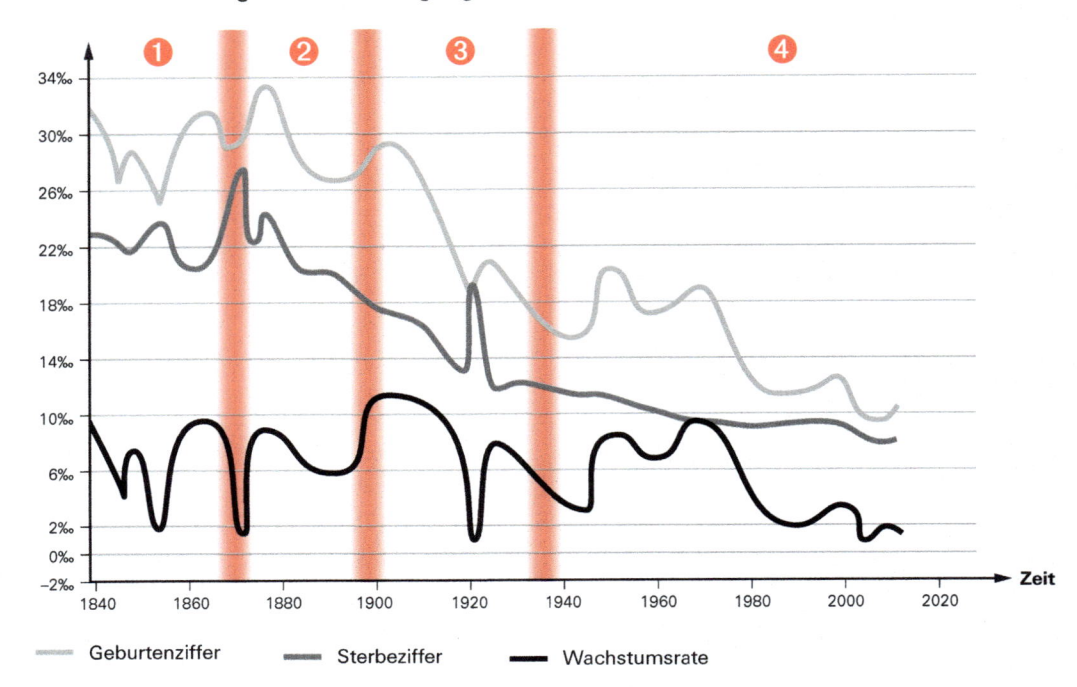

16	Seite 38	Der Geburtenrückgang im demografischen Übergang Europas ergab sich langsam als Folge sich verbessernder Lebensumstände der Menschen. Die Menschen wollten kleinere Familien, weil es in der industrialisierten Gesellschaft nicht mehr nötig war, eine Vielzahl von Kindern zu haben. In den Entwicklungsländern beruht der rasche Geburtenrückgang nicht auf der Industrialisierung der Gesellschaft, aber ebenfalls auf einer langsamen Verbesserung der Lebensumstände. In einzelnen Ländern wird der Geburtenrückgang noch unterstützt durch erfolgreiche Familienplanungspolitik, verbesserten Zugang zu Verhütungsmitteln und Zugang zu Informationsmedien.
17	Seite 38	Für die Schweiz finden Sie in Abbildung 3-2, S. 30 eine Grössenordnung der Wachstumsrate (Differenz aus Geburten- minus Sterbeziffer) von 10‰, für Indien eine von gegen 25‰. Dieser Befund zeigt das starke Auseinanderklaffen von Geburten- und Sterbeziffer in den Entwicklungsländern, die Öffnung der Bevölkerungsschere.

18	Seite 42	Natürlich finden Sie hier keine Vergleichswerte für Ihr eigenes soziales Umfeld, dafür aber die Durchschnittswerte für die Schweizer Gesellschaft. Für das Untersuchungsjahr 2011 gibt das Bundesamt für Statistik für das mittlere Alter der Mutter bei der Geburt des ersten Kinds 31.4 Jahre an.[1] Seit 1977 hat sich der Anteil 30-jähriger oder älterer Mütter fast verdoppelt. Die Frauen haben also immer später Kinder. Dies hängt u. a. mit den veränderten sozialen Umständen und beruflichen Möglichkeiten der Frauen zusammen.
19	Seite 42	• Sinnvolle und weitverbreitete Massnahmen staatlicher Familienplanungspolitik sind: Information, Medienkampagnen und Aufklärung, Zugang zu Verhütungsmitteln. Die Entscheidung liegt letztlich bei den Individuen, ob sie von den angebotenen Massnahmen Gebrauch machen wollen. • Zugang zu sicherer Sterilisation: Besonders für arme Familien ohne Zugang zu anderen Verhütungsmitteln kann dieser Eingriff beim Mann oder der Frau unerwünschten Nachwuchs verhindern. Zwangssterilisationen sind hingegen aus moralischen Gründen und mit Verweis auf das Menschenrecht auf reproduktive Gesundheit abzulehnen. • Zugang zu sicherer Abtreibung: Wenn eine Gesellschaft die Abtreibung grundsätzlich bejaht, so muss im Sinn des Rechts auf reproduktive Gesundheit auch der medizinische Rahmen dafür geschaffen werden. • Zwangsmassnahmen: Die chinesische Politik der Familienplanung ist zwar erfolgreich, aber mit der demokratischen Idee der Selbstbestimmung nicht vereinbar.
20	Seite 47	Die räumliche Mobilität steht für Veränderungen der Position im Raum, soziale Mobilität bezeichnet eine Veränderung der Position in der gesellschaftlichen Schichtung. Der Aufstieg von der Mitarbeiterin zur Gruppenchefin ist ein Beispiel für die soziale Mobilität.
21	Seite 49	Individuelle Antworten.
22	Seite 51	1. Bevölkerungsumlagerung in Millionenhöhe. 2. Grundsteinlegung für viele Konflikte. 3. Neuordnung der weltweiten Feldfruchtverteilung.
23	Seite 52	Die Nomaden müssen abwandern oder sesshaft werden.
24	Seite 55	Die Push-und-Pull-Theorie erklärt die Migration als Folge von abstossenden (Push) und anziehenden (Pull) Kräften. In Abwanderungsräumen (z. B. in peripheren ländlichen Räumen) dominieren die Push-Faktoren, in Zuwanderungsräumen (z. B. in Städten) dominieren die Pull-Faktoren.
25	Seite 58	Neben den genannten politischen, ethnischen oder religiösen Beweggründen spielen in einer Kriegssituation auch wirtschaftliche und umweltbedingte Momente für die Wanderungsmotivation eine Rolle. Wenn die ganze Kraft eines Lands in die Kriegsmaschinerie gesteckt wird, steht die Wirtschaft meist still. Andrerseits kann der rücksichtslose Krieg die Umwelt derart schädigen, dass eine Abwanderung unumgänglich wird.
26	Seite 58	Im kommunistisch regierten China herrschen strenge Migrationsbeschränkungen, die die freie Wohnortwahl massiv einschränken.

[1] Quelle: Bundesamt für Statistik: «Durchschnittsalter der Mutter bei Geburt», 2013. http://www.bfs.admin.ch/bfs/portal/de/index/themen/01/06/blank/key/02/06.html (9.10.2013).

27 Seite 66

Mali weist viele typische Eigenschaften von Entwicklungsländern auf:

Wirtschaftliche Merkmale:

- Niedriges BIP pro Kopf – Mali ist ein LIC, ein Low Income Country.
- Fast 40% der Beschäftigten sind im 1. Sektor tätig. Ein grosser Teil der Bevölkerung wird Landwirtschaft zur Selbstversorgung betreiben, das Land tritt als Exporteur landwirtschaftlicher Rohstoffe auf.

Gesellschaftliche Merkmale:

- Hohe Wachstumsrate.
- Ein Drittel der Bevölkerung hat keinen Zugang zu sauberem Trinkwasser.
- Hohe Analphabetenrate, wobei die Analphabetenrate bei den Frauen noch höher ist als bei den Männern. Mädchen haben offensichtlich kaum die Möglichkeit, Schulen zu besuchen.

28 Seite 66

A] Der Bestand an Tieren hat sich vervielfacht. Besonders stark hat der Bestand an Ziegen zugenommen, der sich innerhalb von beinahe 20 Jahren fast verdoppelt hat.

B]
- Tierbestand ist ein Ausdruck von Wohlstand und Prestige.
- Tierärztliche Versorgung ermöglicht einen höheren Tierbestand.
- Anlage von Tiefenbrunnen ermöglicht einen höheren Tierbestand.

29 Seite 66

- Das Land exportiert nur Rohstoffe, wobei einer davon das wertvolle Gold ist. Dies ist ein typisches Merkmal für Entwicklungsländer.
- Das Land importiert verarbeitete Produkte. Das Land ist offensichtlich noch nicht in der Lage, die Rohstoffe im eigenen Land auch zu verarbeiten.
- Die Handelsbilanz ist negativ, d. h., die Importrate ist höher als die Exportrate.
- Das Land ist vom Import von Erdölprodukten abhängig: ein hoher Kostenpunkt und Abhängigkeitsfaktor.
- Das Land muss Nahrungsmittel importieren; die einheimische Produktion reicht zur Versorgung der Bevölkerung nicht aus.

30 Seite 67

Einflüsse der Kolonialmacht	Positive Punkte	Negative Punkte
Politisch	- Politische Systeme neu organisiert - Kolonien kamen in Kontakt mit demokratischen Regierungsformen	- Willkürliche Grenzziehungen, die keine Gemeinsamkeit mit ursprünglichen Stammesgrenzen haben – hohes Konfliktpotenzial - Eventuell totalitäre Verwaltungsform
Wirtschaftlich	- Aufbau von Infrastruktur - Eventuell Aufbau erster industrieller Produktionsanlagen	- Ausbeutung der Kolonie als Rohstofflieferant - Ausbeutung der Ressourcen Umwelt und Arbeitskraft
Gesellschaftlich	- Verbesserte medizinische Versorgung; Fortschritte in Hygienebedingungen - Einführung eines Schulsystems	- Bestehende ethnische Konflikte wurden unter Umständen verstärkt - Muttersprache der Kolonialmacht wurde Verkehrssprache; andere Sprachen und Kulturen wurden nicht unterstützt oder sogar verboten

31	Seite 67	Anbau von Baumwolle und Erdnüssen mit Bewässerung in der Trockensavanne. Gefahr von Bodendegradation durch Vernässung und Versalzung. Ausserdem Haltung von Rindern in der Dornsavanne. Das Rind ist recht anspruchsvoll und braucht genügend Wasser. Oft bleiben die Herden in der Nähe von Tiefenbrunnen, die dünne Grasnarbe kann durch Überweidung geschädigt werden. (Wobei bemerkt werden muss, dass Schafe und v. a. Ziegen grössere Schäden anrichten können, da sie die Wurzeln der Gräser aus dem Boden reissen und auch vor Blättern und Rinden der Büsche und Bäume nicht haltmachen.)
32	Seite 71	Gemäss den Merkmalen einer Stadt, S. 68.
33	Seite 71	Bern verfügt über eine hohe Bevölkerungs- und Arbeitsplatzdichte. Bern bietet ein vielfältiges Waren- und Dienstleistungsangebot für eine ganze Region. Die Stadtlandschaft ist gegenüber einer natürlichen Landschaft stark verändert.
34	Seite 74	Gemäss Internet gibt es solche Zentren in Zürich, Bern und Aarau.
35	Seite 75	Hinterfragen Sie besonders Inserate mit «schönen Landschaften». Oft handelt es sich bei diesen vordergründig ländlichen Bildern um Sehnsüchte urbaner Menschen (Freizeitvergnügen, Tourismus).
36	Seite 75	Eine mittelalterliche Stadt verfügte über eine Stadtmauer, eine enge Bebauung, dominante Gebäude wie Kathedralen oder Festungstürme und Marktplätze.
37	Seite 75	Individuelle Lösung.
38	Seite 81	Die verschiedenen Gruppen unterliegen in ihrer räumlichen Anordnung dem Sektoren-Modell.
39	Seite 81	In vielen Städten ist das Wohnungsangebot für Familien, aber auch für andere Bevölkerungsgruppen äusserst knapp oder unerschwinglich. Oft bleibt keine andere Wahl, als in ländlichen Gebieten eine Wohnung zu suchen. Oder man sucht z. B. nach einem ruhigeren Wohnort, da die Lärmbelastung durch hohe Wohndichte gross ist.
40	Seite 82	Wohnen, Arbeiten, Sich-Bilden, Sich-Versorgen, Sich-Erholen, Am-Verkehr-Teilnehmen / Kommunizieren.
41	Seite 82	Sitzen Sie gerade zu Hause vor dem Kamin, so sind Sie in einer Zone der Daseinsgrundfunktion «Wohnen». Sind Sie in der Cafeteria Ihrer Firma, so trifft eher «Arbeiten» zu. Sitzen Sie aber an einem Seeufer oder auf einem Aussichtspunkt, passt «Sich-Erholen». Wieder anders sieht es aus im Zug («Am-Verkehr-Teilnehmen») oder in der Schule («Sich-Bilden»).

42 Seite 82 Mögliches Beispiel:

Zeit	Tätigkeit	Daseinsgrundfunktion
00.00–06.30	Schlafen	Sich-Erholen
06.30–07.00	Frühstücken	Sich-Versorgen
07.00–07.30	Schulweg	Verkehr / Kommunikation
07.30–12.00	Schule	Sich-Bilden
12.00–13.00	Mittagspause, Picknick	Sich-Erholen, Sich-Versorgen
13.00–14.00	Musik hören, Weg zum Lehrbetrieb	Sich-Versorgen, Verkehr / Kommunikation
14.00–17.00	Arbeit im Lehrbetrieb	Arbeiten, Sich-Bilden
17.00–17.30	Heimweg, Gratiszeitung lesen	Verkehr / Kommunikation, Sich-Erholen
17.30–18.00	Duschen, Körperpflege	Sich-Erholen
18.00–19.00	Nachtessen	Sich-Versorgen
19.00–20.00	Hausaufgaben	Sich-Bilden
20.00–21.00	Lesen, Musik hören	Sich-Erholen
21.00–21.30	Weg zur Party	Verkehr / Kommunikation
Ab 21.30	Party	Kommunikation

43 Seite 84 Es handelt sich um ein Manifest aus dem Jahr 1943, an dem der Schweizer Architekt Le Corbusier massgeblich mitgearbeitet hat. Die Ziele bestanden aus einer räumlichen Differenzierung der verschiedenen Funktionen wie Arbeiten, Wohnen und Sich-Erholen. Diese Funktionen sollten nicht nach einem chaotischen Zufallsprinzip, sondern nach einem übergeordneten Konzept regional, im Sinne einer optimal strukturierten Agglomeration angeordnet werden.

44 Seite 88 Im Niederdorf hat es einige Kinos und zahlreiche Restaurants. An der Bahnhofstrasse keine Kinos und nur wenige Restaurants. Zusammen mit den Läden, die es in diesen beiden Zürcher Stadtgebieten hat, bietet das Niederdorf ein grösseres Spektrum an Freizeitmöglichkeiten (Kinobesuch, Einkaufen, Essen und Trinken). Das Niederdorf ist für die Freizeitgestaltung ein multifunktionales Stadtquartier.

45 Seite 93 In Zürich werden Sie kaum eine Wohnung im zentral gelegenen Kreis 1 (PLZ 8001) finden, nicht einmal für viel Geld. In Gemeinden wie Affoltern am Albis oder Schlieren in der Agglomeration von Zürich ist das viel einfacher. In Basel und Bern sind die Verhältnisse nicht so extrem.

46 Seite 93 Studierende wohnen auf Zeit in der Stadt. Ihre Komfortansprüche sind niedrig. Dafür wollen sie vom kulturellen Angebot in der Stadt profitieren. Familien stellen andere Anforderungen an die Wohnqualität (Wohnungsgrösse, Wohnumgebung, Sicherheit). Diese Bedürfnisse lassen sich bei preiswerten Wohnungsmieten besser in der Agglomeration befriedigen.

47 Seite 93 Expats: ausländische, meist hoch qualifizierte und gut bezahlte Fachkräfte auf Zeit. Oft für hochwertige Arbeiten internationaler Firmen. Solche Arbeitsplätze sind eher in Städten angesiedelt, wo die Expats aufgrund ihrer guten Bezahlung auch die Mietpreise für eine zentral gelegene Wohnung bezahlen können. Wer nur auf absehbare Zeit an einem Ort bleibt, möchte i. d. R. keine langen Arbeitswege in Kauf nehmen. Wichtig sind auch internationale Schulen für die Kinder. Solche Schulen sind nur in städtischen Gebieten zu finden.

48	Seite 93	Der Kartenausschnitt der wichtigsten Pendlerströme zeigt im Jahr 2010 das deutliche Zentrum Zürich mit einem grossen Einzugsgebiet. Als weitere wichtige Zentren sind Basel und Bern zu erkennen. Die wirtschaftliche Dominanz zeigt sich in der Differenz zwischen Zu- und Wegpendlern: stark in Zürich, Bern, St. Gallen, Zug; mittel in Basel, Luzern, Aarau, Baden; schwach in Schaffhausen, Winterthur, Olten, Wetzikon, Rapperswil.
49	Seite 96	Viele Bewohner von ganz Südostengland pendeln täglich nach London. Dagegen profitieren Bewohner der Docklands von kurzen Arbeitswegen, wenn sie entweder direkt in den Docklands oder in der Londoner City arbeiten.
		Die Docklands in London bestechen durch ihre Grösse. In keiner anderen Stadt konnte ein so grosses und gleichzeitig so zentrumsnahes Gebiet umgenutzt werden. Aber in vielen anderen Städten gibt es kleinere Areale, die einer neuen Nutzung zugeführt werden. Dazu zählen ehemalige Kasernen (Militärkaserne in Zürich), Güterbahnhöfe (Güterbahnhof Zürich und der Deutschen Bahn in Basel), Elektrizitätswerke (Tate Modern Gallery in London, Stiftung für konstruktive und konkrete Kunst in Zürich / Selnau), Flugplätze (Dübendorf), Hafenareale (Hamburg, Amsterdam).
50	Seite 96	Ein Beispiel ist das Einkaufs- und Vergnügungszentrum Sihlcity in Zürich, das auf dem Areal einer ehemaligen Papierfabrik entstand.
51	Seite 96	Individuelle Lösungen.
52	Seite 106	Individuelle Lösungen.
53	Seite 109	Besuchen Sie z. B. die Website der NZZ und geben Sie den Suchbegriff Favelas ein.
54	Seite 111	

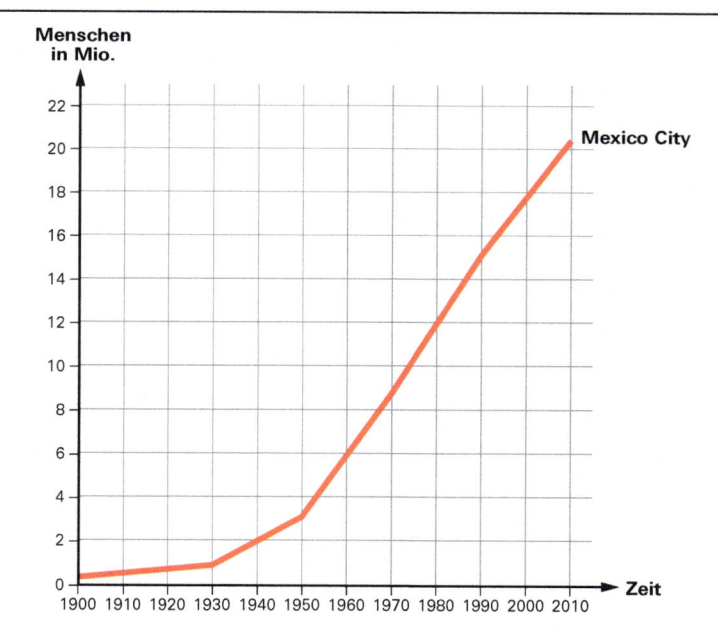

55 Seite 114

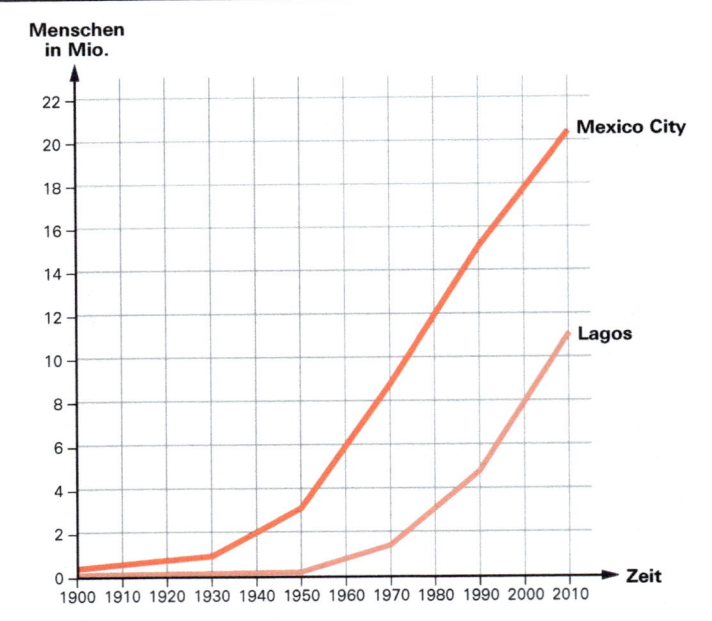

Die zeitlich verschobene Boomphase von Lagos gegenüber Mexico City ist in den Kurvendiagrammen deutlich zu erkennen.

56 Seite 118

In unserer Welt haben wirtschaftliche Aktivitäten einen hohen Organisationsgrad und es bleibt wenig Spielraum für den informellen Sektor. Spontane Flohmärkte können als Beispiel genannt werden.

57 Seite 118

In Schweizer Privathaushalten werden pro Person und Tag durchschnittlich 162 l Wasser verbraucht. Quelle: http://www.trinkwasser.ch/dt/frameset.htm?html/trinkwasser/tw_hygiene_02.htm~mainFrame (1.7.2013).

Glossar

Agglomeration — Die Agglomeration ist der zusammenhängende, städtisch geprägte, gut erschlossene Siedlungskörper, der die Stadt umgibt und Wohn- und Erwerbsraum bietet für die wachsende Stadt. Gemäss der Definition des Bundesamts für Statistik (BfS) ist eine Agglomeration ein zusammenhängendes Gebiet mehrerer Gemeinden mit mindestens 20 000 Einwohnern.

Altersaufbau — Bezeichnung für eine Darstellung, die Männer und Frauen, nach Geschlecht getrennt und Alter geordnet, auf der Basis eines rechtwinkligen Koordinatensystems zeigt, auch Bevölkerungspyramide genannt. Die fünf Grundformen heissen Dreieck, Dreieck mit breiter Basis, Zwiebel, Bienenkorb und Urne.

Anthropogeografie — Wörtlich die «Geografie des Menschen». Die Geografie als Disziplin zur Untersuchung der Mensch-Umwelt-Beziehung hat zwei Standbeine. Die Physische Geografie konzentriert sich auf die physikalische Umwelt, die Anthropogeografie interessiert sich für den Menschen in seiner Beziehung zur Umwelt. Oft werden Sozial- und Wirtschaftsgeografie unter dem Begriff Anthropogeografie zusammengefasst.

Arithmetische Bevölkerungsdichte — Verhältnis aus Einwohnerzahl und Gesamtfläche eines Lands, angegeben in Einwohnern pro Quadratkilometer.

Babyboomer — Generation der in der Nachkriegseuphorie und vor dem → Pillenknick Geborenen.

Bevölkerung — Gesamtheit aller in einem fest umgrenzten Gebiet lebenden Menschen. Die Bevölkerung wird für bestimmte politische Einheiten wie Länder oder Gemeinden, z. B. mit Volkszählungen bestimmt.

Bevölkerungsexplosion — Bezeichnung für die Phase einer rapiden Zunahme der Weltbevölkerung während des 20. Jahrhunderts, gekennzeichnet durch stetig steigende Wachstumsraten und immer kürzere Verdopplungszeiten der Weltbevölkerung.

Bevölkerungspyramide — → Altersaufbau

Bevölkerungsschere — Bezeichnung für die zunehmend auseinanderlaufenden Kurven der Geburten- und Sterbeziffern während der Bevölkerungsexplosion, dies v. a. in den Entwicklungsländern.

Bevölkerungsstruktur — Geschlechter- und Altersaufbau einer Bevölkerung.

CBD — Central Business District, Geschäfts- und Finanzzentrum einer Grossstadt. Hohe Bodenpreise und entsprechend hohe Gebäude sind weitere Merkmale des CBD (vgl. → City).

City — Wörtlich übersetzt bedeutet der englische Begriff *city* «Stadt». Er steht für das Geschäftszentrum in Grossstädten mit einer sehr hohen Arbeitsplatzdichte v. a. im Dienstleistungssektor und meist wenig Wohnbevölkerung. Oft wird die City mit dem → CBD, dem Central Business District, einer Stadt gleichgesetzt.

Daseinsgrundfunktionen — Die Daseinsgrundfunktionen sind ein Katalog von Tätigkeiten zur Befriedigung der grundlegenden menschlichen Bedürfnisse. Die sechs Daseinsgrundfunktionen sind Wohnen, Arbeiten, Sich-Bilden, Sich-Versorgen, Sich-Erholen und Am-Verkehr-Teilnehmen / Kommunizieren. Sie werden oft um die siebte Funktion In-Gemeinschaft-Sein ergänzt.

Demografie — Bevölkerungslehre. Sie untersucht die Ursachen und Wirkungen von Bevölkerungsveränderungen.

Demografischer Übergang — Mit dem Bevölkerungswachstum einhergehende Abfolge von Veränderungen der Geburten- und Sterbeziffern der Industrieländer in den letzten 200 Jahren. Der Übergang besteht dabei aus dem zeitverschobenen Wechsel von der vorindustriellen Bevölkerungsentwicklung mit hohen Geburten- und Sterbeziffern zur industriegesellschaftlichen Bevölkerungsentwicklung mit tiefen Geburten- und Sterbeziffern.

Disparitäten — Sind Ungleichheiten in Bezug auf verschiedene Aspekte: soziale, wirtschaftliche, räumliche.

Empowerment der Frau — Gleichberechtigung und Gleichstellung der Frau in der Gesellschaft. Empowerment der Frau bedeutet ungehinderten Zugang zu Bildung, Arbeit und Gesundheitswesen auch für Frauen. Empowerment der Frau heisst weiter, dass sie selbst über Heirat, Partner und Kinderzahl entscheidet.

Entwicklungsländer	Ländergruppe, die im Vergleich zu den → Industrieländern als wirtschaftlich relativ wenig entwickelt betrachtet werden. Sie zeichnen sich aus durch tiefes Pro-Kopf-Einkommen, hohen Beschäftigtenanteil im primären Sektor, hohe Arbeitslosenrate, hohes Bevölkerungswachstum, mangelhafte medizinische Versorgung und schwaches Bildungswesen.
Entwicklungstheorien	Entwicklungstheorien gehen entweder von endogenen oder exogenen Ursachen für die heutigen Probleme aus. Wichtige Entwicklungstheorien sind: Modernisierungstheorie, Dependenztheorie.
Ersatzniveau	Gemeint ist das Ersatzniveau der Fertilität. Dieses gibt an, wie viele Kinder pro Frau durchschnittlich geboren werden müssen, damit jedes Individuum ersetzt wird und die Bevölkerung langfristig stabil bleibt. Das Ersatzniveau der Fertilität liegt bei 2.13.
Ethnie	Eine Ethnie ist eine Menschengruppe mit gemeinsamer regionaler Abstammung und einem gemeinsamen Wir-Bewusstsein. Wichtige verbindende Kriterien können Sprache, Brauchtum, Religions-, Siedlungs- und Kulturgemeinschaft oder aber die Abgrenzung (z. B. als Minderheit) gegenüber anderen Gruppen sein.
Familienplanung	Staatliche oder private Initiativen zur Steuerung der Familiengrösse durch sexuelle Aufklärung, erhöhte Verfügbarkeit von Verhütungsmitteln und wirtschaftliche Anreize.
Fertilitätsrate	Kinderzahl pro Frau bzw. Fertilität. Die durchschnittliche Anzahl Kinder, die in einer Bevölkerung pro Frau im sog. «gebärfähigen Alter» von 15 bis 49 Jahren geboren werden.
Funktionale Differenzierung	Prozess, der dazu führt, dass gleiche Funktionen des urbanen Lebens räumlich immer stärker zusammenrücken. Dadurch entstehen aus ehemals → Multifunktionalen Vierteln → Monofunktionale Gebiete (Bankenviertel, Geschäftsviertel, Wohnquartiere, Schlafdörfer).
Funktionale Entmischung	Entmischungsprozess, bei dem im städtischen Raum gleiche Funktionen zusammenrücken. Gleiche Funktionen haben einerseits ähnliche Ansprüche und profitieren andererseits von der räumlichen Konzentration. So rücken Banken zu Banken, Einkaufszentren zu Einkaufszentren und Wohnsiedlungen zu Wohnsiedlungen.
Geburtenziffer	Jährliche Anzahl Lebendgeburten pro 1 000 Einwohner einer Bevölkerung (‰).
Gentrification	Ersatz einkommensschwacher Bevölkerungsgruppen durch Besserverdienende nach der Wohnraumaufwertung durch Sanierung und Modernisierung. Gentrification beginnt oft in zentrumsnahen, ehemaligen Gewerbe- und Industrievierteln oder in etwas heruntergekommenen Wohnvierteln nach gezielter Wohnumfeldverbesserung (engl. *gentry* = «Adel», gemeint ist hier der Geldadel …).
Geodeterminismus	Eine Auffassung der Mensch-Umwelt-Beziehung in der Kulturökologie. Gemäss dieser überholten Auffassung bestimmt die physisch-geografische, natürliche Umwelt weitgehend das menschliche Verhalten.
Geografische Lage	Grossräumliche bzw. kleinmassstäbliche Situation eines Orts, kurz der Ort im Raum. Darunter fällt etwa die Anbindung an die Verkehrsachsen oder aber die relative Lage zu anderen Siedlungen.
Gesellschaft	In der ursprünglichen Bedeutung beschreibt Gesellschaft das Zusammenleben von Menschen (oder anderen Lebewesen) in einem Raum. Dies spiegelt sich in der Herkunft des Begriffs vom althochdeutschen «sal» Raum. Heute hat die räumliche Komponente stark an Bedeutung verloren und der Begriff bezeichnet eine Gemeinschaft von kulturell verbundenen Menschen.
Global Cities	→ Weltstadt
Globalisierung	Räumliche Ausdehnung soziokultureller, politischer und wirtschaftlicher Beziehungen auf die weltweite Ebene. Dieser Prozess wurde beflügelt vom rasanten Fortschritt der elektronischen Datenverarbeitung, der Telekommunikation und der Mobilität.
Industrieländer	Ländergruppe, die im Vergleich zu den → Entwicklungsländern als wirtschaftlich relativ hoch entwickelt gelten. Sie zeichnen sich aus durch hohes Pro-Kopf-Einkommen, starke Industrien sowie einen gut entwickelten Dienstleistungssektor.

Informeller Sektor	Gewerbeform, die lokal verankert ist und aus kleinen Geschäftseinheiten besteht. Klein meint hier häufig Einzelpersonen, die Strassenhandel betreiben oder mit lokal verfügbaren Materialien Gebrauchsgegenstände herstellen oder Dienstleistungen anbieten. Der informelle Sektor arbeitet von der Steuerbehörde unerfasst und ist gesetzlich kaum geregelt, er wird deshalb auch Schattenwirtschaft genannt.
Kaufkraftparität	Setzt das durchschnittliche Einkommen in Beziehung zu den Preisen der Güter, d. h., wie viel man sich für sein Geld leisten kann.
Kultur	Stark vereinfacht, ist Kultur die einer Gruppe von Menschen gemeinsame Art zu leben (neudeutsch «way of life»). Kultur ist das Ergebnis vergangenen und Bedingung künftigen sozialen Handelns. Dieses Lehrmittel versteht unter Kultur die Summe von Werten und Normen, die von den Mitgliedern einer Gesellschaft geteilt und weitergegeben werden, sowie die materiellen Güter, die sie herstellen. Dies ist nur eine unter vielen Möglichkeiten, den Begriff Kultur zu fassen.
Landflucht	→ Migration der ländlichen Bevölkerung in die Stadt, ausgelöst durch unbefriedigende Lebensbedingungen auf dem Land (→ Push-Faktoren) und scheinbar besseren Umständen in der Stadt (→ Pull-Faktoren).
Landwirtschaftszone	Im Gegensatz zur Bauzone, umfasst die Landwirtschaftszone für die Landwirtschaft oder den Gartenbau geeignetes Land. Diese Zonen werden ausgeschieden, um die Ernährungsbasis, die Erholungsfunktion oder den ökologischen Ausgleich eines Lands zu sichern.
Megalopolis	Stadtagglomeration, die aus der Verwachsung mehrerer Grossstädte entstanden ist.
Megastadt	Nach einer Definition der UNO hat eine Megastadt mehr als 10 Mio. Einwohnerinnen und Einwohner. Sie wird also lediglich über ihre Grösse, nicht aber über ihren Einfluss im internationalen Wirtschafts- und Machtgefüge definiert (vgl. → Weltstadt).
Metropole	Führende städtische Agglomeration.
Migration	Räumliche Bewegungen, die einen vorübergehenden oder dauernden Wechsel des Wohnsitzes zum Ziel haben. Im weiteren Sinne auch Wanderbewegungen grosser Bevölkerungsgruppen infolge Bedrohung oder wirtschaftlicher Not.
Migrationssystem	Viele Generationen überdauernde Verbindungen zwischen Abwanderungs- und Zielgebieten, entlang deren sich Migrantinnen und Migranten auf bekannten Wegen in relativer Sicherheit bewegen können.
Monofunktional	Nur einer Funktion dienend.
Multifunktional	Mehreren Funktionen dienend.
Nachhaltigkeit	Idee der Nutzung der Ressourcen der Erde zur Befriedigung der heutigen menschlichen Bedürfnisse, ohne Einschränkung der Möglichkeiten zukünftiger Generationen (engl. *sustainability*).
Natürliche Bevölkerungsentwicklung	Die Veränderung des Umfangs einer Bevölkerung eines Gebiets ergibt sich alleine aus der Bilanz aus Geburten- und Sterbeziffer. Nicht berücksichtigt wird also die Zu- oder Abwanderung (geschlossenes System).
Nomadismus	Zyklische Wanderbewegung entlang einer Anzahl vorbestimmter Orte, z. B. zwischen Weideplätzen für die Wanderviehwirtschaft.
Nullwachstum	Hat eine Bevölkerung über längere Zeit eine konstante Grösse, pflanzt sich also auf dem → Ersatzniveau der Fertilität fort, spricht man von einem Nullwachstum der Bevölkerung.
Physiologische Bevölkerungsdichte	Verhältnis aus Einwohnerzahl und landwirtschaftlich produktiver Fläche eines Lands, angegeben in Einwohnern pro Quadratkilometer.
Pillenknick	Markanter Einbruch der Geburtenziffer Mitte der Sechzigerjahre infolge der Erfindung und grosszügigen Anwendung der Antibabypille.

Pull-Faktoren	Positive Lebensbedingungen und Wahrnehmung derselben, die Migranten an neue Orte zieht.
Push-Faktoren	Negative Lebensbedingungen und Wahrnehmung derselben, die Menschen von einem Ort vertreibt und zu neuen Orten migrieren lässt.
Räumliche Disparität	Ungleichheit zwischen Regionen bezüglich Lebensbedingungen und wirtschaftlichen Entwicklungsmöglichkeiten.
Region	Eine räumliche Einheit, die sich durch ausgewählte Eigenschaften abgrenzen lässt. Die Abgrenzung kann aufgrund politischer, sozioökonomischer oder naturräumlicher Kriterien erfolgen. Die Region ist eine der Grundgrössen der Geografie und dient dabei als Modellvorstellung zur Untersuchung der Wirklichkeit.
Reproduktive Gesundheit	Der Zustand physischen, mentalen und sozialen Wohlbefindens in allen Belangen der Fortpflanzung. Das anerkannte Menschenrecht der reproduktiven Gesundheit bedeutet, dass alle Menschen ein Recht haben, ein befriedigendes und sicheres Sexualleben zu haben, und dass sie frei darüber entscheiden können, wann und wie oft sie dieses ausleben möchten.
Reurbanisierung	Prozess der Wiederbelebung der Innenstädte, Wiederbesiedlung zentraler Stadtviertel im Zuge von gezielten Stadterneuerungsmassnahmen. Reurbanisierung geht häufig einher mit dem Vorgang der → Gentrification.
Sättigungsniveau	Die Grösse einer Population bzw. Bevölkerung, bei der die Grenze der → Tragfähigkeit einer Region erreicht wird.
Schattenwirtschaft	→ Informeller Sektor
Slums	Elendsviertel in den Megastädten der Entwicklungsländer an oft exponierten, unattraktiven Lagen mit provisorischen Behausungen und schlechter Infrastruktur.
Sozialgeografie	Wissenschaft von der Erforschung des Verhältnisses zwischen Gesellschaft und Raum. Sie ist der sozialwissenschaftliche Teil der Geografie. Im Mittelpunkt stehen zwei Fragen: Wie sind Gesellschaften in räumlicher Hinsicht organisiert? Welche Rolle spielt der Raum für das gesellschaftliche Zusammenleben?
Stadt	Die Stadt verfügt über eine hohe Wohn- und Arbeitsplatzdichte. Unter der Bevölkerung sind alleinstehende Personen überproportional vertreten. Die Berufe sind vielfältig und überwiegend dem sekundären und tertiären Sektor zugeordnet. Die in einer Stadt angebotenen Güter und Dienstleistungen versorgen ein Gebiet, das weit über das Stadtgebiet hinausreicht. Die Stadt hat einen hohen Grad künstlicher Umweltgestaltung.
Stadtgeografie	Zweig der Anthropogeografie, er beschreibt und erklärt die räumlichen Strukturen und die raumwirksamen Prozesse der Siedlungsform Stadt.
Stadtmodelle	Stadtmodelle beschreiben und erklären die räumliche Organisation und die funktionelle Gliederung bzw. die Bevölkerungs- und Wirtschaftsstrukturen von Städten. Im einfachen Kreis-Modell ordnen sich die Zonen gleicher Nutzung in mehr oder weniger konzentrischen (Zwiebel)ringen um das Stadtzentrum. Das Sektoren-Modell bevorzugt «kuchenstückförmige» Zonen. Während die beiden erstgenannten Modelle stark idealisierend sind, trifft das Mehr-Kerne-Modell als deren Kombination die Realität am besten.
Standortfaktoren	Im klassisch wirtschaftsgeografischen Sinn eine Bedingung, die eine Industrieansiedlung begünstigt oder benachteiligt (z.B. Ressourcen, Lohnniveau, Steuererleichterungen, Absatzmarkt). Im übertragenen Sinn kann der Begriff auch verwendet werden bei der Suche nach dem idealen Standort eines beliebigen Objekts, etwa auch einer neuen Stadt.
Sterbeziffer	Jährliche Anzahl Sterbefälle pro 1 000 Einwohner einer Bevölkerung (‰).
Suburbanisierung	Prozess der Verstädterung, bei dem sich die Wohnbevölkerung aus der Innenstadt verabschiedet und sich zusammen mit den Zuwanderern aus dem ländlichen Raum bevorzugt in den Vororten niederlässt («Suburbia»). Dadurch füllt sich der Raum vor und um die Stadt und wird verstädtert. Ursachen für den Attraktivitätsverlust der Innenstädte sind hohe Bodenpreise, die steigende Umweltbelastung und der stetige Verkehrskollaps vermindern die Lebensqualität in der Innenstadt.

Topografische Lage	Die topografische Lage ist die kleinräumliche bzw. grossmassstäbliche Situation eines Orts, kurz der Ort als Raum. In der Gründungszeit waren Schutz bietende Geländeformen wie Hügel, Flussschleife oder Senken gesuchte Lagen für neue Städte.
Tragfähigkeit	Die Tragfähigkeit bezeichnet in der Ökologie die grösstmögliche Population, die von den Umweltgegebenheiten eines bestimmten Gebiets entfaltet werden kann. Die Population erreicht die Tragfähigkeit auf der Höhe des Sättigungsniveaus. In der Bevölkerungsgeografie kann der Begriff der Population durch die Bevölkerung ersetzt werden.
Trikont	Trikont bzw. Trikontländer ist ein geografischer Begriff und meint die drei Kontinente Asien, Afrika und Südamerika (inkl. Mittelamerikas). Er wird von den Kreisen, die sowohl Entwicklungsländer als auch Dritte Welt als wertende Begriffe ablehnen, verwendet.
Überbevölkerung	Überbevölkerung ist dann erreicht, wenn sich die Einwohnerinnen und Einwohner eines Gebiets nicht mehr ausreichend versorgen können, keine Arbeit und keine menschenwürdigen Lebensbedingungen mehr vorfinden und die Natur stark übernutzt wird. Je nach Ressourcen einer Region kann die Schwelle zur Überbevölkerung (vgl. → Tragfähigkeit) bei sehr unterschiedlichen Bevölkerungsdichten liegen.
Urbanisierung	Schnelle Zunahme der Stadtbevölkerung durch die Zuwanderung der Landbevölkerung. Der Prozess der Verstädterung führt zu dichterer Besiedlung und grösserer räumlicher Ausdehnung der Städte hinaus in die Agglomeration. Auch der ländliche Raum kann verstädtern, durch die Ausbreitung städtischer Bauformen, Einrichtungen und Organisationsstrukturen ins Umland sowie durch die Übernahme städtischer Wertvorstellungen. Die Begriffe Urbanisierung und Verstädterung können gleichwertig benutzt werden.
Verdopplungszeit	Beschreibung für die Zeitdauer, bis sich eine Bevölkerung bei konstanter Zuwachsrate verdoppelt hat.
Verstädterung	→ Urbanisierung
Wachstum	In einem allgemeinen Sinne bedeutet Wachstum die absolute Zunahme einer Menge um einen bestimmten Betrag. Bei linearem Wachstum ist der Zuwachs konstant, bei exponentiellem die Zuwachsrate. S-förmiges Wachstum zeichnet sich aus durch die Abflachung eines zunächst exponentiellen Anstiegs und die Annäherung an ein → Sättigungsniveau.
Wachstumsrate	Relative Zunahme einer Menge in Prozent. Die Wachstumsrate einer Bevölkerung ergibt sich aus der Differenz von Geburten- und Sterbeziffer.
Weltstadt	Weltstädte (vgl. → Global Cities) sind die Zentren eines internationalen Netzes des global agierenden Kapitals. Diese hoch entwickelten Finanz- und Dienstleistungskomplexe haben Lenkungs- und Leitungsfunktionen, während die eigentlichen Produktionsstätten in unbedeutendere Städte ausgelagert sind. Die Gesamtbevölkerungszahl ist kein Kriterium (vgl. → Megastadt). Zürich ist denn auch eine Weltstadt, wenngleich seine Agglomeration nur rund 1.2 Mio. Einwohnerinnen und Einwohner zählt.
Working Poor	Working Poor sind erwerbstätige Personen, deren Einkommen unter dem Existenzminimum liegt und die somit unter der Armutsgrenze leben.

Stichwortverzeichnis

A

Abfall 116
Agglomeration 71
Ägypten 25
Akropolis 68
Altersaufbau 22
Altersstruktur 19
Altersstruktur der Bevölkerung 20
Am wenigsten entwickelte Länder 98
Arithmetische Bevölkerungsdichte 25
Athen 68
Ausbreitung nach Übersee 50
Auswanderer 8

B

Babyboomer 23
Ballungsräume 27
Barrio 108
Bauhaus 83
Bevölkerung 7
Bevölkerungsalterung 19
Bevölkerungsdichte 25
Bevölkerungsexplosion 29
Bevölkerungsgeografie 7
Bevölkerungsschere 33
Bevölkerungsschrumpfung 31
Bevölkerungsstruktur 19
Bienenkorb 23
Bilaterale Entwicklungszusammenarbeit 104
Binnenmigration 47
Brasilia 83

C

Cashcrops 62
Central Business District (CBD) 77, 86
Chandigarh 83
City 77

D

Daseinsgrundfunktionen 81
Défense 86
Demografie 7
Demografischer Übergang 30
Dependenztheorie 101
Desertifikation 52, 63
DEZA 104
Differenzierung 70
Direktion für Entwicklung und Zusammenarbeit (DEZA) 104
Disparitäten 43, 45
Docklands 91
Dreieck 23
Dreieck mit breiter Basis 23

E

Einpersonenhaushalte 89
Einwanderer 8
Empowerment der Frau 38
Entwicklungsländer 27, 98
Entwicklungsstrategien 101
Entwicklungstheorien 100
Entwicklungszusammenarbeit 103

Ersatzniveau 10
Ersatzniveau der Fertilität 10
Exponentielles Wachstum 12

F

Familienplanung 33, 59
Favelas 55, 108
Fertilität 10
Fertilitätsrate 9
Flüchtlinge 55
Frank Lloyd Wright 83
Frühe Gleichgewichtsphase 30
Frühe Wachstumsphase 31
Funktionale Differenzierung 76
Funktionale Entmischung 83, 85

G

Gated Community 108
Geburten 8
Geburtenausfall 23
Geburtenziffer 8
Gentrification 80
Geodeterminismustheorie 100
Geschlechtergliederung 20
Getto 78
Gleichgewichtsphase 30
Global Cities 74
Griechen 68
Gropius, Walter 83
Grossstädte 27

H

Halbnomaden 60
HDI (Human Development Index) 98
HIC (High Income Countries) 97
High Income Countries (HIC) 97
Human Development Index (HDI) 98
Hunger 17

I

Imperialismustheorie 101
Index des menschlichen Entwicklungsstands 98
Industrialisierung 82
Industrie 28
Industrieländer 28
Informeller Sektor 108, 116

K

Kaufkraftparität 97
Kinderzahl pro Frau 9
Kolonialisierung 62
Kreis-Modell 77
Kriegsgefallene 22
Kulturfolger 95

L

La Défense 86
Lagos 112, 125
Landflucht 52, 54
LDC (Least Developed Countries) 98
Le Corbusier 83
Least Developed Countries (LDC) 98
Lebensstandard 17
LIC (Low Income Countries) 97

Lineares Wachstum 12
LMC (Lower Middle Income Countries) 97
Loft 90
Low Income Countries (LIC) 97
Lower Middle Income Countries (LMC) 97

M

Mali 58
Malthus, Thomas 15
Massstab 8
Megalopolis 75
Megaregion 75
Megastadt 72, 74, 107
Mehr-Kerne-Modell 79
Metropole 74
Metropolisierung 108
Mies van der Rohe, Ludwig 83
Migration 8, 46
Migrationssystem 49
Migrationswellen 50
Mittelalter 70
Mittelalterliche Stadt 82
Mobilität 46
Modernisierungstheorie 100
Multilaterale Entwicklungszusammenarbeit 104

N

Nachhaltige Stadtentwicklung 96
Nahrungsmittelversorgung 15
Natürliche Bevölkerungsentwicklung 8
Neue Weltwirtschaftsordnung 102
Newly Industrialized Countries (NIC) 98
NIC (Newly Industrialized Countries) 98
Niederdorf 88
Niltal 26
Nomaden 51, 60
Nomadismus 51, 60, 121
Nullwachstum 10

O

Ordnung, regionale 82

P

Pendler 73
Physiologische Bevölkerungsdichte 26
Pille 23
Pillenknick 23
Polis 68
Pull-Faktoren 48, 53, 54, 110
Push-Faktoren 48, 53, 110

R

Räumliche Differenzierung 70
Räumliche Disparitäten 43
Räumliche Mobilität 46
Recycling 117
Regionale Ordnung 82
Rentner 19
Reproduktive Gesundheit 39

Ressourcen 47
Reurbanisierung 80
Rio de Janeiro 55
Rom 68
Römer 68

S

Sahel 51
Sahelzone 51, 58
Sättigungsniveau 16
Schattenwirtschaft 116
Schlafdörfer 84, 89
Schwellenländer 98
SECO 104
Segregation 83
Sektoren-Modell 78
Selektive Abkopplung 102
S-förmiges Wachstum 16
Shifting Cultivation
 (Wanderfeldbau) 60
Siedlungskörper 69
Siedlungsökologie 94
Slum 78, 108
Soziale Mobilität 46
Späte Gleichgewichtsphase 31
Späte Wachstumsphase 31
Staatssekretariat für Wirtschaft 104
Stadtentwicklung 85, 96
Stadterneuerung 80, 91
Stadtflucht 84, 89
Stadtklima 70

Stadtmauer 70
Stadtmodelle 76
Stadtrecht 70
Statistischer Stadtbegriff 73
Sterbefälle 8
Sterbeziffer 8
Suburbanisierung 80
Suburbia 80

T

Tagespendler 73
Tenochtitlán 109
Terms of Trade 62
Tiefenbrunnen 61
Tragfähigkeit 16, 17, 27
Transhumanz 60
Trikont 28
Tuareg 61

U

Überbevölkerung 16
UMC (Upper Middle Income
 Countries) 97
Upper Middle Income Countries
 (UMC) 97
Urban Farming 94
Urbane Korridore 75
Urbanisierung 71, 80
Urne 23

V

Verdopplungszeit 13
Verkehr 84
Versiegelung des Bodens 70
Verstädterung 52, 79
Verwüstung 51
Vierte Welt 90

W

Wachstum 11
Wachstumsphase 31
Wachstumsrate 11
Wanderfeldbau (Shifting
 Cultivation) 60
Wanderung 8, 46
Wanderviehwirtschaft 51
Wasser 115
Weltbevölkerung 25
Weltstädte 74
Working Poor 90

Z

Zentrumsfunktion 70
Zünfte 69
Zwangsmigration 46
Zweitwohnungen 89
Zwiebel 23

Bildungsmedien für jeden Anspruch
compendio.ch/geografie

compendio Bildungsmedien

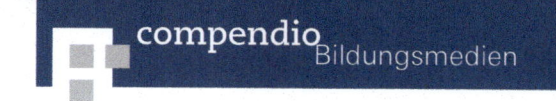

Geografie

Das Ende dieses Buchs ist vielleicht der Anfang vom nächsten. Denn dieses Lehrmittel ist eines von über 250 im Verlagsprogramm von Compendio Bildungsmedien. Darunter finden Sie zahlreiche Titel zum Thema Geografie. Zum Beispiel:

Geologie
Grundlagen Geografie: Aufgaben des Fachs, Erde als Himmelskörper und Kartografie
Globale Klimatologie: Meteorologie, Wetterinformation und Klimatologie
Anthropogeografie: Kulturen, Bevölkerung und Städte
Wirtschaftsgeografie und globalisierter Lebensraum

Geografie bei Compendio heisst: übersichtlicher Aufbau und lernfreundliche Sprache, Aufgaben mit Lösungen, je nach Buch auch Glossar oder Zusammenfassungen für den schnellen Überblick.

Eine detaillierte Beschreibung der einzelnen Lehrmittel mit Inhaltsverzeichnis, Preis und bibliografischen Angaben finden Sie auf unserer Website: compendio.ch/geografie

Nützliches Zusatzmaterial

**Professionell aufbereitete Folien
für die Arbeit im Plenum**

Zu den Lehrmitteln im Bereich Naturwissenschaften sind separate Foliensätze erhältlich. Sie umfassen die wichtigsten Grafiken und Illustrationen aus den Büchern und sind so aufgebaut, dass sie auch unabhängig von den Compendio-Lehrmitteln eingesetzt werden können. Alle nötigen Informationen finden Sie unter compendio.ch/geografie

Alle Lehrmittel können Sie via Internet sowie per Post, E-Mail, Fax oder Telefon direkt bei uns bestellen:
Compendio Bildungsmedien AG, Neunbrunnenstrasse 50, 8050 Zürich
Telefon +41 (0)44 368 21 14, Telefax +41 (0)44 368 21 70, E-Mail: bestellungen@compendio.ch, www.compendio.ch

Bildungsmedien für jeden Anspruch
compendio.ch/verlagsdienstleistungen

Bildungsmedien nach Mass
Kapitel für Kapitel zum massgeschneiderten Lehrmittel

Was der Schneider für die Kleider, das tun wir für Ihr Lehrmittel. Wir passen es auf Ihre Bedürfnisse an. Denn alle Kapitel aus unseren Lehrmitteln können Sie auch zu einem individuellen Bildungsmedium nach Mass kombinieren. Selbst über Themen- und Fächergrenzen hinweg. Bildungsmedien nach Mass enthalten genau das, was Sie für Ihren Unterricht, das Coaching oder die betriebsinterne Schulungsmassnahme brauchen. Ob als Zusammenzug ausgewählter Kapitel oder in geänderter Reihenfolge; ob ergänzt mit Kapiteln aus anderen Compendio-Lehrmitteln oder mit personalisiertem Cover und individuell verfasstem Klappentext, ein massgeschneidertes Lehrmittel kann ganz unterschiedliche Ausprägungsformen haben. Und bezahlbar ist es auch.

Kurz und bündig:
Was spricht für ein massgeschneidertes Lehrmittel von Compendio?

- Sie wählen einen Bildungspartner mit langjähriger Erfahrung in der Erstellung von Bildungsmedien
- Sie entwickeln Ihr Lehrmittel passgenau auf Ihre Bildungsveranstaltung hin
- Sie können den Umschlag im Erscheinungsbild Ihrer Schule oder Ihres Unternehmens drucken lassen
- Sie bestimmen die Form Ihres Bildungsmediums (Ordner, broschiertes Buch oder Ringheftung)
- Sie gehen kein Risiko ein: Erst durch die Erteilung des «Gut zum Druck» verpflichten Sie sich

Auf der Website www.bildungsmedien-nach-mass.ch finden Sie ergänzende Informationen. Dort haben Sie auch die Möglichkeit, die gewünschten Kapitel für Ihr Bildungsmedium direkt auszuwählen, zusammenzustellen und eine unverbindliche Offerte anzufordern. Gerne können Sie uns aber auch ein E-Mail mit Ihrer Anfrage senden. Wir werden uns so schnell wie möglich mit Ihnen in Verbindung setzen.

Modulare Dienstleistungen
Von Rohtext, Skizzen und genialen Ideen zu professionellen Lehrmitteln

Sie haben eigenes Material, das Sie gerne didaktisch aufbereiten möchten? Unsere Spezialisten unterstützen Sie mit viel Freude und Engagement bei sämtlichen Schritten bis zur Gestaltung Ihrer gedruckten Schulungsunterlagen und E-Materialien. Selbst die umfassende Entwicklung von ganzen Lernarrangements ist möglich. Sie bestimmen, welche modularen Dienstleistungen Sie beanspruchen möchten, wir setzen Ihre Vorstellungen in professionelle Lehrmittel um.

Mit den folgenden Leistungen können wir Sie unterstützen:

- Konzept und Entwicklung
- Redaktion und Fachlektorat
- Korrektorat und Übersetzung
- Grafik, Satz, Layout und Produktion

Der direkte Weg zu Ihrem Bildungsprojekt: Sie möchten mehr über unsere Verlagsdienstleistungen erfahren? Gerne erläutern wir Ihnen in einem persönlichen Gespräch die Möglichkeiten. Wir freuen uns über Ihre Kontaktnahme.

Compendio Bildungsmedien AG, Neunbrunnenstrasse 50, 8050 Zürich
Telefon +41 (0)44 368 21 11, Telefax +41 (0)44 368 21 70, E-Mail: postfach@compendio.ch, www.compendio.ch